유언비어와 역사쓰기

유언비어와 역사쓰기
@GD편집부 2020

초판 1쇄 인쇄 | 2020년 10월 20일
초판 1쇄 발행 | 2020년 10월 27일

엮은이 | GD편집부
펴낸이 | 이호림
디자인 | 박동화 · 이강선
펴낸곳 | 도서출판 글도
출판등록 | 제128-90-10700호(2008. 3. 15.)
전화 | 031-765-6137
팩스 | 031-766-6137
주소 | 경기도 광주시 초월읍 현산로69 106-406

이메일 | snowangel1@naver.com
홈페이지 | http://cafe.naver.com/ilnp2
ISBN | 979-11-87058-57-1 03800

이 도서의 국립중앙도서관 출판예정도서목록(CIP)은 서지정보유통지원시스템 홈페이지(http://seoji.nl.go.kr)와 국가자료공동목록시스템(http://www.nl.go.kr/kolisnet)에서 이용하실 수 있습니다.(CIP제어번호: CIP2020043361)

*책값은 뒤표지에 있습니다.
*파본은 구입하신 서점에서 교환해 드립니다.

유언비어와 역사쓰기

GD편집부 편

머리말

유언비어가 난무하는 사회는 진실이나 사실이 경시되고 폄하되는 사회입니다.

진실이나 사실이 폄하되고 경시되는 사회에서는 진실과 사실을 추적하는 사람들이 홀대받고 미움 받습니다. 진실과 사실을 추구하고 추적하는 사람들이 홀대받는 사회는 인간의 고유 권리라고 하는 '인권'이 무시당하고 보호받지 못하게 되는 사회일 가능성이 높습니다.

우리가 아는 자유민주사회에서 죄는 이를 뒷받침하는 증거와 증언을 통하여 확정됩니다. 증거와 증언은 진실과 사실을 추적하고 추구하는 행위를 통하여 드러나는 바의 것입니다. 따라서 진실과 사실을 추적하는 사람들이 홀대받는 사회에서 증언이나 증거는 유명무실화될 가능성이 높고 죄는 '네 죄를 네가 알렷다' 식으로 확정될 확률이 높습니다.

'네 죄를 네가 알렷다'는 곧 '네 죄는 이것이다 인정하느냐'로 바뀌게 됩니다. 그러니까 우리의 죄를 만들고 확정하는 존재자들이 생기게 됩니다. 이런 존재자들이 지배하는 사회가 바로 야만사회입니다.

해서 '네가 네 죄를 알렷다' 식의 죄와 형벌의 확정은 야만사회로 가는 징표입니다.

이렇듯 유언비어가 지배하는 사회는 야만사회와 밀접한 관계가 있습니다. 아마도 유언비어 사회의 구극이 야만사회일 게 분명

합니다.

　이 책은 기본적으로 유언비어에 대하여 살펴본 책입니다. 유언비어가 어떻게 형성 유포되고 한 사회를 지배해 가는가가 이 책이 완성되기까지의 문제의식이었습니다.

　특별히 대부분의 사회에서 유언비어와 혼용되어 사용되는 용어 '소설'과 관련하여 유언비어를 살폈습니다. 여기서 언급되는 '소설'은 넓게는 '예술'을 의미합니다. 옛날에는 '시'가 예술의 통칭적 의미로 사용되었는데, 소설에도 그런 함의가 있다고 보았습니다. 역사와 허구의 개념도 사용됩니다. 유언비어와 소설, 역사와 허구의 개념이 이 책의 주요 개념어라고 하겠습니다.

　야만사회는 오늘날의 용어로 하면 전체주의 사회와 근사하고 이에 수렴한다고 여겨집니다. 과거의 원시사회에 현대의 끔찍한 무력이 합쳐지면 아마도 전체주의가 완성된다고 생각됩니다. 유언비어는 문명사회를 야만사회로 되돌리는 시금석이요 마법 같은 것이라는 게 이 책의 소견입니다. 문명사회가 유언비어에 의하여 야만사회로 되돌아가면 거기서 기다리고 있는 게 전체주의 사회라고 이해했습니다.

　여기까지가 앞글입니다. 자세한 것은 이 책의 본문을 들여다보면서 체크인하면 되리라고 봅니다. 이런 소견들에 흥미가 있는 분들이라면. 그렇지 않다면 그런 분들은 이 책은 머리말을 넘어 더는 접근하지 않는 게 좋으리라고 감히 조언합니다.

2020년 9월 말의 어느 날

| 차례 |

머리말 ……………………………………………… 4

1부 이야기와 유언비어

맑스 이야기 ……………………………………… 12
이야기총량불변의 법칙 ………………………… 28
예술추방론 ………………………………………… 35
  1. 예술추방론 ………………………………… 35
  2. 예술종말론 ………………………………… 42
소설과 예술추방론 ……………………………… 51
사회주의리얼리즘과 유언비어 ………………… 69
아방가르드와 유언비어 ………………………… 85
소셜네트워크서비스(SNS)의 경우 …………… 94
소설과 허구 그리고 독서행위 ………………… 104
유언비어 시대에 독서운동의 필요성 ………… 113
소설과 유언비어 ………………………………… 125
소설과 민족주의 ………………………………… 134
호모 폴리티쿠스의 예술론 ……………………… 150

2부 유언비어의 사회학

유언비어의 사회학 …………………………………… 170
소설(예술)목적론의 파기……………………………… 182
유언비어와 왕따놀이 ………………………………… 200
  유언비어 ……………………………………………… 200
  왕따놀이 ……………………………………………… 210
  유언비어와 왕따놀이 ………………………………… 217
계몽이성 사회주의이성 민족이성 그리고 상상력(소설) 220
복원 ……………………………………………………… 238
역사에서 허구로, 허구에서 역사로, 역사에서 역사로 … 250
  1. 역사에서 허구로…………………………………… 255
  2. 허구에서 역사로 ………………………………… 261
  3. 역사에서 역사로 ………………………………… 269
아방가르드 선언 ……………………………………… 275
  1. 이 소론이 이해하고 있는 아방가르드의 수준 ……… 281

2. 위선과 위악의 90년대 한국문학 ················· 287
근대의 추방과 전통주의로의 회귀 ················· 303
   1. 들어가며 ··· 303
   2. 1920년대 동인지문학의 경우 ················· 306
   3. 1930년대 구인회문학 ·························· 315
   4. 1970년대 민족문학담론의 경우 ·············· 328
   5. 나오며 ··· 347

[부록I] 역병과 역사쓰기 ····························· 352
[부록II] 언론 마피아론? ····························· 374
   참고문헌 ·· 382

평범한 사람들도 새로운 것을 생각하고 실험하며 탐험하려는, 통찰력과 운만 더해지면 혁신으로 이어질 수 있는 불굴의 정신이 높은 역동성의 특징이었다. 근대(현대)를 만들어낸 새로운 태도와 신념이 이러한 상향식 풀뿌리 정신을 이끌어냈기에, 높은 역동성을 회복하려면 이런 근대적 가치관이 다시 전통적 가치관보다 우위에 서야 한다. 최근 수십 년간 그들을 짓누른 전통적 가치관의 부활을 막아내고 사람들이 풍요로운 삶을 향해 과감히 나아가도록 북돋은 근대적 가치관을 되살려야 할 것이다.

−에드먼드 펠프스 『대번영의 조건』 중에서−

1부
이야기와 유언비어

맑스 이야기

세상의 이야기들을 두루 경청하다 보면 세상은 이야기로 가득 차 있고 이야기로 구성돼 있는 게 아닌가 하는 착각에 빠지게 된다. 이야기는 들어도 들어도 재미나다.

같은 이야기를 반복해서 들어도 식상하지 않고, 엇비슷한 이야기를 또 들어도 늘 새롭게 다가온다.

세상은 이야기에 의하여 구성되어 있는 것은 아니라 하더라도, 세상을 구성하는 데에 이야기가 아주 중요한 역할을 하고 있는 것만큼은 분명하다. 예를 들자면, 일종의 동력 같은 것이라는 것이다. 세상을 구성하고 움직이는 에너지의 근원쯤 되는 게 아닌가 싶다.

이야기가 없으면 사람은 움직이지 않는다. 움직이지 못한다. 사람을 움직이게 하는 힘 즉, 에너지의 근원이 이야기라고 한다면 당연한 얘기이다. 동력이 없는데 어떻게 움직이겠는가.

사람이 움직이지 않는다면, 세상이 구성될 수 없다.

세상을 구성하는 게 사람이며 이 세상의 주인이 사람이니까 말이다.

이야기는 사람이 세상을 만들고 구성하고 움직여가는 데에 있어서의 에너지, 에너지의 근원쯤이 되는 것이라고 잠정적으로 결론을 내려보도록 하자. 이야기가 없으면 세상은 만들어지지 않고 또 구성될 수도 없었으리라는 건데 지나친 비약일 수는 있지만, 이참에 "태초에 이야기가 있었다"는 성경의 구절에 한 번 귀 기울일 필요는 있어 보인다.

이야기가 세상을 만드는 에너지의 원천이라고 하였지만, 이야기는 또한 세상을 부수고 파괴하고 해체하는 에너지의 근원이기도 하다. 세상을 만드는 에너지의 근원도 이야기이고 세상을 파괴하는 에너지의 근원도 이야기라는 것은 눈여겨볼 필요가 있다. 이런 세상을 파괴하는 이야기는 이야기에 대하여 구별하기 위하여 반(反)이야기라 할 수 있겠는데, 세상에 이야기가 밤하늘의 무수한 별들만큼 많은 것처럼 반이야기도 밤하늘의 무수한 별들만큼 많다. 어느 쪽이 더 많으냐 하는 것은 사람의 능력으로 측정 불가능한 일이지만, 측정 가능한 존재가 있어 이를 측정한다면 양자는 동일수라는 측정치가 나올 가능성이 높다. 순전히 추정이지만, 여기에 이야기가 있으면 또 저기에 반이야기가 있는 게 세상의 이치요 우주의 이치가 아닌가 싶다.

세상에 잘 알려진 반이야기는 『피터팬』이다. 『피터팬』은 어른이 되는 것, 즉 성장하는 것을 두려워하고 싫어한다. 그래서 이 세상을 버리고 어른이 되지 않는 곳으로 도망가 버리는데, 그곳이 네버랜드라는 섬이다. 네버랜드에서 피터팬은 성장하지 않아도 되고 그래서 어른이 되지 않지만, 그 섬에도 어른이 없지는 않다. 후크 선장이다. 성장이 멈추어버린 곳의 어른은 악당일 수밖에 없다. 그래서 후크 선장은 악당이다. 피터팬은 당연히 후크 선장에 맞서 싸우는데, 그 이유는 후크 선장이 악당이기 때문이고 또 어른이기 때문이다.

어른이 되기를 싫어하고 두려워한다는 것은, 곧 성장에 대한 두려움이다. 성장에 대한 두려움의 서사가 반이야기의 기본 골격이다. 성장에 대한 두려움의 서사가 반이야기의 기본 골격이라면, 이야기의 기본 골격은 성장에 대한 긍정이요 찬사요 희망의 서사임을 알 수 있다. 사람은 태어나서 성장하고 사랑하고 성숙하고 쇠퇴해 간다. 세상도 마찬가지다. 이야기는 바로 세상의 이 성장에 대한, 성장을 위한 에너지원이다.

반이야기는 이와는 다르다. 성장에 대해서 말하지만 성장을 위해서가 아니라, 성장을 가로막고 이를 저지하기 위해서 이야기한다. 그리고 이를 위한 에너지원으로서 존재한다. 어떤 의미에서 보자면 반이야기는 이야기의 에너지원에 대한 반에너지원이라고 할 수 있다.

이야기가 성장을 위한 에너지인 동시에 이를 가로막기 위한 반에너지이기도 하다는 것은 아이러니이지만, 우주의 이치에 조응하기 위한 취사선택이었을 수 있다. 우주의 이치란 순환하는 것이지 일방향으로만 막무가내로 진행하는 것은 아닌 듯 보여서다.

반이야기의 최초의 형태는 아마도 구약의 「아담과 이브」 신화에서 발견될 수 있을지 모르겠다. 「아담과 이브」 신화는 성장에 대한 두려움으로 가득 찬 신화인데, 여기서의 성장의 두려움은 피터팬의 육체적 성장에 대한 두려움과는 달리 정신, 즉 지식의 성장에 대한 두려움에 포커스가 맞추어져 있다. 여호와께서 '선악과'를 따먹지 말라 하였으나, 아담과 이브는 뱀의 유혹에 넘어가 이 금기를 깨고 '선악과'를 따먹는다. 이를 통해 아담과 이브가 얻은 것은 선과 악을 구별할 줄 아는 인지의 성장 즉 지식의 성장이었다. 인지의 성장이라는 점에서 인류에게 이것은 긍정적인 것이었지 결코 부정적인 것은 아니었다. 그러나, 이에 대한 대가가 실로 엄청났다는 것이었다. 아담과 이브는 천당인 에덴동산에서 추방되었으며 영생이라는, 신과 마찬가지로 영원히 살 수 있는 차원을 상실하게 되는 것이다.

성장에 대한 두려움은 성장을 악인 것, 타락인 것으로 규정한다. 『피터팬』에서 성장은 악으로 규정되었다면, 「아담과 이브」 신화에서는 타락으로 규정되었다고 할 수 있다. 성장에 대한 두려움을 다루는 반이야기는 성장을 악이거나 타락이거나 부패이거나, 심지어는 몰락으로 간주한다. 성장이 몰락인 것은 상식에 반하는 얘기이지만 반이야기 구조에서 이는 필수적 전제이다. 낙원으로부터의 추방이요 영생에의 실각이기 때문이다. 한국문학의 반이야기로 넘어가기

전에 성경에 나오는 반이야기 서사 하나만 더 훑고 넘어가기로 하자. 아주 흥미로운 이야기라서 짚고 넘어갈 재미가 솔치않다. 이야기를 하면서 그런 재미를 마다하는 것은 정말 이야기를 할 줄 모르는 어리석은 일이 될 것이다. 세상의 수많은 언어가 어떻게 나타나고 형성되게 되었는가를 다루고 있는 반이야기이다. 이 반이야기가 맞는다면 아마도 한국어도 이때쯤 형성이 되기 시작했다고 보는 게 타당할 것이다.

다름 아닌 바벨탑 이야기이다.

사람들은 바벨탑을 하늘 높이까지 쌓고자 하는 욕망을 지니고 있었다. 바벨탑을 하늘 높이까지 쌓아 신과 직접 대면하기를 고대했다. 그리하면 신의 뜻을 더욱 잘 이해하고 실행할 수 있게 되리라고 생각했다. 그러나 신 여호와는 사람들이 자신이 거하고 있는 하늘까지 바벨탑을 쌓아올린다는 데에 대해 진노하고 만다. 여호와는 이를 인간들의 자신에 대한 불경으로 인지하는데, 그리하여 바벨탑이 일정 높이에 이르자 더는 참지 못하고 감연히 이를 부수어버린다. 그리고는 인간들이 다시는 이런 짓을 하지 못하도록 통절한 벌을 내린다. 수많은 방언을 만들어 인간들에게 선사함으로서 사람들이 서로 의사소통을 못하고 서로를 불신하게 만든 것이었다.

바벨탑은 분명 성장의 상징이다. 바벨탑 반이야기에서 성장은 악도 아니고 타락도 아닌, 이번에는 신에 대한 불경으로 간주된다. 신에 대한 불경은 인간의 오만에서 비롯되는데 성장은 바로 이 인간의 오만을 키운다는 것이다. 성장은 인간의 오만을 키우고 인간의 오만은 신에 대한 불경을 저지르게 만든다. 그리고 이에 대한 대가는 실로 엄청나다. 분열과 소통의 불능이라는 낭떠러지에 떨어지게 되는 것이다.

반이야기는 성장을 악인 것, 타락인 것, 부패인 것, 불경인 것 그래서 몰락인 것으로 규정한다. 그리고 이에 대한 대가도 실로 어마어마해서, 낙원추방이거나 영생실각이거나 아님 분열, 소통의 불능 등등의 절대적으로 치명적인 것들로 나타난다. 반이야기 서사를 통해 보면 선한 것, 악한 것, 순수한 것, 신에 대한 외경인 것, 영광인 것은 반성장에 있음을 알 수 있게 된다. 어찌 보면 이게 반이야기의 함의일지 모르겠다. 선한 것은 성장하지 않는 것, 성장을 멈추는 데에 있는 것이다.

한국문학은 가히 반이야기 서사로 점철되어 있다고 할 수 있다. 성장을 두려워하는 이 반이야기가 한국문학의 특징 가운데 중요한 한 특징이라는 건데, 실상 이 반이야기를 빼놓고 한국문학을 논하는 것은 불가능한 일처럼 여겨진다. 다른 많은 나라의 문학 서사 역시 이 반이야기에 기반하고 있는 게 사실이긴 하더라도 한국문학과 다른 여타 나라와의 반이야기 서사에는 그 강도와 정도 지속성에 있어 상당한 차별화가 존재한다.

이에는 몇 가지 이유들이 있다고 보여진다. 먼저, 한국사회가 짧은 기간에 눈부신 고도성장을 이룩해왔다는 점이다. 자타가 공인하는 바이지만, 한국사회는 서구사회가 몇 백 년에 걸쳐서 이룩해 온 고도산업사회를 단지 30여년이 채 안 되는 기간에 도달하고 달성한 사회이다. 이 과정에서 '빨리빨리'란 용어가 유행하게 되고 '빨리빨리 문화'가 한국사회를 설명하는 하나의 아이콘으로 자리 잡게 되었다고 할 수 있다. 그런데, 이 고도성장의 이야기는 그에 대한 반작용으로 반이야기의 창궐도 그만큼 강화시켰다고 할 수 있다. 성장이 그만큼 빠르고 눈부시고 놀라웠다면, 성장에 대한 두려움도 그에 비례해 빠르고 눈부시고 놀라울 정도로 확장되고 퍼져나갔을 게 분명하지 않겠는가.

한국문학이 유난히 반이야기가 강세이고 널리 퍼져 있으며 지배적인 이유이다. 고도성장이 원래부터 존재하던 성장에 대한 두려움을 한층 강화시켰고, 그 강화는 거의 폭증이라고 할 만큼 대단해서 한국문학이 당연히 성장에 대한 두려움의 영향을 받아 반이야기가 지배적이 될 수밖에 없었다고 볼 수 있다.

한국문학의 대표 작가인 황석영을 예로 들어보자. 황석영의 문학은 대부분 반산업화 반근대화 서사이다. 한마디로 성장에 대한 두려움을 토로한 반이야기 서사라 할 수 있다. 그 중에서도 「삼포 가는 길」은 백미라고 할 수 있다.

「삼포 가는 길」은 산업화를 통하여 고향이 초토화되고 있음을, 그리하여 주인공의 고향으로의 회귀를 불가능하게 만들고 있는 현실을 고발하고 있는 소설이다. 고향은 인간관계의 시원이며 평화와 소통이 있는 곳이므로 이러한 고향을 초토화시키는 행위는 나쁜 것이며, 주인공의 고향으로의 회귀를 불가능케 만드는 그것은 용서할 수 없는 부정 내지는 악이 되는 것이다.

산업화란 성장을 의미하므로 이 단편소설은 성장에 대한 두려움을 토로하고 있는 반이야기 서사구조에 맞춤한 작품임에 틀림없다. 성장은 고향을 초토화시키는 악한 것, 나쁜 것, 타락한 것, 부패한 것, 불경한 것이며 고향 '삼포'는 에덴동산이며 선악과를 따먹고 추방되기 이전의 아담과 이브가 살던 그곳이다.

어찌 보면, 황석영의 「삼포 가는 길」은 반이야기라는 측면에서 「바벨탑 이야기」 혹은 「아담과 이브」 신화의 한국문학판 버전이라고 할 수 있을지도 모른다. 이는 황석영의 「삼포 가는 길」에만 해당되는 것이 아니라 반이야기 서사가 지배하는 한국문학 전체에 해당되는 이야기일 수도 있다. 한국문학은, 「바벨탑 이야기」나 「아담과 이브」 신화 등과 같은 반이야기를 한국문학에 맞게 재해석하고 재구성하고 고쳐 다시 쓴, 이들 반이야기 서사들의 새 '낯설게 하기' 버전이라고 하여 좋을지 모른단 거다.

한국문학을 지배하는 반이야기 서사는, 그러나 고도성장이라는 산업화 과정만을 통해서 형성된 것은 아니다. 이게 직접적인 원인이 되었다고는 하겠지만, 그 전단계로서의 반이야기 서사를 강화하는 전작적 사건이 있었던 것도 사실이다. 어쩌면 이 전작적 경험이 고도성장기의 산업화 과정보다 더욱 성장에 대한 두려움을 한국문학의 서술구조 안에 강화시키는 경험이었을지도 모르겠다. 일제강점기의 경험이다. 일제강점기 동안 한국은 나라의 주권을 잃고 일제의 식민지로 전락하였는데, 나라의 주권을 잃은 강토에 일제가 들고 들어온 명분이 근대적 성장이었다. 일제강점기 동안 성장은 정확히 부정이요 악인 것으로 경험된다. 그 성장이 아무리 윤택한 일상을 보장했다 하더라도 그러하다. 그 대가가 너무 큰 것이었기 때문이다. 게다가 일제강점기의 성장이란 일반 서민들을 놓고 볼 때 그다지 생활을 윤택하게 해주지도 못했던 것으로 나타난다.

일제강점기는 반이야기 서사의 정당성을 입증해주는 교과서 같은 시기였다고 할 수 있다. 성장은 악한 것, 나쁜 것, 타락한 것, 불경한 것이었고 선한 것, 좋은 것, 순수한 것은 성장을 멈추고 피터팬의 상태를 유지하는 것이었다. 성장은 에덴동산으로부터의 추방이고 영생의 상실을 의미하며, 분열과 소통의 불능을 의미하는 것이었다. 그리하여 에덴으로 돌아가자면 다시 말해 고향으로의 회귀가 가능하려면 신이 바벨탑을 부수어 버리듯 우리 손으로 성장을 파괴시켜야 하는 것이었다.

반이야기 서사의 정당성을 교과서적으로 입증하고 있는 이러한 일제강점기를 지나온 한국문학이 반이야기 서사가 지배적이고 이에 강하게 매달리고 있는 것은 당연한 일처럼 보인다. 그 당·부당을 떠나서 반이야기 서사가 한국문학의 제 일 특징, '정체성'이 된 것은 그 역사의 경험추이과정을 살펴보면 충분히 수긍이 가는 바의 일인 것이다.(P.S. 김정숙 여사가 어느 선거운동과정에서 '저들이 우리를 부자가 되게 만들려 하고 있다.'고 저들에 대한 공분을 드러내었다고 한다. 전형적인 반이야기 서사의 관점이라고 할 수 있는 사례다.)

2000년대에 들어와서도 한국문학의 반이야기 서사 강세는 여전히 지속되어지고 있고, 전혀 약화되지 않았다. 오히려 강화된 것이 아닌가 하는 의구심을 들게 한다. 후기산업사회의 성장 피로감이 짙게 반영된 탓이 아닌가 싶다. 기존의 성장에 대한 두려움, 그 성장에 대한 적대감이 후기산업사회의 성장 피로감과 만나 더욱 강화된 반이야기 서사로 재탄생하고 있는 것 같다. 그리고 역사를 이끌어가는 추동세력이라 여겨지는 저들 386 주도 계층이 그와 같은 반서사에 강하게 의존하고 있기 때문인 것으로 파악된다.

2000년대의 한국문학 속에서도 여전히「바벨탑 이야기」「아담과 이브」신화 혹은『피터팬』이야기가 읽혀진다는 것은 뭣한 일이긴 하지만, 사실이다. 새로운 '낯설게 하기' 버전에 의하여 다양하게 변주되고 있다 하더라도 이야기의 기본 골격이 반이야기 서사의 기본 골격을 유지하고 있고, 이에서 한 치도 벗어나가고 있지 않다. 2000년대의 한국문학이 새로운 '낯설게 하기' 버전을 개발해내어 이야기를 아주 다른 것처럼 변주해내고 있다는 것은 분명 한국문학의 발전이요 성과라고 할 수 있다. 그러나 한국문학이 여전히 반이야기 서사에 강하게 지배당하고 있다는 것은, 문제적인 일임도 틀림없는 사실이다.

2000년대 들어 대중적인 작가의 반열에 오른 두 남녀 젊은 작가,

박민규와 김애란을 통해 이 사정을 살펴볼 수 있다.

박민규는 『삼미 슈퍼스타즈의 마지막 팬클럽』에서 프로야구라는 스포츠를 통해 프로와 아마츄어를 대비시키면서, 성장에 대하여 비판한다. 세상은 '나'더러 자꾸 프로가 되라고 그렇지 않으면 도태될 뿐이라고 강제하고 강박하는데, 누구나 프로가 될 수는 없는 일이며 또 프로가 되는 게 바람직한 것도 아니라고 한다. 프로 즉 전문가가 되지 않으면 살아남지 못하는 세상이라면, 이는 남을 짓밟아야만 살아남을 수 있는 세상이라는 것으로 이는 분명 잘못된 세상인 것으로 인식된다. 아마츄어가 세상을 바꾸는 것이며 더 아름답고 감동적인 세상을 만드는 것이다, 라고 책은 전한다.

김애란의 『달려라, 아비』도 박민규의 『삼미 슈퍼스타즈의 마지막 팬클럽』과 같은 서사를 답습한다. 그 '낯설게 하기'의 버전은 전혀 다르고 판이하게 구별되는 것이지만 그 이야기의 원형태, 이야기의 기본 골격은 반이야기 서사라는 점에서 동일하다.

김애란의 『달려라, 아비』는 여성성장소설 내지는 여성의 정체성 확립과정을 다룬 소설이라고 알려지고 주로 그렇게 읽혀지고 있는 듯하다. 그러나 여기서의 성장은 반성장이다. 실질적으로 성장을 상징하는 것은 아비, 즉 끊임없이 달리는 여자의 아비이다. 아비는 끊임없는 '달림'으로써 성장을 상징하며 성장을 추구하는 자신의 모습을 각인시키는데, 그러나 아비는 교통사고를 당해 개처럼 죽음을 맞이함으로써 몰락한다. 여주인공은 끊임없이 달리는 아비를 조롱하고 시니컬하게 회상하면서, 그리고 급기야는 끊임없이 달리는 아비의 그 달림이 죽음으로 끝장날 수밖에 없는 무의미임을 깨달음으로써, 자신의 성장의 마침표를 찍는다. 이게 여성의 성장을 다룬 성장소설이라면 이는 반성장의 성장소설이라 하는 게 옳을 것이다.

후기산업사회의 성장의 피로감은 실상 몰락에의 두려움을 가져온다. 성장은 이제 녹녹치 않고, 성장은 끝나고 몰락의 미래만이 남은 게 아닌가 하는 몰락에의 예감이 어두운 그림자처럼 밀려들어온다. 그래서 후기산업사회의 상상력은 괴기적이며 끔직하며 기이하다. 2000년대 한국문학은 후기산업사회의 이 괴기적이며 끔직하며 기이한 상상력을 여지없이 잘 드러내고 있고 반영하고 있다. 그 드러냄과 반영이 아주 놀랍고 세련되고 정치해서 몹시 아름답다. 전통주의로 되돌아간 느낌마저 받는다.

그러나 성장의 피로감이 몰려오는 후기산업사회에서 여전한 성장에 대한 두려움, 성장에 대한 저주, 성장에 대한 증오가 강세라는 것은 왠지 작위적이라는 느낌이다. 성장의 피로감이 몰려오는, 몰락의 예감이 밀려드는 어두운 그림자에 휩싸일 시간에는 반이야기 서사의 강화보다는 이의 완화가 오히려 그럼직하지 않으냐 하는 까닭에서다. 성장하지 않고 인간이 존재할 수 있는 다른 존재방식이 있는가. 쇠퇴 역시 성장의 한 형식은 아닌가.

후기산업사회의 괴이한 상상력을 십분 반영하고 발휘하면서도, 반이야기 서사의 강화로 나아갈 수 있다는 것은 진정으로 한국문학의 독특함이라고 할 수 있다. 한국문학의 반이야기 서사라는 정체성은 대단히 확고한 것이어서, 고도성장기이든 성장의 침체기이든 성장의 몰락기이든 상관없이 쉽사리 변화될 리 없다는 것을 실감케 한다. 다시 말해, 한국문학은 현실보다 반이야기 서사가 우선이며, 현실이 반이야기 서사의 지도를 받는 문학이며, 반이야기가 현실을 지배하지 현실이 반이야기를 지배하는 문학은 아니다라는 것이다.

'현실은 반이야기가 아니더라도, 반이야기는 현실이다.' 이런 전도된 진실은 불편하지만 이게 한국사회의 진실임은 전도되지 않는다.

한국문학이 반이야기 서사를 중심으로 형성되고 있다는 사실은 해방 이후 문인들이 대거 월북하였다는 데에서도 그 현실의 일단을 살필 수 있다. 월북한 문인들의 양과 질을 따지면 남한에 남았거나 월남한 문인들의 경우는 그저 농담 수준, 대오에서 이탈한 길 잃은 철새 수준처럼 보여지는 게 어쩔 수 없는 사정이다.

한국문학은 문인들의 대거 월북 이후 한동안 이들 월북문인들 문학의 복원 작업이었다고 해서 과언이 아니다. 현실적으로는 판금된 이들 월북 문인들의 도서를 유통 가능하고 읽기 가능한 도서로 되돌리는 것으로 나타났다.

월북문인들의 문학에 대한 복원은 표면적으로는 한국문학의 정통성 내지는 정체성 찾기라는 관점에서 진행이 되었다. 그러나 이들이 월북했다는 데에서도 드러나는 바이지만 이들 월북문인들의 문학은 반이야기 서사 중심의, 반이야기 서사가 아주 강한 문학이었다. 모두 다 그렇지는 않았다 하더라도 복원된 월북문인들의 문학의 경우는 모두 반이야기 서사로 수렴되는 것이었고, 반이야기 서사로 수렴되지 않는 경우 그런 문인들은 복원되지 않았거나 복원의 사각지대에 여전히 놓여 있는 게 실상이다.

이처럼 한국문학의 정통성 내지는 정체성이 반이야기 서사에서 찾아지고 있다는 점이다. 월북문인들의 문학이 복원되어야 했던 이유이고 이에서 벗어난 문학이 농담이거나 대오에서 벗어난 길 잃은 철새의 짹짹거림에 불과한 것으로 간주되는 이유이다.

반이야기 서사를 빼놓고 한국문학을 논함은 무의미한 일임을 알 수 있다.

타이틀을 '맑스 이야기'라고 달아놓고서 정작 맑스에 대한 이야기는 하나도 하지 않고 있다면, 이는 신뢰에 대한 배신이다. 타이틀을 보고 '아! 맑스 이야기가 나오겠구나' 하고 책을 펼쳤을 독자들이라면 그 기대가 여지없이 저버려졌을 게 틀림없다. 독자의 신뢰에 대한 배신은 글 쓰는 자의 가장 치명적 잘못이다. 한번 신뢰를 배반당하거나 그 기대가 좌절된 독자는 다시는 그 저자의 문필을 찾지 않으리라. 기대에의 좌절은 한 번으로 족하지 두 번씩 경험할 일은 아니기에.

하지만 눈 밝은 독자라면 이 글의 제목이 왜 「맑스 이야기」인지 눈치채었을 거라고 본다. 자신들의 신뢰나 기대가 배반당했다거나 좌절당한 게 아님을 알았을 거라고 본다.

이 글은 맑스에 대한 이야기는 하나도 하고 있지 않지만 그에 대한 암시로 가득 차 있는 글이다. 그 암시를 독해할 줄 아는 독자라면 이 글의 타이틀이 「맑스 이야기」인 이유를 이미 알았을 것이다. 이 글은 다름 아닌 '맑스 이야기'이기 때문이다.

우리 시대 최고의 반이야기 서사는 자타가 공인하듯 맑스 이야기이다. 우리 시대라는 데에 이의를 달 독자가 있을지 모르겠다. 이미 그 실험은 실패로 끝났고 역사의 뒤안길로 사라진 과거완료형이 아니냐고. 그러나 이 말은 맑스의 이론과 그의 현실 실험에 대해서는 맞는 말이어도 이야기에 대해서는 틀린 말이다. 이야기라는 측면에서 맑스 이야기는 현재진행형이며 여전히 우리 시대에 속한 것이다. 그리고 우리 시대에 속한 그 맑스 이야기는 우리 시대 최고의 반이야기 서사이다.

물론 맑스 이야기도 전시대나 전전시대에 존재했던 반이야기, 즉 성장에 대한 두려움, 분노를 표시한 반이야기들의 패러디이거나 낯설게 하기인 게 분명하다. 그러나 맑스 이야기 이전의 반이야기와 그 이후의 반이야기의 위상이 현저히 다르다는 점에서 맑스 이야기는 반이야기 서사의 전환점적 위치를 차지한다고 보지 않을 수 없다. 맑스 이야기 이전의 반이야기는 우화요 동화요 희담이었던 반면 맑스 이야기 이후의 반이야기는 서사요 역사소설이요 역사인 까닭이다.

맑스 이야기 이후의 모든 반이야기 서사는 맑스 이야기의 패러디요 낯설게 하기 버전에 지나지 않는다.

한국문학의 반이야기 서사 역시 마찬가지다. 한국문학의 반이야기 서사도 맑스 이야기의 패러디이며 낯설게 하기이며 이의 새 버전이다. 한국문학이 반이야기 서사 중심이요 반이야기 서사가 정통성이라면, 한국문학은 맑스 이야기를 그 출발점, 그 근본으로 한다고 보아야 한다. 그것이 올바른 접근이다.

한국문학에 대한 다음과 같은 잠정적 정의가 가능할 것이다.

"한국문학은 맑스 이야기이거나, 맑스 이야기의 끊임없는 새 '낯설게 하기' 버전이다."

하는 것.

(P.S : 한국문학이 맑스 이야기의 새 버전이라고 하는 것은 지나친 비약일 수도 있다. 실상은 근대성을 거부한, 전통주의로 회귀하고자 하는 욕망으로 가득 채워진 그런 문학이라고 하는 게 보다 옳을지 모른다. 그렇다면, 맑스 이야기는 그저 하나의 비유로 보면 족할 것이다. 그러므로 이 시론 『맑스 이야기』는 하나의 시도이지 다른 것을 의미하지는 않는다.)

이야기총량불변의 법칙

'에너지총량불변의 법칙'이라고 하는 게 있다고 한다.

우주의 에너지의 총량은 일정해서 이를 가하거나 감할 수 없다고 하는 것이다. 우주의 어느 한 켠에서 에너지의 집중이 상승하면, 우주의 다른 한 켠 내지는 그 외의 우주 전체의 에너지의 양이 소략해지거나 느슨해질 수밖에 없다는 것이다. 집중된 것과 소략해진 것 사이의 에너지의 양을 더하고 빼면 우주 전체의 에너지 양은 늘어난 것도 감소한 것도 아님을 알 수 있다는 것이다.

우주 전체의 에너지의 총량은 일정하게 불변임에도 불구하고 에너지의 총량이 증가했거나 감소했다는 인상을 우리가 받는 것은, 에너지가 끊임없이 그 상태를 바꾸어가면서 존재하기 때문이다. 어떤 때에는 위치에너지로 어떤 때에는 운동에너지로 어떤 때에는 전기에너지로 어떤 때에는 원자력에너지로 수시로 상태를 변화해가는데, 이런 변화상에 노출되면 에너지가 증가했거나 감소했다는 인상을 쉽사리 받게 된다. 에너지의 끊임없는 상태변화가 지속적인 착각을 불러일으킨다는 점에서, 에너지불변의 법칙은 착각 너머의 통찰력 가운데에서야 만날 수 있는 쉽사리 만나기 힘든 진실 가운데의 하나라고 해야 하리라.

에너지불변의 법칙이라는 물리학의 이론을 이야기라는 측면에서 도용하고 패러디할 수 있지 않을까 싶다.
우주 내의 에너지의 총량이 일정하게 불변하는 것처럼, 우주 내의 이야기의 총량도 일정하게 불변한다는 것이다.
터무니없는 도용이요 패러디라고 할지 모르지만, 이게 결코 터무니없는 도용이요 패러디인 것만은 아니다. 이야기에 대한 이해가 부족해서 그렇지 이야기에 대한 이해가 충분해지면, 즉 이야기가 에너지의 일 변형상태 중의 하나라는 사실을 알고 나면 이게 결코 터무니없는 얘기만은 아니라는 사실을 인정할 수 있게 된다.
어떻게 이야기가 에너지일까.
이러한 질문은 이야기와 에너지를 매칭시키면 문득 떠오르는 질문이요 의문점이지만, 실상 이런 질문은 심각한 우문이다. 세상에 에너지 아닌 것이 어디에 있는가. 세상에 존재하는 모든 것은 에너지이거나, 에너지에 기반하는 것이다. $E=mc^2$이라는 아인쉬타인의 방정식이 이를 입증한다. 세상의 모든 물질은 에너지이다. 세상의 모든 정신도 에너지이다. 물질이 곧 에너지요, 에너지가 곧 물질인 것이다. 정신이 곧 에너지인 것이고, 에너지가 곧 정신인 것이다. 이와같이 에너지를 매개로 하면 물질이 곧 정신이요 정신이 곧 물질임도 알 수 있게 된다.

세상의 모든 게 에너지이거나 에너지의 일 변형상태라면, 이야기라고 해서 에너지가 아닐 턱이 없다.

이야기가 에너지라는 사정은 다음과 같은 방식으로도 입증된다. 성경 구절에 "태초에 말씀이 있었다" 라는 구절이 있다. 태초에 말씀이 있었다는 것의 함의는 말씀=신이요, 말씀=조물주라는 의미이다. 태초에 있는 것은 그 정의상 신이거나 조물주일 수밖에 없기 때문이다.

헌데, 신이란 그야말로 에너지의 충만체요 파워의 핵상이다. 신이야말로 에너지 그 자체일 수밖에 없다는 건데, 신을 에너지로 대체하면 "태초에 말씀이 있었다" 라는 성경의 구절은 몹시 논리정연한 진술임을 캐치할 수 있게 된다. 말씀이 곧 신이고 신이 곧 에너지라면 "태초에 말씀이 있었다"는 것은 곧 "태초에 에너지가 있었다"는 것이 된다. 에너지총량불변의 법칙에 의하여 이 명제는 필연적으로 참일 수밖에 없는 언술이요 명제이다. 성경은 말 그대로 성스러운 책이므로 결코 거짓을 기술할 리 없고, "태초에 에너지가 있었다" 하면 이는 명명백백한 진리의 명제인 것이다.

말씀을 이야기로 대체하면, 말씀=신=에너지이므로 이야기=에너지가 된다. 이야기가 에너지인 것이며, 에너지가 이야기인 것이다. 이야기와 에너지는 동일한 것의 다른 이름으로서, 양자는 동의이음어인 것이다. 우리가 이야기를 의식할 때 이는 에너지를 의식하는 것이며, 에너지를 의식할 때 이는 이야기를 의식하는 것이다. 우리가 이야기를 한다고 할 때 이는 에너지를 발산하는 일이며, 에너지를 발산한다고 할 때 이는 우리가 이야기를 하고 있다는 의미인 것이다.

따라서 우주 내에서 에너지총량불변의 법칙이 작동한다면, 우주 내에서 이야기총량불변의 법칙도 작동하고 있는 것이다. 둘은 같은 것을 의미하는 다른 명칭일 뿐이다.

우리가 이야기의 총량이 수시로 변화하고 있다고 느끼는 것은, 실제로 우주 내의 이야기의 총량이 수시로 변화하고 있기 때문이 아니다. 이야기의 총량은 불변인데, 이야기의 존재상태가 수시로 변화하고 있기 때문에 그와같이 느낄 뿐인 것이다. 이야기는 에너지와 마찬가지로 끊임없이 존재상태를 변환하며 바꾸어간다. 이야기는 어떨 땐 이것으로 어떨 땐 저것으로 어떨 땐 이것저것으로, 또 어떨 땐 조것으로 또 어떨 땐 요것 등등으로 존재상태를 변이시키고 바꾼다.

그러나 이야기가 자신의 존재상태를 바꾸어가는 데에는 일정한 패턴이 있다. 에너지와 마찬가지이다. 이야기가 가장 흔하게 자신의 존재상태를 바꾸어가는 패턴 가운데의 두드러진 게, 바로 역사와 허구이다.

이야기는 어떤 경우에는 역사가 되고 또 어떤 경우에는 허구가 된다. 허구가 된 것은 또 어떤 경우에는 음악이 되고 어떤 경우에는 미술이 되고 어떤 경우에는 문학이 된다. 문학이 된 것은 또 어떤 경우에는 신화나 전설, 민담이 되고 어떤 경우에는 소설이 되고 어떤 경우에는 시가 되고 어떤 경우에는 수필이 된다.

이야기는 이렇듯 다양한 존재상태로 자신을 변환시켜가며 존재하게 되는데, 그러나 그 이야기의 원천적 총량은 불변이요 변함이 없다. 사실이 늘어나면 허구가 줄고, 허구가 늘어나면 역사가 주는 것이다.

그럼, 이야기는 어떤 때에 역사가 되고 어떤 때에 허구가 되는가. 이야기가 관주도로 흘러가 관의 통제를 받게 되면, 이야기는 대체로 역사 즉 사실로 고착되는 경우가 강하다. 반면에 이야기가 관의 통제를 벗어나 민간으로 흘러가고 민간에서 자유롭게 즐기는 바가 되면, 허구화하는 경향이 강하다.

그러나 관주도냐 민간주도냐에 따라 이야기가 역사가 되거나 허구가 되거나 하는 경향이 두드러지긴 하지만, 이야기가 완전히 사실만 되거나 아니면 완전히 허구만 되거나 하는 경우는 상정키 어렵거나 불가능한 일이다.

하여간 사실과 허구가 이야기가 존재하는 가장 기본적인 존재상태의 패턴인 것만은 분명하다.

그런데, 모든 이야기가 사실이 되는 세계는 끔찍하다. '그가 죽었다'고 말하는 순간 멀쩡하던 그가 실제로 죽는 그런 사태가 벌어지는 세계라면 이보다 잔인한 세계가 세상에 또 어디 있겠는가. 모든 이야기가 허구가 되는 세상도 상정하기 곤란한 일이다. 어떤 이야기도 거짓으로 떨어지고 말 터이니 말의 무용론, 이야기의 무용론이 기필코 등장하고, 묵언만이 유일한 대안으로 제시될 수밖에 없게 될 것이다. 그러니까 모든 이야기가 허구가 되는 세상은, 결국 이야기가 없는 세상이 되어버리고 말리라는 것으로 이는 이야기총량불변의 법칙에 의거하여 성립 불가능한 세상이다. 이야기는 사실에 좀 더 기울거나 허구에 좀 더 기울거나 할 수는 있어도 완전 사실이거나 완전 허구이거나 한 상태로 존재할 수는 없다. 이야기는 어느 면은 사실이고 또 어느 면은 허구이고 한 상태로 존재할 수밖에는 없는 것이다.

  이와 관련하여 북한사회는 좀 예외적인 경우라고 할 수 있겠다. 이야기가 전적으로 사실로서 존재한다고 보여지는 까닭이다. 모든 이야기가 사실이면 허구는 존재할 수 없다는 건데, 이야말로 허구이다. 모든 이야기가 사실로서 존재하는 사회라면, 허구의 사회이고 허구의 사회가 곧 붕괴되리라고 보는 것은 논리필연적인 일이다. 많은 식자들이 북한사회가 조만간에 붕괴되리라고 보는 이유이다.

  사실 이야기가 우리의 우주 내에서 어떤 존재상태로 존재하는가에 대한 논의는 본 소고의 논의 범위를 넘어서는 것이다. 본 소고는 우리 우주 내에서 이야기의 총량이 불변하는가에 대한 물음의 해답을 찾고자 하는 데에 있을 뿐이다.

    고찰의 결과는 우리의 우주 내에서 이야기의 총량은 불변한다는, 이야기총량불변의 법칙이 성립한다는 것이었다. 이는 우리의 우주 내에서 에너지총량불변의 법칙이 성립하는 탓이었다.

    우리의 우주 내에서는, 이야기야말로 에너지이며 이야기와 에너지는 같은 것의 다른 이름인 것이다.

예술추방론

1. 예술추방론

 인류사에서 최초로 등장한 예술이론을 따져본다면, 좀 의외이고 아이로니컬하게 들리더라도 예술옹호론이기보다는 예술배척론 내지는 예술추방론이었음을 알 수 있다.

 동양이나 서양이나 이 점에 있어서는 크게 차이가 나지 않는다. 서양에서 최초로 잘 정립된 예술이론이라면 플라톤의 예술론을 들 수 있을 텐데, 플라톤의 예술론은 기본적으로 예술에 적대적이거나 부정적이다. 플라톤의 예술론을 흔히 시인추방론이라고 한다. 간단히 시추방론이라고 할 수 있을 텐데, 고대 그리스 사회에서 시라 하면 오늘날의 시를 일컫는 게 아닌, 창작된 것 전반을 일컬었다는 의미에서 예술과 같다 할 수 있고 결국 시추방론이란 예술추방론을 의미한다 할 수 있는 것이다[1].

---
[1] 여기서 시는 오늘날의 poem을 의미하지 않는다. 예술 전반을 의미한다. 그리스

플라톤은 자신이 이상국가라고 생각했던 철인왕국에서는 예술이 필요 없다 하였는데, 예술이 그 존재이유를 상실하기 때문이다. 인류가 철인왕국을 건설하는 데 성공하면 예술은 그 존재이유를 상실하게 되어 자연스럽게 인류사회에서 도태되고 사라지게 될 것이라고 보았다. 그러나 실제로, 원인과 결과는 이와는 반대이다. 예술추방론이 원인이고 철인왕국이 이의 결과일 뿐이다. 한 사회에서 예술이 추방되어야만, 그것이 전제조건으로 충족되어야만 비로소 철인왕국으로 가는 길이 열리고 궁극적으로 철인왕국이 달성되기 때문이다.

허면, 플라톤은 왜 그가 생각하는 이상국가인 철인왕국으로 가기 위해서는 예술이 그 사회에서 필연적으로 추방되어야만 한다고 보았던 걸까.

이에 대한 대답은 허위성이라는 개념에서 찾아진다. 허위성은 적극적으로는 진실이 아닌 것, 소극적으로는 진실을 가리는 것이라고 할 수 있다. 즉, 진실을 가리는 장막성이라고 할 수 있다.

만약에 자네가 서정시에서든 서사시에서든 즐겁게 하는 시가를 받아들인다면, 자네 나라에서는 법과 모두가 언제나 최선인 것으로 여기는 이성 대신에 즐거움과 괴로움이 왕노릇을 하게 될 걸세…… 시가 그와 같은 성질의 것이기에, 우리가 그때 이 나라에서 시를 추방한 것은 합당했다는 데에 대한 변

시대에는 '시'라는 용어를 예술이란 의미로 확장적으로 사용했다. 아리스토텔레스의 『시학』은 그런 의미에서, 예술론임을 알 수 있다.

론이 이것으로써 된 것으로 하세나[2].

플라톤은 예술을 허구적인 것, 즉 허위성이라고 보았다. 혹은 진실을 가리고 은폐하는 장막성이라고 보았다. 플라톤은 적극적인 의미에서이기보다는 소극적인 의미에서 예술을 인식했던 건지 모르겠다. 진실이 아닌 것이기보다는 진실을 가리는 장막성으로 보았을 가능성이 높다는 것이다. 장막성은 진실을 가리는 대신 환상이나 환영을 제공해 준다는 점에서 아편성과도 유사하다.

오늘날의 용어로 한다면, 플라톤은 예술을 '인민의 아편'쯤으로 간주하였다고 할 수 있을지 모르겠다. 맑스가 '종교는 인민의 아편'이라고 하였는데, 맑스가 종교에서 본 아편성을 플라톤은 저 고대의 그리스 사회의 예술에서 보았다고 할 수 있지 않나 하는 것.

예술이 진실을 은폐하고 가리는 장막이요 사람을 난(亂)으로 치닫게 하는 환상이나 환영을 심는 기제라면 예술은 무용하기 짝이 없는 것, 더 나아가서는 위험한 것이고 이를 창작하는 시인은 추방되어야 함이 마땅하다. 만일 예술이 진정 그러한 것이라면, 플라톤의 이러한 주장은 옳을 수밖에 없다. 플라톤의 예술추방론은 마땅히 그래야 하는 바의 윤리가 된다. 윤리 앞에서 예술은 예나 지금이나 자신의 존재가치를 증명하기 곤란한 것이다[3].

2) 플라톤, 박종현 역, 국가—정체, 서광사, 2006, p.637.
3) 예술과 윤리는 대개의 경우 서로에 대해 반감을 지녀왔던 것처럼 여겨진다. 예술과 윤리가 조화롭게 화답하는 경우란 극히 드문 경우라 할 수 있다. 예술과 윤리가 이와 같이 반목하는 까닭에 검열의 문제가 발생한다. 윤리는 예술을 검열하고, 예술은 검열하는 윤리를 비웃는다. 어느 쪽이 타당할지는 시대의 상황이 결정한다. 헌데, 흔히 윤리는 유물론적으로는 지배자의 지배 도구로 인식되곤

예술이 진실을 은폐하는 것이라면, 이를 추방하는 게 마땅하다는 예술추방론은 윤리적으로 정당하다. 당위성을 갖는다. 그러나 한 가지 해결되어야 할 심각한 선결과제를 남겨놓는다. 유언비어와 예술과의 차이를 무화시켜버리고 만다는 것이다. 예술이 진실을 은폐한다는 이유로 예술을 추방해 버린다면, 유언비어와 예술과의 차이란 무엇이냐 하는 것.

결국, 예술추방론은 예술을 유언비어로 전락시키고 이를 그 수준에서 맴돌게 하는 결과를 초래하게 되고 만다.

유언비어는 허위사실로서 마땅히 사회에서 추방되어야 한다. 유언비어는 공동체의 규범을 파괴하며 이로써 공동체를 해체시키는 노(no)규범이 되므로, 사회에서 추방되어야 한다는 데에 이의가 있을 수 없다. 그러나 예술은 진실을 은폐하긴 하지만, 허위사실 자체는 아니다. 예술은 때로 반규범의 역할을 수행하기도 하지만 반규범 역시도 하나의 규범이어서, 노(no)규범과는 질적으로 다른 것이다. 유언비어와 예술을 동일시할 수는 없는 일이다.

그러나 플라톤이 예술추방론을 주장할 때, 그는 분명 유언비어와 예술을 동일시하는 우(憂)를 범하고 있다. 왜냐하면 예술을 허위사실 유포와 동일시해야만 예술추방론이라는 극단적 결론이 도출될 수 있기 때문이다.

플라톤은 의외로 예술을 소극적인 허위성이기보다는 적극적인 허위성으로 인식했음을 추정해 볼 수 있다. 장막성이나 아편성으로

한다는 것이다. 이럴 경우, 예술은 지배에 저항하는 의미 있는 사회적 실천으로 인식될 수도 있을 것이다.

보기보다는 적극적으로 사실을 날조 유포하는 허위사실 날조 내지는 유포행위로 인식했던 것으로 보여진다.

예술이 허위사실 날조 및 유포행위가 아니라면, 예술추방론은 과잉윤리이다. 어떤 면에서 과잉윤리는 과소윤리보다도 나쁠 수 있다. 철인왕국이 예술의 장막성이 심도하게 작동하는 사회보다 더 나쁘고 위험할 수 있고, 실제가 그와 같을 것이다.

예술추방론의 선조성은 동양사회에서도 마찬가지이다. 예술추방론 내지는 예술부정론의 그 강도나 지속성 면에서 동양사회가 서양사회보다 훨씬 그 강도가 높으며 지속적이다. 서양사회는 플라톤 이후 아리스토텔레스가 나와 예술추방론을 곧바로 예술긍정론으로 바꿔놓지만, 동양사회는 아리스토텔레스와 같은 역할을 하는 인물이 나타나지 않는다.

공자는 일찍이 『춘추(春秋)』에서 자신은 '기록하였지 창작하지 아니하였다(述而不作)' 라고 언급하였는데, 이 언급 속에서 엿보여지는 공자의 관점은 창작을 기록보다 폄하시하는 것이었다[4]. 공자가 창작을 기록보다 폄하시한 이유는 명료하다. 창작의 꾸밈성, 즉 허위성 때문이다. 자신은 허위를 말하지 않고 진실만을 말하니 자신의 말은 믿어야 한다는 내면이 깔린 언급이었던 것이다.

그러나 공자가 예술을 적극적 허위성으로 보았다고는 보기 어렵

---

[4] 子曰 述而不作 信而好古竊 比於我老彭(공자가 말하기를, 나는 전대부터 전해내려오는 것을 기술할 따름이지 새로운 것을 지어내는 것이 아니다. 옛것을 좋아하기 때문이다. 마음 깊이 은의 현인 팽을 본받고자 하는 것이다-논어 술이편)

다. 적극적 허위성이기 보다는 소극적 허위성, 즉 진실을 은폐하거나 가리는 장막성으로 이해했다고 봄이 타당하다. 예술을 기록보다 폄하시하고 있기는 하였지만, 서구의 플라톤과는 달리 예술의 무용론으로까지 나아가고 있지는 않기 때문이다.

공자가 『예기(禮記)』의 편찬자라는 점에 주목할 필요가 있을 것이다. 예기는 예의를 말하는 것이지만, 그 예(禮) 안에 예(藝)가 포섭되어 있다. 예(藝)가 예(禮) 안에 포섭되어 들어올 때 그 예(藝)는 무용하지 않으며, 질서와 조화를 주는 아름다움의 유용성으로 예찬된다. 공자에게 예(藝)는 예(禮) 안에 포섭된 규범이며, 예(藝)가 규범인 한 예술은 유의미하고 권면되어야 하는 것이다.

이러한 점에서, 공자는 결코 예술추방론자가 아니다.

그러나, 예(禮)나 도덕이 무너진 사회에서라면, 혹은 예(藝)가 예(禮)나 도덕규범을 넘어서는 규범 즉 반규범을 탐색하기 시작한다면 어떻게 될까. 동양사회에서 그러한 예술은 결코 용납되거나 받아들여지지 않는다. 왜냐하면 그것은 예(禮)에 포섭된 예(藝)의 범위를 넘어서는 예술로서 사회가 인정할 수 없는 예술이 되기 때문이다. 사회가 용납할 수 없는 예술이라면, 그 예술은 사회로부터 추방될 수밖에 없을 것이다.

헌데, 동양사회에선 고대 요·순의 황금시대를 제외하면 모든 시대가 예(禮)와 도덕이 무너진, 이에서 벗어난 시대였다는 것이다[5].

---

[5] 중국의 전통적인 역사관은 복고적·반진화적 역사관이라고 할 수 있다. 요·순시대를 황금시대로 독해하는 유교적 복고주의가 그 대표적인 경우라고 할 수가 있을 것이다. 이런 점에서 볼 때 요·순 이후 중국사회는 내내 예와 도덕이 무너진 도둑들의 시대였다고 할 수 있을지 모른다. 이런 함의를 담고 있는 책으로,

예(禮)와 도덕이 무너진, 이에서 벗어난 시대의 예술은 반규범의 예술이다. 이렇듯 동양사회에서 예술은 늘 변경이거나 추방된 상태에 있었다고 보아야 한다.

하여간 동양사회에서는 공식적으로는 예술추방론은 없다. 공자에게서 살필 수 있듯이 대체로 동양사회는 예술에 대하여는 비근비원(非近非遠)의 태도를 취하고 있었다. 가까이하지 않으면서 그렇다고 멀리하지도 않았다는 것이다.

동양사회는 예술을 사회로부터 추방하지 않았으며 그렇다고 적극적으로 이를 사회 내화(內化)하지도 않았다. 현실적으로, 예(禮) 안에 포섭된 예(藝)만을 예술로 인정하여 예술의 범위를 규범으로 축소하였으며, 이를 벗어나는 예(藝)는 예술로서 인정하지 않고 사회의 변경 내지는 사회 밖으로 추방시켜 내쳤다. 예술의 범위가 질서와 조화 내지는 지극히 한정된 범위에 머물러 있고, 이에서 벗어나는 모든 것은 예술로 인정치 않았다는 점에서 실질적으로는 예술추방론이 작동하고 있었다고 할 수 있을지는 모르겠다. 예술추방론까지는 아니라 하더라도, 예술비우호론임에는 틀림없다 할 것이다.

실질이야 어떻든, 어쨌거나 동양사회의 공식적인 예술에 대한 관점이나 태도는 완전 추방하지도 않으면서 그렇다고 전격적으로 사회 내화(內化)하는 것도 아닌 비근비원(非近非遠)의 그것이었다고 보는 게 적절하다.

『근대중국의 문학적 사유읽기』(이종민 저, 소명출판사, 2004.) 참조.

이쯤에서 한 가지 의문점이 들게 된다. 동양이나 서양이나 왜 예술이론의 선조성이 예술옹호론이나 예술긍정론이기보다는, 예술추방론 내지는 예술경계론이었을까 하는 거다. 다시 말해, 다른 역사과정을 지닌 동양과 서양에서 예술추방론이라는 예술부정론에 있어서 만큼은 왜 선조성이라는 점에서 동일하고도 공조적인 공통적 양상을 보이고 있느냐 하는 거다.

이에 대한 대답은 아마도 우리가 여기서 그것의 상대항으로 가져다놓고 있는 저것, 유언비어에 있을 것이다.

2. 예술종말론

20세기에 들어오면서 예술의 종말을 언급하는 예술종말론이 득세하고 있다. 예술은 이미 죽었으며, 예술이 설 땅은 이제 인류사에 존재하지 않는다는 얘기쯤이 될 것이다. 20세기에 들어서면서 영화를 비롯해 TV, 비디오, 디지털 아트에 이르기까지 예술 장르의 새로운 개척과 다변화가 일어나 그 창작활동이 훨씬 더 풍부해졌는데, 이런 풍요로움 속에서 정작 예술종말론이 득세한다는 것은 몹시 기이하다. 장르의 다양성, 창작활동의 자유성과 활발성이 전에 없이 극대화되었다고 보여지는 이런 시기에 예술종말론이라니, 분명 모순이요 아이러니임에 틀림없다. 그 모순성을 감안하면, 예술종말론이 허위의식은 아닐까 하는 생각마저도 드는 게 사실이다.

예술종말론은 헤겔에게서 그 단초가 보인다고 알려져 있다. 헤겔은 예술을 내용과 형식의 조화로 보았는데, 현대예술은 형식미의 추구에만 몰입한 나머지 그 내용이 예술 내(內)로부터 빠져나와 다른 어딘가로 사라져버렸다고 하고 있다. 형식과 분리된 내용이 사라져간 곳은 철학이다. 형식에 함몰된 예술은 형해화된 예술이요, 의미가 상실된 예술이다. 형식에 함몰되어 의미를 잃어버린 예술은, 다시 말하면 '오늘날 더 이상 진리를 드러내지 않는 예술'은 아마도 '예술을 위한 예술'에 근사할 것이다.

여기서 외면성은 자체 속으로 복귀하면서 내용과의 통일로부터 벗어나서 내용과는 무관하고 외적인 것이 되어버린다. 이 같은 예술형식의 실현이 시문학(Poesie)이다[6].

'더 이상 진리를 드러내지 않는 예술', 즉 내용을 잃어버린 예술에 대하여 그러나 헤겔은 안쓰러워하지 않는다. 헤겔은 예술의 잃어버린 내용이 철학과 결합하였고, 이를 인류정신의 진화로 보고 있다. '더 이상 진리를 드러내지 않는 예술'의 상황을 인류정신의 진화로 가는 올바른 방향으로 인지하고 있다[7].

인류정신의 최고 진화 형태가 국가이성이고 그것이 헤겔의 시민국가라면, 헤겔의 시민국가에서 예술은 이미 형해화된 그런 것일 수밖에는 없게 된다. 예술은 의미를 담지하지 않는, 무의미하고 불필요한 그런 것에 지나지 않게 된다. 존재한다면, 그런 형태로서만

---

6) W.F. 헤겔, 서정혁 역, 미학강의, 지만지고전천줄, 2008, p.137.
7) 강영수, 헤겔미학소고 ; 그의 이른바 "예술종말론"에 대하여, 『비교문학』, 한국비교문학회, 1981.

존재하게 되는 것이다.

　무엇보다도 오늘날 우리가 살고 있는 세계의 정신은, 좀 더 구체적으로 말하자면 우리의 종교나 우리의 이성문화는 예술이 최고의 방식을 형성했던 단계를 뛰어넘어 이제 절대자를 의식할 수 있는 것처럼 보인다……. 모든 이런 상태들을 고려할 때, 예술은…… 우리에게 지나가버린 과거지사이자 과거지사로 남아 있다[8].

　헤겔에게 있어 예술은 진리가 아니고 그렇다고 반진리인 허위도 아니다. 진리와 허위 그 모두를 떠난 그 무엇, 과거완료형이다. 오늘날 우리가 흔히 언급하는 비유비무(非有非無)와 같은 그런 것일 텐데, 비유비무에게 존재성이 있는지 없는지를 확정할 수 없는 일이다.
　결국, 헤겔의 예술종말론은 일종의 변형된 예술추방론임을 알 수 있다. 플라톤의 예술추방론은 예술이 무용할 뿐만 아니라 허위로서 위험하기 때문에 적극적으로 추방해야 한다는 입장인 반면, 헤겔의 예술종말론은 예술이 현실에서 이미 추방되었다고 본다는 차이점이 있을 뿐이다. 예술이 이미 우리 사회에서 추방된 그 무엇이라면, 진정으로 예술종말론은 예술추방론의 발전된 형태이다. 헤겔의 예술종말론은 플라톤의 예술추방론을 발전적으로, 진화적으

---

8) W.F. 헤겔, 앞의 책, pp.21-23에서 재인용.

로 계승한다.

근자에 주목을 받고 있는 예술종말론은 아서 단토의 이론이다. 아서 단토의 이론은 근본적으로는 헤겔의 예술종말론에서 벗어나 있지 않다. 이의 본질적 함의는 헤겔의 종말론을 계승하고 있다고 할 수 있다.

단토는 내러티브(narrative)라는 개념을 끌어들여 현대에는 예술작품들이 내러티브 즉, 서사(선언적 정의)를 지니고 있지 않다고 보고 있다. 앤디 워홀의 「브릴로 박스」를 예로 들어 이 점을 잘 설명하고 있는데, 같은 브릴로 박스가 마트의 진열대에 있을 때는 상품이 되는 반면 앤디 워홀이 자신의 미술 속으로 가져오면 그것이 작품이 되는 게, 현대예술작품에서의 내러티브의 무규정성, 빈 내러티브 때문이라고 보고 있다. 예술을 규정하는 일관된 선언이나 정의가 없다는 것이다.

아직도 선언문의 시대였던 그때에 「브릴로 박스」가 출현했으므로 결국 많은 것을 전복할 것으로 생각되었지만, 여전히 선언문 시대의 잔존자들로 남아 있던 많은 사람들은 워홀이 한 일은 진정으로 예술이 아니라고 말했다. 그러나 나는 그것이 예술임을 확신했으며, 나를 흥분시킨 물음, 진정으로 심원한 물음은 워홀의 「브릴로 박스」와 슈퍼마켓의 저장실에 있는 브릴로 상자 사이의 그 어떠한 차이도 사물과 예술 사이의 차이를 설명할 수 없다고 할 때, 양자 사이의 차이는 과연 어디에 있는가 하는 것이었다[9].

오늘날 예술작품은 이미 있는 것으로서의 내러티브를 지니지 않는다. 장소에 따라 상황에 따라 작가의 의도에 따라 새로운 내러티브를 규정받게 되고 끊임없이 재탄생하게 된다. 프로그램에 따라 끊임없이 인격이 변하는 로봇이나 사이보그 유전자 복제생물쯤을 연상하면, 이해가 쉬울지 모르겠다.

이미 주어진 내러티브가 없고 끊임없이 새롭게 재부팅되어 새로운 내러티브를 갖게 되고 재탄생하게 된다는 것은, 하나의 예술작품이 무한대의 내러티브를 가질 수 있다는 것을 의미한다. 무한대의 내러티브를 갖는다는 것은 한 가지의 내러티브도 갖지 않는다는 것을 또한 의미한다.

단 하나의 내러티브로 규정되지 않는다면, 오늘날의 예술작품들은 정체성을 논할 수 없다. 오늘날 예술은 정체성이 없는 예술이다. 예술이란 '이런 것이다' 라고 정의 내릴 수 없으며, '이런 것이다' 정의 내릴 수 없는 상태에 있는 것이므로 오늘날 예술이라 하는 것은 진짜 예술인지 아닌지 알 수도 없게 된다. 마트 안의 「브릴로 박스」와 워홀의 「브릴로 박스」를 구별할 수 있는 근본적 차이점이 없는 것이다.

오늘날 예술은 예술일 수도 있지만, 예술이 아닐 수도 있다면 예

---

[9] 아서 단토, 예술의 종말 그 이후, 이성훈·김광우 역, 미술문화, 2004. pp.93-94.

술은 불가능하다. 예술종말론이다. 그러나 단토는, 그럼에도 불구하고 예술은 가능하다고 얘기하고 있다. 예술이란 이런 것이다라고 정의 내려지지 않는 무규정의 끊임없는 개별적 행위들을 통해서, 그렇게 할 수 있다고 한다. 예술은 주체도 객체도 없는 끊임없는 생성이지, 존재자가 아닌 것이다. 완결체가 아닌 것이다. 작품의 완성이란 혹은 '이런 게 예술이다' 하는 예술이란 실재하지 않는, 환상인 것이다[10].

단토의 예술종말론 역시 플라톤의 예술추방론의 변형된 양상이다. 예술이 무한의 내러티브를 지닌다면 그것은 내러티브를 지니지 않는다는 의미이며, 내러티브 없는 예술은 무(無)일 뿐이다. 존재성이 없는 것이다. 진리도 아니요 진리의 반대개념인 반진리, 즉 허위도 아닌, 규정할 수 없는 무규정의 그런 거다. 미학은 이제 성립불가능하다. 헤겔의 예술종말론과 마찬가지로 이미 예술추방론이 달성된 경우라고 볼 수 있다.

물론 단토의 예술종말론은 플라톤의 관점과는 길항하는 면이 있는 것도 사실이다. 플라톤은 자신의 이론에 입각해 예술을 부정하는 결론에 이르는 반면 단토는 그럼에도 불구하고 예술을, 예술의 존재를 긍정하고 있다는 점이다. 예술이 무엇인지는 규정할 수 없지만, 예술이 있고 생성되어지고 있다는 것은 분명하고 유의미하다고 한다. 이 점에서 보자면 단토는 플라톤보다는 아리스토텔레스에 더 접근해 있다 할 수 있을지도 모르겠다. 단토의 종말론이 헤겔의

---

10) 아서 단토, 앞의 책, pp.75-98.

종말론과 차별화되는 지점이다.

허나, 단토가 예술의 종말을 긍정하면서 그럼에도 불구하고 예술의 생성 가능성을 인정하는 태도는, 종말에도 불구하고 예술을 살려내는 일처럼 보이기는 하지만 그러나 예기치 않은 다른 위험성을 열어놓는 일이라는 점이 인식될 필요가 있다. 마트의「브릴로 박스」와 워홀의「브릴로 박스」사이에 근본적인 차이가 없는 거라면, 예술과 유언비어와의 사이에도 근본적인 차이가 없게 된다. 예술의 유언비어화를 긍정하는 논지가 될 소지가 다분하다. 예술의 유언비어화요 유언비어의 예술화라는 것, 단토의 예술종말론의 단점이다. 미학(美學)이 불가능하다면 비평도 불가능해지는 것이다.

현 우리 사회에서 예술종말론이 득세한다면 이는 우리 사회가 이미 예술추방론이 달성된 사회임을 입증해주는 일일지 모른다. 헤겔이 본 바처럼 말이다. 예술이 추방된 사회에서 예술은 진리도 아니요 그렇다고 그것의 반대개념인 반진리, 즉 허위도 아닌 그 무엇이다. 예술이 추방된 사회에서 예술의 존재성은, 존재하는 것도 아니요 그렇다고 존재하지 않는 것도 아니다. 그것은 로봇이요 사이보그요 디지털이요 끊임없이 재생산되는 유전자 변형 복제체이다. 무어라 규정할 수 없고, 규정하는 게 무의미한 그런 것. 아니, 그것은 그것조차도 아닐는지도 모른다. 제 삼, 제 사, 제 오…… 의 존재성일지도 모른다.

예술목적론이 인간목적론을 능가하여 추구되기 시작하면, 예술은 스스로 종말론에 가 닿게 된다. 예술목적론의 근거가 언술된 것처럼 인간목적론에 있는 것인데, 스스로의 근거를 스스로가 허무는 까닭이다. 예술목적론이 인정되는 한 예술은 끊임없이 종말론에 떨어지고 이 종말론의 늪에서 허덕일 수밖에는 없다. 말하자면, 예술목적론이 인정되는 한 예술은 스스로가 자신의 존재근거를 허물고 사회로부터 추방되어 유폐된 자로서 존재할 수밖에 없게 된다.

예술을 추방하는 것은 예술 그 자체이다. 예술목적론이 인간목적론과 갈등하는 곳에서는 항상 이와 같다.

그러나, 예술종말론은 어떤 의미에서는 긍정적일 수 있다. 두 가지 점에서 그와같이 볼 수 있다.

하나는, 예술종말론은 예술의 추방된 현실을 직시하게 해주는데 오늘날 사회로부터 예술을 추방한 게 다름 아닌 예술 자체라는 그 점에서다. 다른 누구, 외부의 권력이나 예술과 무관한 것들의 농간이 아닌 것이다. 스스로가 스스로를 유폐하는 그것은, 자연의 자정능력과 같은 예술 자신의 자정능력일 수 있다.

또 하나는 예술종말론이 예술목적론이 인간목적론을 파기할 수 없고, 파기해서도 안 된다는 그 바로미터적 임계점을 보여준다는 점에서다. 인간목적론을 능가하는 예술목적론은 스스로에 대한 종말론을 불러들이게 되고 추방되어 유폐된 것으로서의 존재로 머물게 된다. 예술종말론은 예술목적론이 인간목적론을 회복해야 한다는 그 당위성, 인간목적성의 근거성을 드러내주는 지표로 작동할 수 있다.

예술종말론은 의외로 근대의 두 축을 형성하는 인간목적론과 예술목적론 사이의 레버리지 역할을 하는 지렛대 역할을 한다. 예술이 영원히 추방된 상태로 있을 수는 없는 일이기 때문이다.

소설과 예술추방론

　예술추방론의 함의는 허위는 추방되어야 한다는 것이라고 볼 수 있다. 예술이 진실을 가리는 허위의 한 분파이기 때문에 건전사회로부터는 예술을 추방해야 한다는 것이다. 따라서, 예술추방론은 매우 윤리적인 관점이요 윤리론에 입각한 것임을 알 수 있다.
　예술이 허위의 한 분파라면 예술은 추방되어야 하고, 이게 명분이 서는 일이라고 하겠다. 그러나 실제로는 예술을 허위와 동일시하는 데에는 무리가 따르는 일이다.
　이 무리성을 간파한 인물이 아리스토텔레스라고 할 수 있다. 아리스토텔레스도 그의 스승이었던 플라톤과 마찬가지로 예술이 진실의 모방이라는 데에는 인식을 같이 하지만, 플라톤이 예술이 진실의 모방이기 때문에 진실을 가리는 허위라고 보는 반면 아리스토텔레스는 예술이 진실의 모방이기 때문에 진실의 한 분파라고 인정한다. 논리적 정합성만 따진다면 플라톤이 아리스토텔레스보다 우선한다고 보여진다. 왜냐하면 상식적으로 볼 때, 무언가를 모방했다면 이는 모방품이요 짝퉁이지 진품이 될 수는 없는 것이기 때문이다.

아리스토텔레스는 이 논리적 정합성의 결여성을 진리의 존재방식 내지는 특성을 통해서 해결한다. '진리는 어디에나 있는 존재자'라는 진리의 편재성, 즉 유비쿼터스성 속에서 이를 해결한다. 진리의 모방품이라고 해서 진리의 외곽에 놓이는 것이 아닌 것이다. 진리는 이미 모방품 안에 내재하게 되거나 이를 포함하는 확장성을 보이게 되는데, 이것이 진리의 특성인 까닭이다[11].

진리의 모방품인 예술이 또한 진리 내 존재자인 거라면, 예술추방론은 무력화될 수밖에 없다. 예술 또한 진리의 담지자인 거니까 말이다.

아리스토텔레스가 이렇게 예술을 예술추방론으로부터 구해내긴 하였지만, 그러나 예술은 그 후로도 끊임없이 허위와의 동질성을 의심받으면서 추방에의 유혹 속에서 진동해온 것이 사실이다. 어느 시대에나 그 시대의 필요성에 따라 변형된 예술추방론이 있어 왔다고 볼 만하다. 1920년대 한국사회에서의 예술관 역시 예술추방론과 무관하지 않다. 예술의 상상력을 사회주의이성과 민족이성의 지도성 안에 가두어놓았다는 점에서 그와 같다[12]. 우리 시대의 예술

---

[11] 아리스토텔레스는 플라톤과는 달리 형상(eidos)과 질료(materie)가 분리되어 있지 않다고 한다. 개개의 사물 속에 형상과 질료가 함께한다고 하는데, 그리하여 이를 복합체라는 의미의 '신테토스(synthetos)'라고 이름했다.(김형석, 모두를 위한 서양철학사, 가람기획, 2011, p.65.)

[12] 1920년대 우리 문학예술의 상황은 카프계문학과 국민문학계가 서로 경쟁하는 시기였다고 할 수 있다. 결코 문학예술 부재의 시대였다고는 할 수 없는 일이다.

종말론 또는 우리 시대의 형국에 맞게 변형된 예술추방론의 한 변종이라고 할 수가 있다.

헌데, 전통적인 예술장르 가운데에서 가장 크게 추방에의 유혹에 시달려온 예술장르가 있다면 그건, 역시 소설이다. 소설의 속성 때문이다.

소설은 '이야기를 만들어낸다' 혹은 '이야기를 꾸며낸다'는 속성을 지닌 장르이다. 없는 이야기를 만들어내고 꾸며내니 이는 분명 허위임에 틀림없다[13]. 소설이 허위라면 소설은 유언비어의 일종이고, 진실을 가리고 은폐하고 조작하는 반사회적 행위임에 틀림없다. 소설이 현실을 은폐하고 조작하는 반사회적 행위라면, 소설의 추방은 불가피하며 마땅한 일이라고 할 수밖에 없다. 소설추방론의 당위성이다.

소설을 추방하고자 하는 사회적 동력이 생각보다도 훨씬 크다는 것을 살필 수 있다. 소설이 진실의 모방체요 분여체라는 아리스토텔레스의 고대적 리얼리즘관이 무너져내렸을 때 사실 소설은 이 땅

그러나, 1920년대가 문학의 정치적 지향성이 예술적 지향성을 압도한 시기였음은 분명하다. 예술적 지향성 안에만 함몰되고 한정된 작가나 예술인들이 치기의 인, 병폐인 등으로 취급되어지고 처리되어지고 있었다는 게 이 점을 입증한다고 할 수 있다. 그런 관점에서의 '예술추방론'이었음을 여기서 밝혀둔다.

13) '꾸미는 것'은 그 대상을 예쁘게 하거나 아름답게 하거나 보기 좋게 한다는 것이다. 그리하여 그 대상의 외적인 가치를 상승시키는 것이다. 방을 꾸미거나 몸을 치장하면 우리는 그래서 심적으로 만족하게 되고 즐거움을 느끼게 된다. 그러나 이 '꾸민다'는 게 외부적인 것 말고 대상의 본질적 가치마저도 상승시키느냐 하는 점이다. 이에 대한 답변에는 우리는 유보적이다. 예술이 '꾸밈'이라면, 예술의 속성이 이와 같다고 할 수 있다.

에서 설 자리를 잃었다고 할 수 있다. 소설은 진리의 모방체요 이의 분여체라고 하였는데, 어느 날 갑자기 그 진리가 세상 밖으로 쏙 숨어들어 찾을 수 없게 되어 버렸기 때문이다. 사라져버린 진리로부터 버림받은 소설은 추방 이외에는 다른 길이 없었다. 이런 상태의 소설을 구제한 것이 소설목적론이었다. 그러나 소설목적론은 위험한 측면이 있었다. 진리와의 연결고리를 상실한 소설을 목적으로 삼는 것은, 이를 왜 목적으로 삼느냐는 질문에 항상적으로 직면해야 하는 일이었다.

이 질문에 명쾌하게 대답할 수 있게 하는 근거는 없다.

그러나 소설을 사회로부터 추방시키고자 하는 동력 가운데에 무어니무어니 해도 가장 큰 것은 소설을 유언비어의 일환 내지는 이의 하위범주로 활용하는 경우이다. 소설이 유언비어의 일환 내지는 이의 하위범주로 활용되고 나면, 소설추방론에 대한 사회적 동력은 최고조에 이르게 된다. 소설이 유언비어요 진리를 가리고 은폐하고 더 나아가 진리를 조작하는 존재자라는 게 사회 내적으로 입증되어 버리고 마는 까닭이다.

소설이 유언비어의 수단 내지는 그것의 그릇으로 활용되는 것은 소설의 최악의 존재방식이다. 그러나 이러한 소설의 최악의 존재방식은 항다반사로 일어나는 일이며, 다양한 방향에서 전개되는 일이기도 하다. 인류 사회가 소설의 이러한 활용에의 유혹에 항상적으로 노출되어 있고 또 상당한 압력을 받고 있음을 살필 수 있다[14].

---

14) 소설과 유언비어와의 관계성에 대한 논란은 지난 한국사회에서 상당히 문제가 된 일이기도 하다. 이와 관련하여, 소송을 통하여 해답을 묻는 경우도 있었는데

당연히 자신을 추방시키고자 하는 사회의 욕망 내지는 동력과 맞서 펼쳐보이는 소설의 전략과 움직임도, 이에 따라 또한 다채로우며 눈부시게 된다. 어쩌면 이는 소설의 사활(死活)이 걸린 싸움일는지도 모른다. 유언비어로 떨어진 소설은 더는 사회에서 그 존재값을 인정받을 수 없기 때문이다.

우선은 차별화다.

소설은 자신이 유언비어와 다르다고 주장한다. 없는 이야기를 꾸며낸다는 점에서는 동질적이지만, 하지만 소설은 유언비어에는 없는 진실성을 자신은 갖는다고 주장한다. 소설이 주장하는 진실성이란, 소설 내적으로는 반드시 그러할 수밖에 없게 일어난 사실이라고 할 수 있다. 사실이란 점에서 이는 진실이다. 그러나 이는 소설 내적 논리에서의 진실이다. 현실의 사실과 꼭 부합하는 것은 아니다.

그러나 이 정도의 진실성을 갖고 소설이 진실성을 갖는다고 주장하는 것은 아닐 것이다. 소설이 언급하는 진실성은 이보다 깊은, 근본적인 차원에서의 진실성이라고 보아야 한다.

아마도 소설이 주장하는 진실성은 소설 내적 정합성 내지는 핍진성이기보다는 진리의 분여성, 즉 본질성을 갖고 있다는 의미에서의

1980년대 『파이=10.26회귀』란 소설작품과 관련한 판결은 의미심장하다고 할 수 있다. 재판부는 이 사건과 관련하여서 다음과 같은 판결을 내리고 있다. "허구의 세계를 창작하는 소설의 특성에 비춰볼 때 소설의 내용이 역사적 사실과 다르다고 해서 사실을 거짓으로 꾸민 것이라고 할 수는 없다…. 흥미 위주로 쓴 이 소설이 사회를 불안하게 할 우려가 있다고 볼 수 없다…. 소설의 본질상 허구를 전제로 출발한 작품은 유언비어죄로 처벌받지 않는다."(신연숙, '파이=10.26회귀' 무죄…' 잊혀진 사건' 3년 2개월만에 햇빛, 한겨레, 1989.9.20.)

진실성이라고 보는 게 타당할 것이다. 그러나 진리의 분여성, 본질성도 실은 심각한 문제점을 지니는 일이다. 아리스토텔레스의 리얼리즘관이 무너진 이후로 소설에서 진리의 분여성, 진리의 내재성, 본질성을 보는 것은 아무래도 무리인 까닭이다.

다음으로 소설이 주장하는 유언비어와의 차별화는, 그 예술성이다. 소설은 스스로를 예술의 한 분파로 규정한다. 시대의 스타일과 작가 개인의 개성적 스타일을 반영하여 독특한 형식미를 발현하며, 내용적으로는 필연적으로 일어날 수밖에 없는 진실성을 보여줌으로서 예술성을 구현한다고 한다. 그에 반해 유언비어는 시대의 스타일이나 작가 개인의 독창적 스타일을 구현할 수 없다. 유언비어는 개인의 개성으로 수렴하는 게 아니라 집단성으로 수렴해가는 것이다. 예술성 측면에서 확실히 소설은 그것의 주장처럼 유언비어와 확연히 구별되는 게 사실이다.

> 문학이 생겨난 이래, 오늘날까지 그 명맥이 꾸준히 이어져 온 것은 문학이 그 문학 속에 지니고 있는 예술성 때문인 것이다. 그리고 그 문학의 예술성이라고 하는 것은 문학이 언어예술의 구실로서 비현실의 세계를 구축하는데 있는 것이다[15].

그러나 소설은 예술성을 강조하다 보면 형해화될 수도 있게 된다. 내용을 잃고 형식미에만 심취하다 진짜 앙꼬 없는 찐빵, 속 없

---

15) 김양수, 사회참여 그 악몽의 문학, 비평문학, 1971.6.

는 붕어빵이 되고 말 수도 있게 된다. 이렇게 되면, 이에 대한 반작용으로 속 없는 소설의 형식미 속으로 유언비어가 속이 되기 위하여 침투해 들어갈 수가 있다. 예술성의 구극은 유언비어를 위한 수단화일 수 있고, 이는 유언비어보다 더 소설을 위험하게 만드는 일이 될 수도 있다.

다음으로 소설이 주장하는 유언비어와의 차별화는, 목적론이다. 소설목적론이다.

소설은 자신이 목적적 존재자임을 주장한다. 자신이 자신을 위한 존재자이지 다른 무엇을 위한 존재자가 아니고, 자체로서 의미를 지니는 것이라고 한다. 그럼으로써 유언비어와의 차별화를 도모한다.

소설이 스스로를 목적적 존재자로서 주장하기 시작한 것은 그다지 오래전이 아니다. 근대 이후의 일이었다고 볼 수 있다. 소설의 지위가 오락으로 하나의 유희로, 장난으로 강등되기 시작하면서부터였다고 할 수 있다. 소설이 하나의 유희로 오락으로 그 지위가 강등된 것은 물론 진리의 분여성, 즉 본질성을 상실했기 때문이었다[16].

소설이 그 본질성을 상실하면서 자신의 존재의의를 내세우기 위하여 소설목적론을 들고 나오기 시작하였다는 것은 상당히 기특한 일이다. 소설이 몹시 생명력이 강한 존재자요 예술 장르임을 살필

---

[16] 이에 대한 자세한 논의는 이호림 저 『맑스 이야기, 그리고 한국문학』(아이엘앤피, 2011, pp.136-160) 참조.

수 있는 일이다. 그러나 소설의 이 주장, 자신이 목적적 존재자요 그와 같을 수밖에 없다는 이 주장이 얼마만큼 사회에 호소력 있게 받아들여졌는가에 대하여서는 회의적이다. 왜 소설이 목적적 존재자여야 하느냐에 대한 의문이 항상 사회 내에 충만해 있고 해소되지 않기 때문이다. 본질성을 상실한 소설이 자신을 목적적 존재자라고 주장하거나 포장한다 하더라도 이는 설득력이 떨어지고, 그 설득력이 떨어진다는 점에서 볼 때 이 주장은 아무래도 무리수라는 판단이 들지 않을 수가 없다.

소설의 이 주장, '자신은 목적적 존재자'라고 하는 소설의 이 주장이 아무래도 무리라면, 소설은 유언비어와 차별화되기 어렵다. 소설이 유언비어와 동질적이라면, 즉 허위와 동질적이라면 소설은 예술추방론의 한 분파로서의 소설추방론을 수용하는 게 마땅할 수밖에는 없다. 소설은 사회로부터 추방되는 게 논리적으로나 윤리적으로나 마땅한 일이 되는 것이다.

소설목적론이 생성되어 나오는 것은, 혹은 생성되어 나올 수 있는 것은 소설 넓게는 예술에 대하여 지니고 있는 우리 사회의 내적 무의식 때문이라고 보여진다. 본질성을 상실한 소설은 하나의 유희요 오락으로서 유언비어와 별 차이가 없는 것이나, 그럼에도 불구하고 소설이 없는 사회보다는 소설이 존재하는 사회가 더 나으리라는 무의식이다. 이 무의식은 소설의 존재성에 대한 믿음을 형성한다. 이 믿음은 진정으로 믿음이어서 입증되거나 증명될 수 있는 것은 아니다. 소설이 우리와 더불어 있는 사회가 없는 사회보다 더 나으리라는 이 믿음은, 논리정합적으로 설명되지 않고 입증 가능하지도 않다. 논리적으로는 예술추방론이, 특히나 소설의 경우에는 소설추방론이 더욱 타당할는지도 모른다. 소설목적론은 입증 가능한 이론이기보다는, 사회의 믿음에서부터 형성되어 나온 정서 내지는 욕망에 더 가까운 그런 것일 가능성이 높다.

소설이 없는 사회보다 소설이 우리와 함께 사는 사회가 더 나은 사회인가? 더 넓게 말해서, 예술이 없는 사회보다 예술이 우리와 함께 사는 사회가 더 나은 사회인가? 이 물음에 대한 해답을 우리는 제시할 수 없다. 그러나 소설이 우리와 더불어 사는 사회가 더 나은 사회라는 무의식 내지는 믿음을 우리가 대체로 공유하고 있는 것만큼은 분명하다. 이 무의식으로 인하여 더 나은 사회라는 전제조건이 형성되고, 이 전제조건 하에서 소설목적론이 생성되어 나오는 것이다.

따라서 소설목적론은 많은 문제점을 지닌 관점일 수밖에 없다. 입증되지 않는 믿음을 전제조건으로 한 그 바탕 위에서 형성되어 나온 것이기 때문이다. 그 믿음을 공유하지 않는 사회에서라면 당연히, 소설목적론은 폐기되고 그 자리를 소설추방론이 차지하게 될 것이다.

다음으로 소설이 주장하는 유언비어와의 차별화는, 본질창조자이다. 소설은 자신이 본질을 만들어내는 자라고 때때로, 주장한다. 근대 이후의 세계는 본질을 상실한 세계이다. 본질을 잃어버렸거나 본질이 이로부터 떠난 세계이다. 혹은 태초부터 본질 따위는 이 세상에 있어 본 적이 없는 세상, 사회였을 수도 있다. 아담이 에덴동산으로부터 추방되어 이 세상에 왔을 때, 그리하여 이 세상에 인간사회가 형성되기 시작했을 때부터 사회는 그렇게 추방된 사회였을 수 있다. 우리의 이 사회야말로 추방된 사회이지, 회복된 사회가 아니라는 것이다.

이 추방된 세계에서 소설은 어떻게 있는가.

소설은 이 추방된 세계에서 자신이 새로이 본질을 창출하여 세계에 부여하는 존재자라고 스스로를 정의하기도 한다. 세계는 소설을 통하여 비로소 본질에 대하여 열리게 되고 본질을 분여받게 된다는 것이다. 다시 말하면, 소설이야말로 이 세계의 의미요 본질이라는 것이다. 소설이 없다면 이 세계는 본질이 없고, 텅 빈 진공과 진배없는 것이고, 공허 이상이 아니다.

소설은 추방된 세계를 회복시키는 존재자로 있다. 공허한 세계에 의미를, 본질을 새로이 창출하거나 재창출하여 분여해줌으로서 그와 같이 한다. 그럼으로써, 추방된 세계를 회복된 세계로 재창조하고 재구성한다.

추방된 것은 세계이지 소설이 아닌 것이다. 오히려 소설은 회복자인 것이다. 에덴동산과의 연결고리를 지닌 이 세상의 유일한 통로요 출구이다.

　　서사의 본질은…… 억압적인 세계를 해체하고 예속적인 주체에서 벗어나는 길이 '우선적으로' 서사문화를 실현하는 데에 있어…… 즉, **가상을 사용함으로써 잃어버린 총체성을 창조**할 수 있으며, 이질적인 사상들이 만나는 공간과 탈영토화된 미결정적인 이미지를 생성시킬 수 있는 것이다[17].

이 입장에서 보면 소설추방론은 설 자리가 없다. 추방된 것은 세계 그 자체여서 소설을 추방시킨다는 것은 무의미하고 또 불능이다. 유언비어인 것은 세계 그 자체이지 소설이 아닌 것이다. 세계 그 자체가 유언비어여서, 세계가 이미 에덴동산으로부터 추방되어 있는 것이다. 소설은 그 자체로서 유언비어인 세계에 진실을 부여하는 것으로서의 존재일 뿐이다. 소설추방론이 문제가 아니고, 세계추방론이 문제인 것이다.

소설이 본질의 창출자라면, 유언비어는 세계 그 자체이다. 이 경우 소설은 유언비어와 가장 무관한 것으로 존재한다. 유언비어가 아닌 유일한 내-외(內-外) 세계의 존재이다.

예술종말론을 논의하는 자리에서 소설종말론은 단연코 앞자리에 놓여 있다. 예술종말론을 얘기하는 자리에서 소설이란 장르의 종말론이 가장 먼저 등장했고, 가장 폭넓게 회자되고 논의가 진행되어 왔다는 것이다. 어떤 면에서 보자면, 예술종말론 논의를 가장 선봉에서 사실상 이끌고 지도하고 있는 게 소설종말론일는지

---

17) 나병철, 소설과 서사문화, 소명출판사, 2006, p.514.

도 모른다[18].

 소설에 있어서 작가의 죽음에 대한 논의는 진작부터 있어 왔다. 19세기 말의 헨리 제임스의 소설에서부터 이미 그 단초가 보인다[19]. 특정 주인공이 등장하지 않는, '주인공의 죽음'이라고 지적될 수 있는 소설들도 상당하다. 작가가 죽고 주인공도 등장하지 않고 이미 모두 다 죽어 사라져버렸으니, 서사(narrative)도 사라졌다고 할 수 있다. 서사의 죽음 혹은 이야기의 죽음에 대한 선언이 나온 지도 상당히 된 얘기이다[20]. 작가도 죽고 주인공도 죽고 서사도 죽었으니 사실, 소설은 빈껍데기일 뿐이다. 의미 없는 무의미체일 뿐이다. 소설은 책이라는 형태를 취할 수 있지만, 책 안의 내용은 빈 백지에 불과하다.

 오늘날 소설이 언급되는 자리에서 유일하게 의미를 담지한 의미체는 독자뿐이다. 작가도 죽고 주인공도 죽고 서사도 죽은 소설에 작가를 살려내고 주인공을 살려내고 서사를 살려내어 소설을 활존재(活存在)시키는 유일한 존재자가 독자이다. 쓰여져 있으되 백지

---

18) 아서 단토가 예술 종말론을 들고 나왔을 때가 1980년대다. 헌데, 아서 단토가 예술 종말의 대상으로 인지하고 있던 장르는 미술 분야다. 소설은 이보다 일세기 정도는 앞서 그것의 불가능성, 종말을 인지하고 있었다고 할 수 있다. 예술 종말의 선조성은 아무래도 소설 분야에 그 우선권이 있다고 보는 게 타당하다.
19) "작가의 개입에 대하여 맨 처음으로 이의를 제기한 작가는 다름 아닌 빅토리아 시대의 작가들과 거의 같은 동시대에 활약한 헨리 제임스였다…. 제임스에게는 빅토리아 시대의 소설에서 흔히 볼 수 있는 이러한 작가 개입은 정말로 〈가공할 만한 범죄〉와 다름없었다."(이선영, 문예사조사, 민음사, 1989, p.161.)
20) 소설사적으로 누보로망이 그 예가 되겠는데 누보로망에 대한 자세한 논의는, 『소설의 등장인물』(박혜숙,연세대출판부,2004.)을 참조 바람. 보다 넓게는 포스트모더니즘이라고 불리는 현대의 예술분파가 이와 같은 양상을 보이고 있다고 할 수 있다.

인 소설에 활자를 부여하여 의미로서 되살아나게 하는 게 독자라는 것이다[21]. 오늘날 소설의 의미는 독자이다. 독자를 떠나서는 소설은 살지 못한다. 오늘날 소설은 자체 존재성이 없는 무(無)존재성인 게 분명하다.

허면, 소설의 독자는 누구이고, 어디에 있는가. 소설을 종말에서 구해내어 살아 숨쉬게 하는 유일한 존재자가 독자이므로 소설에 있어 독자에 대한 이 같은 질문은 아주 중요하다. 비유하자면, 소설에 있어서의 생(生)과 사(死)의 문제와 관련된 질문이기 때문이다.

독자는 흔히 내포독자와 실제독자로 나뉘는데, 이를 더 세분하는 평자들도 있긴 하다. 독자가 평자에 따라 어떻게 세분되든 한 가지 분명한 사실은, 작가가 죽고 주인공이 죽고 서사가 죽으면 내포독자도 필연적으로 죽을 수밖에 없다는 것이다. 왜냐하면, 그가 내포독자이기 때문이다[22].

---

21) "하나의 텍스트는 읽혀질 때 비로소 생명을 갖게 된다. 따라서 하나의 텍스트가 정밀히 고찰되려면 독자의 눈을 통해서 연구되어져야 한다."(볼프강 이저, 이유선 역, 독서행위, 신원문화사, 1993.)
22) 에코는 '모델독자'에 대하여 언급하고 있다.(움베르토 에코, 김운찬 역, 『소설 속의 독자』, 열린책들, 1996, p.187.) 모델독자는 작가가 지향하는 독자로 '규범적 독자'라 할 수 있는데, 상당히 똑똑한 독자이다. 똑똑한 독자란 현실적으로는, 평론가들이나 문학교수 등등으로 나타나게 될 것이다. 소설이 대체로 이들 똑똑한 독자들에 의하여 읽혀질 뿐이라면, 죽은 소설, 즉 유언비어화한 소설을 살려내는 것은 평론가나 대학의 문학교수들이라고 할 수 있다. 헌데, 평론가나 문학교수들은 사회적으로 볼 때 당파성이 짙은 자들이라는 점이다. 자신의 정치적 색깔이 매우 분명하고 적극적인 자들이다. 죽음 일보 직전의 소설, 유언비어의 나락으로 떨어지기 일 보 직전의 소설들이 그 죽음의 바다에서 살아나와 소설(예술)이 될 수 있는 것은, 따라서 당파성에 의존한다고 할 수 있다. 당파성이 하나의 소설이 유언비어가 되느냐 예술이 되느냐를 결정하는 것이다. 이 점은 아주 중요하다. 똑똑한 독자가 소설을 소설이게 한다는 점에서 볼 때, 맑스가 당파성을 중시한 그 까닭이 입증된다고 할 수 있다.

내포독자도 죽은 거라면 우리의 소설을 살려낼 유일한 영웅은 실제독자뿐이다.

소설의 독자는 누구이고 어디에 있는가란 질문은, 그러므로 소설의 실제독자는 누구이고 어디에 있는가로 전환되는 게 옳다. 실제독자를 문제삼을 때에만이 이 질문이 유의미한 질문이 되는 탓이다. 헌데, 소설의 실제독자가 누구이고 어디에 있는가는 알 수 없다. 근원적으로 이는 무지의 그늘 속에 가려져 알 수 있는 방법이 없게 되어 있다. 단 한 명일 수도 있고 인류 전체일 수도 있는데, 이런 하나에서 전체까지의 가능태는 '아무도 보지 않는다'는 부정적 잠재태의 값도 참으로 열어놓는다.

추정치는 알려질 수 있을지도 모르겠다. 소설의 실제독자층의 추정치는, 그러나 그 두께가 몹시 얇을 것이 틀림없다.

오늘날 독자들은 영화로 TV로 비디오로 인터넷 게임으로 점핑해 갔고 그 비쥬얼들의 왕국에서 머물고 있는 게 실정이다. 소설은 이들 비쥬얼 왕국들의 건설을 위한 서브 텍스트 혹은 부분적 텍스트 혹은 자재들로 활용될 뿐이다. 실제독자가 소설을 들여다보기 위해서는 이런 수많은 비쥬얼 왕국의 창들을 지나고 또 지나고 나서야 비로소 가능해지는 일이다. 그 수많은 비쥬얼 창들을 지나고 또 지나 들여다보게 되는 소설이란, 이게 소설일까 아니면 영화요 TV요 비디오요 컴퓨터 게임일까.

이런 실제독자들이 진정 죽은 소설에 생명을 불어넣고 소설을 다시 살게 할 수 있을까.

소설의 종말론에 대한 논의는 그 뿌리가 깊어 이미 소설 종말 이후의 소설이 나오고 있기도 하다. 우리는 흔히 이를 누보로망이라고 한다. 문학사적으로는 이 누보로망 계열에 속한 소설들을 포스트모더니즘 소설이라고도 한다.

누보로망은 작가도 죽고 주인공도 죽고 서사도 죽은, 죽은 소설이다. 독자들이 이 누보로망을 소설로 살려낼 수 있을지 없을지는 모르겠지만, 독자들이 세계 내의 존재라면 그러기는 불가능하거나 어려운 일일 것이다. 누보로망은 이미 세계 밖의, 추방된 세계의 소설이기 때문이다. 세계 내의 독자들이 추방된 세계의 소설인 누보로망을 보고 탐닉할 거라고 여기는 것은 몹시 어리석은 발상이요 기대이다.

물론 독자들도 추방된 세계의 존재들이라면 사정은 다를 수 있다. 추방된 세계의 독자라면 추방된 세계의 소설인 누보로망을 보고 탐닉할 수도 있을 것이다. 그러나 추방된 세계의 독자라면, 이런 독자가 어떤 의미를 지닌다고 보아야 할까. 누보로망이 작가가 죽고 주인공이 죽고 서사가 죽은 의미 없는 소설인 것처럼 누보독자도 이미 의미를 상실하고 있는 독자인 것이다. 추방된 독자란 소설의 작가처럼 주인공처럼 서사처럼 이미 죽은 독자인 것이다. 의미를 상실하고 있는 독자가 죽은 소설을 살아있는 소설로 되돌릴 수 있을까.

포스트모더니즘이라는 용어는 시사해주는 바가 큰 용어이다. 근대 이후라는 의미일 텐데, 소설의 죽음을 근대 이후로 해석한 데에 나름의 역사적 이해가 있다고 보여지는 까닭이다.

소설(novel)은 주지하다시피 근대 시민사회의 서사이다. 고대 그리스 시민사회가 연극이라는 자신의 대표적 예술 장르를 지녔다면, 근대시민사회는 소설이라는 대표적 예술 장르를 지녔다고 할 수 있다. 소설이 근대 시민사회의 반영물이요, 이들 근대시민의 이야기였다는 것이다.

당연히 근대시민이 소설의 주체요 이들의 활동공간인 근대 시민사회가 소설의 배경이었다. 소설이야말로 근대 시민사회의 상징이요 대변자였다고 할 수 있다는 것으로, 영화가 오늘날 대중들의 대변자 역할을 하고 있는 것과 유사하다고 할 수 있다.

소설이 근대시민의 이야기요 소설의 배경이 근대 시민사회라면, 소설의 죽음은 근대시민의 죽음이요 근대 시민사회의 몰락이라고 볼 수 있다. 소설의 작가가 죽고 주인공이 죽고 서사가 죽은 것은 근대시민이 죽고 근대시민의 이야기가 죽고 근대 시민사회가 몰락한 때문일 수 있다. 이의 반영일는지 모른다는 것이다.

소설의 죽음을 포스트모더니즘이라고 처리한 데에는 이런 점에서 볼 때 적절성이 있었다고 할 만하다. 소설의 죽음이야말로 근대 시민사회의 죽음이요, 근대 이후의 지평일 수 있는 일이었기 때문이다.

그러나 포스트모더니즘, 즉 근대 이후는 명확한 명칭은 아닐 수도 있다. 소설의 죽음 이후에 누보로망이 나왔으되 그것이 소설의 대안이 아닌 것과 마찬가지 이유에서이다. 누보로망은 추방된 소설, 추방된 예술 즉 예술추방론이 구현된 상태이지 세계 내 존재로 소설을 새로이 재정립하고 추방에서 세계로 되살아 돌아오게 한 게 아니기 때문이다. 포스트모더니즘도 그와 같다. 그건 진정한 의미에서 근대 이후가 아니고, 몰락한 근대, 세계로부터 추방된 근대의 지리멸렬한 상태를 의미하고 있는 것에 지날 뿐이다.

근대 이후가 아니라 근대의 대안 없는 지루한 연장이 더 적확한 명칭일 것이다.

이쯤 되면, 일련의 질문들이 쏟아져나오게 된다. 소설의 죽음 이후의 누보로망은 소설인가?

소설의 죽음 이후의 누보로망은 유언비어와 차별화를 갖는가?

누보로망이 소설인지 아닌지는 정의 내리기 어렵다. 그러나 누보로망이 전통적인 소설이 아닌 것만큼은 분명하다. 전통적인 소설 문법 눈높이 상에서 보면, 누보로망은 결코 소설이 아니다.

누보로망이 유언비어와 차별화를 지니는지 아닌지도 규정짓기 어렵다. 그러나 소설의 죽음 이후의 누보로망이 유언비어와 그 구별이 모호할 정도로 아주 친화적인 것만큼은 분명하다.

사실 소설의 죽음 이후의 소설은 이렇게 속삭이고 있다고 할 수 있다. 귀 밝은 독자라면 소설의 죽음 이후의 소설들이 속삭이고 있는 이 고혹적이고도 유혹적인 소리를 들을 수 있을지도 모른다.

누보로망은, "사실, 나는 유언비어야."라고 속삭이고 있는 것이다[23].

---

[23] 장정일의 소설 중에 『내게 거짓말을 해 봐』라는 소설이 있다. 이런 무의식이 알게 모르게 작용한 결과라고 보여진다. 장정일이 한때 누보로망 계열 소설쓰기에 몰두했다는 점에서 이 소설의 제목은, 이런 인식의 지평과 어떤 논리적 연관성이 배제된 상태에서 나온 거라고 보기 어려운 일이다. 거짓말, 그것은 곧 유언비어와 근사어일 것이다.

사회주의리얼리즘과 유언비어

　소설은 종말을 고했거나 추방된 상태라는 게 오늘날의 실상일지 모른다. 이는 소설에만 국한된 얘기가 아니고 예술 전반에 걸친 얘기일지도 모른다. 소설의 종말뿐만 아니라, 예술종말론 혹은 추방된 것으로써의 예술에 대한 끊임없는 논의가 확인되고 있기 때문이다[24].

　그러나 소설의 종말 내지는 추방된 것으로써의 소설이 끊임없이 확인되고 있기는 하지만 이에 대한 반작용도 또한 확인되고 있다. 소설을 종말론으로부터 구제해 세계에 다시 살게 하려는 작업

---

[24] 롤랑 바르뜨와 미셸 푸꼬의 '작가의 죽음'에 대한 논의, 누보로망의 주인공의 죽음 내지는 서사의 붕괴, 아서 단토의 예술에 있어서의 거대 서사의 소멸 등등, 이들 모두가 예술종말론에 대한 나름의 논의들이었다고 할 수가 있을 것이다. 오늘날에 예술의 종말 이후의 예술은 일괄적으로 포스트모더니즘이라고 불리우는 듯하고, 아서 단토의 경우에는 컨템퍼러리(동시대) 예술이라고 명명하고 있는 듯하다. 따라서, 포스트모더니즘의 영역 속에 아우를 수 있는 예술은 모두 예술종말론과 밀접한 관련이 있다고 할 것이다. 근대 이후의 것들은 종말론의 언저리에 있는 것이다.

이요 노력들이다. 이러한 노력들이 결코 극소수인 것은 아니다. 실은, 예술목적론도 이러한 노력들 가운데의 하나였다고 할 수 있다.

예술종말론이 등장한 것은 19세기 말에서 20세기 초쯤인 것으로 나타나지만, 실제 예술종말론의 단초가 보이는 것은 이미 18세기였다고 할 수 있다. 아리스토텔레스의 '예술의 자연모방론'이 붕괴되었을 때 예술종말론은 이미 그 싹을 틔우고 있었다고 볼 수 있다. 아리스토텔레스의 자연모방론의 붕괴를 확인한 인물이 칸트였다. 그래서 칸트는 예술은 일종의 오락이요 유희라고 선언할 수 있었던 것이다. 예술이 일종의 오락이요 유희라면, 예술은 이미 종말에 이른 것이요 이 세계에서 추방된 것으로서 존재할 뿐인, 그런 것일 수밖에 없는 것이었다. 부언해서 말하자면, 예술은 이때 이미 유언비어화되었고, 유언비어와 동일 레벨에 속한 것이 되고 있었던 것이다.

예술목적론은 이런 18세기적 예술종말론에 대한 반작용이요 이의 극복을 위한 노력이었다고 할 수 있다. 예술목적론의 당·부당, 그 성공여부를 떠나서 예술목적론이 이러한 함의를 지니는 것은 분명하다. 예술이 목적적 존재라면 예술이 이 세계에 있고 또 머물러야 하는 것은 당연하며, 예술을 추방하거나 추방된 것으로서 남겨두는 것은 부당한 일임에 틀림없다.

그러나 예술목적론은 '예술은 목적적 존재'라는 당위성을 지닐 수 없는 명제를 당위성으로 전제하고 있다는 점에서 성공할 수 없는 기도였다고 보는 게 타당하다. 이것은 극단화되면 반드시 인간목적론과 충돌한다. 그러나 예술목적론이 근대를 지탱하는 핵심 이념 가운데의 하나였던 것만큼은 재론의 여지가 없는 일이다.

헌데, 소설의 종말 내지는 추방된 것으로써의 소설을 다시 세계 내로 회복시켜 살려내고자 하는 노력들 가운데에 가장 강력했던 것은 다름 아닌 사회주의리얼리즘이었다. 좀 더 정확히 말하면, 맑스에게서 그 단초를 보여 엥겔스를 거쳐 헝가리의 철학자 루카치에게서 정립이 된 루카치의 '사회반영론'이다. 루카치의 이 사회반영론이 나중에 소련으로 건너가 스탈린에 의하여 사회주의리얼리즘으로 확정되는데, 중요한 것은 사회주의리얼리즘이기보다는 그 이전 단계의 루카치의 사회반영론이었다고 할 것이다.

어떤 면에서 보자면, 루카치의 사회반영론은 아리스토텔레스의 자연모방관의 재구축이었다고도 할 수 있다. 그래서일 테지만, 루카치의 사회반영론은 아리스토텔레스의 자연모방관과 상당한 유사성을 지닌다. 일단 모두 다 리얼리즘관을 기반으로 하고 있다는 점이다. 이렇게 말해질 수도 있겠다. 루카치의 사회반영론은 아리스토텔레스의 자연모방관 안에 담긴 리얼리즘관의 복원이었다고 말이다. 그러나 양자는 돌이킬 수 없는 차이점을 지니고 있기도 하다. 아리스토텔레스의 자연모방관이 주어진 이데아(자연)라는 본질의 모방이요 반영인 반면 루카치의 사회모방론은 주어진 본질이 없는, 무(無)본질의 사회가 모방하고 반영하는 까닭에서이다.

사회주의리얼리즘은 소비에트 문학과 비평의 기본 방법이다. 그것은 예술가에게 혁명적으로 발전하는 현실을 진실되게 역사적이고 구체적으로 재현할 것을 요구한다. 더 나아가 그것은 사회주의 정신하에서 노동자들을 이데올로기적으로 변형시키고 교육하는데 기여해야 한다[25].

사회반영론은 자연모방론에서의 자연을 사회로 대체한 것뿐만 아니라, 모방과 모방하는 대상이 자연모방론과는 거꾸로 된 경우라고 할 수 있다. 자연모방론은 예술이 이데아로써의 자연을 모방하지만, 사회반영론은 무본질 혹은 본질을 상실한 사회가 본질을 세우고 있는 소설 넓게는 예술을 모방하고 반영한다. 사회의 주체들은 본질의 소설을 통하여 재교육되고 재생되어야 한다. 소설이 본질을 세우거나 정립할 경우 사회가 이를 모방하고 반영해야 한다는 것으로, 실제로는 소설이 본질을 세우는 게 아니라 소설이 본질 그 자체이다. 소설이야말로 닫긴 세계 내에서 유일하게 본질을 생성시키는 본질생성기이기 때문이다.(이하 사회반영론을 통틀어서 사회주의리얼리즘이란 용어로 대체한다.)

소설을 본질로, 의미를 상실한 이 세계의 유일한 의미체로 본다는 것은 놀라운 반전이다. 소설이 있고서야 이 세계가 비로소 의미를 갖게 되고 의미체가 되는 까닭이다. 세계가 소설을 모방하고 반영하는 것이고 소설은 진짜 창조되는, 혹은 창조하는 것이다.

---

[25] 먼로 C. 비어슬리, 이성훈·안원현 역, 미학사, 이론과 실천, 1995, p.426에서 재인용.

물론 소설이 이러한 지위를 쉽사리 달성하는 것은 아니다. 그것은 달성될 수도 있고 달성되지 않을 수도 있을지 모른다. 대체로는 달성되지 않겠지만, 구도자인 구루의 정신적 흔적이라면 달성될 수도 있는 일이다. 소설이 의미 생성에 성공하면, 세계도 비로소 의미를 지니게 된다. 소설이야말로 세계의 의미요 본질인 것이다[26]. 해서 소설은 장편소설일 수밖에 없다. 의미를 생성할 만큼 충분히 길어야 하기 때문이다. 얼마나 길어야 양의 질화가 일어나 소설이 의미를 생성하고 의미가 될지는, 그러나 사실 확정되어 있지는 않다. 충분히 길어야 한다는 것은 알지만 충분히 길어야 한다는 그게 정확히 어느 만큼일지는 확정할 수 없다. 구도자인 구루의 구도의 길이라면 충분한 길이란, 영원일 수도 있다. 구도자인 구루의 구도의 길은 한 생으로 마감되는 게 아닌 세세생생의 길일 가능성이 높은 까닭이다.

양의 질화가 일어나는 그 충분한 길이의 양이 확정되지는 않지만, 이게 일어나면 소설이 의미를 갖게 되고 소설이 본질을 생성하게 되는 것은 분명하다. 적어도 사회주의리얼리즘의 논리 구조 안에서는, 분명하다. 소설은 죽은 것이 아니고 그렇다고 추방된 것도 아닌, 오히려 추방된 세계를 본질적 세계 내로 인도하는 존재자와 같은 것이다. 추방되어 말살되어 있는 것은 세계이지 소설이 아닌 것이다. 소설은 추방되어 말살되어 있는 세계를 되돌려 살게 하는 의미체인 것이다. 세계가 유언비어이고 소설은 진리인 것이다.

---

[26] G.H.R. 파킨슨 편, 김대웅 역, 루카치 미학사상, 문예출판사, 1994, pp.221-226.

사회주의리얼리즘은 예술목적론이 소설의 종말을 종식시키지 못하고 또 추방된 소설을 회복시키지 못하고 있다는 데에 대한 반성과 반발에서부터 나왔다고도 볼 수 있다. 예술목적론에 대한 사회주의리얼리즘의 강력한 비판과 폄훼가 이와 같은 추정을 가능케 한다.

사회주의리얼리즘은 예술목적론이 실질적으로 추방된 예술이요 예술의 종말에 닿은 예술이라고 비난한다. 예술목적론이 예술 스스로를 목적적 존재로 등극시켜 놓았으나, 그 등극에의 근거성이 전혀 없다고 한다. 그 근거성이 없음에도 불구하고 예술목적론이 예술을 목적적 존재로 등극시켜 놓음으로써 예술을 환멸의 것, 환영의 것으로 전락시켜 놓았다고 비난한다.

예술목적론은 일종의 '자뻑'이다. 근거 없는 '자기과시'이다. '자기과시'가 근거를 지닐 때 이는 주체의 자기현시가 될 수 있으나, 근거가 없을 때 이 자기과시는 오히려 주체를 파기하고 시궁창으로 내어던져 넣을 뿐이다. 근거없는 '자기과시'는, 그 '자기과시자'를 파괴할 뿐이다.

예술목적론은 환상이요 환영이다. 자기환영이다. 자기환영은 예술을 오히려 파기하고, 이를 종말의 상자곽 속에 집어 처넣는다. 예술을 위한 예술이란 예술이라는 상자곽 속에 갇힌 예술이다. 그 속에 있는 것은 진짜 예술뿐이어서 인간도 사회도 세계도 역사도 현실도, 아무것도 없다. 갇힌 세계, 이게 예술목적론이다. 예술은 세계의 존재가 아니며 세계와 무관한, 세계 없이 있는, 그런 존재다. 추방된 존재, 그래서 종말적 존재에 불과하다.

세계를 갖지 못한다는 점에서 예술목적론은 고립이다. 고립이라는 점에서, 예술목적론은 원자성이다. 그리고 그 원자는 어떤 관계성도 지니지 않는다. 자신의 양성자와 전자만을 지닐 뿐, 다른 원자들의 존재에는 무관심하다. 예술목적론의 세계는 원자의 세계이다. 그게 전부다. 원자를 벗어나면, 예술목적론은 존재할 수 없다. 원자가 다른 원자들과의 관계성 안에서만 유지될 수 있다는 사정이 예술목적론 안에서는 사상된다. 그래서 예술목적론은 점처럼 존재하다 스스로 폭발한다. 자폭한다.

예술목적론은 그 자체가 추방된 예술이며, 예술의 종말인 것이다.

추방된 존재, 종말적 존재에 불과한 예술목적론이 예술을 추방에서, 종말에서 구원해내는 것은 불가능한 일이다.

예술목적론은 본질을 상실한 예술에 스스로 본질을 부여하여 스스로가 예술의 가치가 되고자 한 시도임에는 맞다. 그러나, 예술목적론은 가치부여와 의미부여 혹은 본질창출을 자기라는 예술 안으로만 한정하고 있다. 세계를 의미화하는 데에는 아무런 관심도 없고, 그럴 능력도 부재하다. 그래서 예술목적론은 예술을 스스로의 목적적 존재로 만들어 놓고 있기는 하지만, 예술의 범위를 벗어나면 무력해지고 만다. 예술목적론이 예술 자체에 부여한 그 가치, 그 의미, 그 본질은 예술이란 영역을 벗어나면, 무로, 아무것도 아닌 것으로, 무의미요 무가치요 무본질의 것으로 전락되어 아무것도 의미하지 않음이 되어버리고 만다.

예술은 스스로가 스스로에게 가치를 부여하는 데에 성공하고 그럼으로써 예술을 목적적 존재로 등극시켜 놓았을지 모르지만, 그것은 예술이란 상자곽 속 안에서만의 얘기이다. 그 상자곽을 벗어나면 그 즉시로 사라져버리고 먼지화되고 마는, 근거성이 없는 것이다. 예술이 스스로에게 부여한 그 자리란 환영이요 환상에 불과한, 그래서 상상의 괴물에 불과할 뿐이다.

세계는 이로 인해 의미화되지 않고, 오히려 탈의미화된다. 세계를 오히려 탈의미화시킨다는 점에서 예술은 환영 속에서, 세계 내에서 상상의 괴물로 자신을 드러내게 될 수밖에는 없게 된다. 리바이어던 혹은 미노타우루스 혹은 레드 드래곤 등과 같은……

> 그것은 인간이란 본성부터 고독한 것, 비사회적인 것, 일체의 인간적 관계를 거부하는 자리에 선다는 것이다. 물론 인간은 다른 개체와 접촉도 하지만 그러나 그것은 단지 우발적 피상적인 태도이며, 존재론적으로 말하면 단지 소극적인 반영일 따름이다[27].

이것이 예술목적론에 대한 사회주의리얼리즘의 비난이다.
예술목적론에 대한 사회주의리얼리즘의 비난은 상당한 타당성

---

27) 김윤식, 리얼리즘고(j), 현대문학, 1973. 5.

을 지닌다고 보여진다. 예술목적론이 예술에 최고 가치를 부여해 그럼으로써 예술을 목적적 존재로 만들어놓는 데에는 성공하고 있지만 예술목적론이 예술에 부여한 그 가치는 세계 내에 있는 것이 아닌, 근거 없는 것이어서 상상의 결과물에 불과하다는 지적은 아무래도 통찰력 있는 지적이다. 그럼으로써 예술목적론이 세계 내에서 상상의 괴물 내지는 기형의 그 무엇으로 예술을 드러내게 되고 또한 이를 환멸의 것으로 감수되게 만들어 놓았다고 하는 데에는, 십분 귀담아 들을 필요성이 있는 논지이다.

결국, 사회주의리얼리즘은 예술목적론이 예술을 목적적 존재로 만들어 놓긴 하였으나, 예술을 목적적 존재로 만들어 놓았던 그 근거가 유언비어에 불과하다는 것이다. 그 근거가 근거성이 없었기 때문에, 유언비어에 불과했기 때문에 예술을 고립화시키고 자기환멸, 자기파괴, 자기저주의 막다른 환영의 장으로 몰아넣고 말았다고 보는 것이다.

다시 말해, 사회주의리얼리즘은 예술목적론이란 유언비어에 근거한 것이요, 유언비어의 자기전개의 결과물에 지나지 않는다고 보고 있는 것이다.

예술목적론이 근거하고 있는 그 바탕이 유언비어요 환영이라고 하는 사회주의리얼리즘의 비난은 여러모로 숙고의 여지가 있는 일이다. 매우 중요한 관점이고, 설득력이 있는 논지임이 분명하다. 예술목적론에 이와 같은 비난의 소지가 있음이 확실한 까닭이다.

그러나 여기서 우리가 주목해야 할 것은, 예술목적론에 대한 사회주의리얼리즘의 비난에 우리가 십분 그 타당성을 인정한다 하더라도 사회주의리얼리즘이, 예술목적론이 예술을 목적적 존재화한 그 자체를 비난하고 있는 것은 아니라고 하는 그 점이다. 사회주의리얼리즘이 예술목적론에 대하여 비난하고 있는 것은 예술을 목적적 존재화한 예술목적론의 그 근거에 근거성이 없다고 하는 것이지, 예술을 목적화한 그 자체를 비난하고 있는 것은 아니기 때문이다.

예술목적론이 예술을 목적적 존재로 존재화한 데에 대해서는 사회주의리얼리즘은 침묵하고 있는 것이다.

사회주의리얼리즘의 예술목적론에 대한 비난을 차근차근 살펴보면, 거기에서 사회주의리얼리즘이 무엇을 문제 삼고 있고 무엇을 지향하고 있는지 캐치해낼 수 있다. 사회주의리얼리즘은 예술목적론이 예술을 목적적 존재화하고 있는데 그 목적적 존재화하고 있는 그 근거성이 예술목적론에는 없다고 하는 것으로, 사회주의리얼리즘이 문제 삼고 있는 것은 바로 이 근거성인 것이다. 사회주의리얼리즘이 이 근거성을 문제 삼고 있다는 것은 다름 아닌, 이를 지향하고 있다는 의미이기도 하다.

예술을 목적적 존재화하기 위해서는 그것이 세계를 의미화하는 것일 때에만 유의미하다. 세계와 단절하고, 세계로부터 오히려 의미를 박탈하는 것으로써의 예술의 목적적 존재화는 예술의 자기환영이요 자기환상에 지나지 않을 뿐이다. 그런 예술의 목적적 존재화는, 이의 파기만 못한 것이다.

세계를 의미화시킬 때에야 비로소 예술의 목적적 존재화가 유의미한 것이라면, 이것이야말로 예술목적론의 근거요 근거성이다. 사회주의리얼리즘의 시각이요 관점이다.

이쯤에서 보면, 사회주의리얼리즘이 무엇을 지향하고 있고 무엇을 찾고자 하는지 대체로의 윤곽이 잡혀온다. 사회주의리얼리즘은 예술을 목적적 존재화할 때의 그 근거성을 찾고 있다고 할 수 있다. 다시 말해, 그 근거성이 세계의 의미화에 있다고 본다는 점에서, 세계를 의미화하는 그 길을 찾고 있다고 볼 수 있다.

사회주의리얼리즘은, 예술은 세계를 의미화하는 것이어야 한다고 보는 것이다. 그래야 예술이고 참예술이며, 추방된 예술, 종말의 예술로부터 살아 돌아온 진정한 예술이라고 보는 것이다.

그럼, 사회주의리얼리즘의 자장권 안에서는 다음과 같은 질문이 자연스럽게 뒤따라나오게 된다. 어떻게 해야 예술은 세계를 의미화하고, 의미 안에서 세계가 자신의 본질을 살게 할 수 있는가 하는 것이다. 이게 사회주의리얼리즘의 근본적 문제의식이요, 근원적 물음이다.

이에 대한 답은 의외로 간단하다.

예술이 스스로, 세계의 의미가 되면 된다. 예술이, 스스로 세계의 의미로 재탄생하면 된다. 혹은 예술이, 스스로 세계의 본질로 자신을 재구성하면 된다.

물음에 대한 답변은 이렇듯 실로 단순하고 간단하다. 싱겁기까지 하다. 그러나 실제로 예술이 세계의 의미가 되고 세계의 본질이 된다는 것은 쉬운 일이 아니다. 예술이 실제 세계의 의미가 되고 세계의 본질이 되기 위한 작업에 들어가면, 무수한 난관에 봉착하게 되며 성공보다는 실패의 가능성이 훨씬 더 넓게 열려져 있는 길이라는 것을 알게 된다. 답변은 간단명료한 일이지만, 그 답변을 현실화시키는 일은 실로 어마어마한 고난의 길이 되는 것이다.

그래서 루카치는 이를 두고 작가의 길은 구도의 길이요, 동경과 모험에 가득 찬 자기인식의 여정이라고 언급했던 것이다. 사실 루카치가 언급한 구도의 길에는 '불가능의 길'을 연상케 하는 늬앙스가 짙게 베어 있다. 대놓고 예술이 세계의 의미가 되고 혹은 세계의 본질이 되는 게 불가능하다고 언급하고 있지는 않지만, 이를 도달키 어려운 지난한 구도자의 길이요 고난의 길임을 깊이 강조하고 있다는 점에서 살필 수 있다.

이러한 자기인식이 이루어지면, 새로이 발견된 이상은 진실로 삶의 한가운데에서 삶의 의미로 나타나게 된다. 그러나 〈존재〉와 〈당위〉의 분열은 극복되지 않으며, 또한 분열은 이러한 것들이 수행되는 영역, 즉 소설이 갖는 영역에서도 결코 극복될 수 없는 것이다[28].

---

28) G.H.R. 파킨슨, 앞의 책, p.87에서 재인용.

세계를 의미화하려면 예술이 스스로 세계의 의미가 되고 세계의 본질이 되면 된다. 그러나, 예술이 세계의 의미, 세계의 본질이 되는 것은 쉬운 일이 아니다. 깨어진 총체성을 복원하기 위해 나선 지난한 구도자의 길이요, 고난의 길이기 때문이다. 마치 진리라는 작은 섬을 찾아 쪽배를 타고 망망대해에 나선, 쪽배의 운명과 같다고 할 수 있겠다. 이는 성공가능성보다는 실패가능성이 더 높다고 보는 게 타당하다. 그러나 사회주의리얼리즘은 그 쪽배가 모든 난관을 극복하고 진리의 섬에 도달할 수 있다는 데에 대해 낙관적이다. 왜냐하면, 예술가란 선지자처럼 뛰어난 능력의 소유자들이기 때문이다. 그래서 예술가인 것이다.

예술이 진리의 섬에 도달하여 스스로 세계의 의미가 되고 세계의 본질이 되면, 세계는 비로소 유의미로 탄생한다. 세계가 예술을 모방하고, 예술은 세계를 지탱한다. 세계의 빛이다. 왜냐하면 예술이 세계의 의미요 본질이고 그 반대가 참이 아닌 까닭이다. 예술이 세계를 낳는다. 예술을 통해서 세계는 비로소 구성되며 질서를 지닌 유토피아가 된다[29].

예술(소설)이 역사를 종말시킨다. 예술(소설)이 혁명의 도화선이고, 또한 혁명의 종지부이다.

---

[29] 이 지점에서 생각해 볼 것이 '우상화 문학'이다. 예술이 세계에 앞서며 예술을 통해서 비로소 세계가 구성된다면 '우상화 문학' 내지는 '우상화 예술'이 성립할 가능성이 열리게 된다. 흔히 사회주의리얼리즘 내에서 우상화 예술이 탄생하고, 지도자에 대한 우상화 작업에 이 예술이 활용되곤 했던 이유를 설명한다. 북한의 주체문학이 그 대표적인 경우가 될 것이다.

사실 사회주의리얼리즘은 예술이 세계의 의미가 되고 세계의 본질이 되는 게 가능하고 이에 대해 낙관하고 있지만, 실은 이건 그렇게 낙관적인 것은 아니다. 진실을 말하자면, 이는 낙관적인 것과는 아무 연고가 없는 불가능한 일이다. 절대적으로 불가능한 일이다.
　예술이 신을 대체할 수는 없는 것이다. 세계가 신을 상실했거나 혹은 애초부터 세계 내에 신이 존재하지 않았다 하더라도 예술이 신을 대신하여 신의 자리에 등극할 수는 없는 일이다. 신의 자리가 비어 있다면, 그 자리는 비어 있는 그대로 놓여지는 것이다. 예술을 포함해 그 어떤 것도 이를 대체할 수 없고, 대체되지도 않는다. 신의 자리에는 신만이 앉을 수 있고, 그 외의 것은 허용되지 않는 것이다.
　예술이 세계의 의미요 본질이라면, 이는 끔찍한 일이다. 예술이 실체요 세계가 허상이라는 경험칙의 전도현상이 일어난다는 의미에서가 아니다. 예술이란 신의 영역이 아닌 인간의 영역이며, 피조물인 인간의 창작물인 까닭이다. 피조물인 인간이 만든 게 세계의 본질이 될 수는 없다. 피조물인 인간이 만든 게 세계의 본질이 되고 말면, 인간목적론은 물론 예술목적론까지도 모두 허물리게 되고 만다. 세계는 비로소 구성되고 탄생하는 게 아니라, 비로소 파괴되고 소멸되게 되는 것이다.

　예술목적론이 근거없이 예술을 목적적 존재화하였다는 그 무근거성이란 점에서 사회주의리얼리즘이 이를 유언비어에 기반하고 있다고 비판한 데에는 타당성이 있다. 예술목적론이 유언비어에 기반하고 있다면, 이것이 예술을 그 종말로부터 구제해냈다고 보기 어렵다. 오히려 예술목적론이 예술을 종말화하는 데에 일조하고 있는 것이다. 아니, 예술목적론 자체가 종말의 예술이 되는 것이다.

마찬가지 논지로, 사회주의리얼리즘이 예술이 스스로 세계의 의미, 세계의 본질로 재구성되고 재탄생할 수 있다는 근거 없는 낙관론을 지니고 있다는 점에서 이 역시 유언비어에 기반하고 있다는 비판 또한 타당한 비판이다. 사회주의리얼리즘도 예술의 종말로부터 예술을 구제해내지 못하고 있고, 오히려 예술을 종말의 늪 한가운데로 더욱 몰아넣고 있다는 혐의로부터 자유로울 수 없다.

어찌 보면, 사회주의리얼리즘은 예술이 추방된 예술, 종말의 예술로부터 벗어나기 위하여 유언비어에 의존하고 있는 최고의 형태라고 할 수 있을는지도 모른다. 예술목적론의 구극인 아방가르드보다도 훨씬 더 그것의 앞으로 나아가고 있는 경우여서다.

사회주의리얼리즘은 예술이 유언비어화할 수 있는 최상의 형태다. 예술목적론은 단지 예술을 종말시키지만, 사회주의리얼리즘은 한 걸음을 더 나아가 역사를 종말시킨다.

유언비어로부터 예술을 구제해내기 위한 예술 최상의 노력인 사회주의리얼리즘이 오히려 최대의 유언비어가 되어버리고 말았다는 것은, 아이러니이다. 그러나 그것이 사회주의리얼리즘의 운명이요, 예술의 운명이다. 그래서 예술의 운명은, 오늘날 최종적으로 '종말'일지 모른다.

예술목적론이 예술의 종말로부터 예술을 구제해내는 시도였음에도 불구하고 이에 실패한 것처럼 사회주의리얼리즘도 예술의 종말로부터 예술을 구제해내려는 매우 의미 있는 시도였음에도 성공했다고 보기 어렵다. 결과적으로 실패했다는 점에서 양자 사이에 구별은 없다. 이런 점에서 볼 때, 예술목적론과 사회주의리얼리즘은 일반적으로 생각되어지는 것과는 다르게 의외로 상당한 친연성이 있다고 하여도 좋을지 모른다.

물론 사회주의리얼리즘은 스스로의 실패를 인정하지 않는다. 사회주의리얼리즘은 여전히 무모할 정도로 낙관적이다. 낙관성은 나쁜 게 아니겠지만 그 낙관성에 근거가 없다는 점에서, 그 낙관성이야말로 비극의 씨앗이라고 하지 않으면 안 될 것이다[30].

---

30) 사회주의 리얼리즘의 이 낙관성의 무근거성에 대한 비판으로는, 프랑스의 신철학자 앙리 레비의 『인간의 얼굴을 한 야만』(박정자 역, 프로네시스, 2008.)이 문제적으로 파헤치고 있다고 하겠다.

아방가르드와 유언비어

　예술목적론의 궁극은 아방가르드이다.
　예술목적론의 궁극이 아방가르드이기 때문에, 아방가르드는 예술목적론의 핵심이다.
　목적적 존재화한 예술은 아방가르드로 수렴한다. 그래서 아방가르드는 삶을 넘어선다. 인간을 넘어선다. 아방가르드가 가는 길에 삶이나 인간은 수단일 뿐이다.
　아방가르드는, 어차피 세계는 인간에 의하여 구성된 것으로 인식한다. 세계는 인공이요 인공 너머의 세계는 아방가르드의 인식지평 내에는 존재하지 않는다. 세계가 인간에 의하여 구성된 것이라면 예술은 세계에서 최고의 지위, 최고의 단계에 위치할 수밖에는 없게 된다. 예술은 인간이 구성하고 만들어낸 것 가운데 가장 고차원의 것이기 때문이다.
　오늘날 세계는 인간이 개발해낸 고도의 기술에 의하여 구성된다. 고도의 기술이야말로 세계를 구성하는 핵심이며, 세계를 유지 발전시키는 근원이다. 세계가 인간에 의하여 구성되는 거라면 오늘날 고도의 기술이야말로 그 구성물 가운데의 최고의 지위를 차지하는 게 맞을 것 같다. 아방가르드도 이를 반영한다. 결코 기술을 무시하지 않는다. 그래서 아방가르드는 기술과 몹시 친연적인 태도를 취한다. 그러나, 거기까지이다. 아방가르드는, 예술이 고도의 기술을 능가하는 것이라고 본다. 세계를 구성하는 게 고도의 기술이지만 고도의 기술은 수단적 존재에 불과한 반면, 예술은 목적적 존재라고 본다. 예술이 목적적 존재라고 보는 아방가르드의 태도에, 물론 근거가 있는 것은 아니다.

예술은 언제나 고도의 기술 위에 있다. 그것의 너머에 있다.

내가 이 같은 방식으로 그림을 그리는 것은 나 자신이 기계가 되고 싶기 때문이다. 내가 무엇을 하든지, 기계처럼 어떤 작업을 하든지간에 내가 그렇게 하기를 원하기 때문이다[31].

아방가르드 예술가들은 기계에 열광했고, 몸과 기계의 합일을 꿈꿨다…… 그들은 인간의 육체적인 한계가 기계로 보충된, 기계와 인간이 혼합된 미래인간을 상상했다. 기계는 새로운 과학적 진리와 상통하는 것이었으며, 인간 몸의 한계를 극복시켜줄 수 있는 것이었다[32].

31) 진휘연, 아방가르드란 무엇인가, 민음사, 2002, p.136에서 재인용.
32) 허정아, 몸 멈출 수 없는 상상의 유혹, 21세기북스, 2011, p.161.

세계가 인간이 개발해낸 고도의 기술에 의하여 구성되고 있다는 아방가르드의 인식지평은, 사실 문제가 있다. 아방가르드도 그 문제점을 모르고 있다고 보기 어렵다. 세계가 인간이 만들어낸 고도의 기술에 의하여 구성되는 거라면, 세계 내에 존재하는 그 어떤 존재도 수단적 존재이지 목적적 존재가 될 수는 없다. 세계가 인간이 만들어낸 고도의 기술에 의하여 구성되는 거라면, 목적적 존재가 되기 위해서는 그 존재는 세계 내에서 나가 세계 밖에서 구성되고 창출되어야만 한다. 예술이 목적적 존재라면, 그렇다면, 예술은 세계 내 존재가 아닌 세계 밖의, 세계와 무관한 존재란 말인가. 아방가르드도 이러한 모순점을 모를 수 없다.

　아방가르드의 고립화 정책이 이 모순점에 대한 나름의 응대요 전략이라고 볼 수 있다. 아방가르드는, 예술이 세계와는 무관한, 아무런 연관이 없는 것 같은 모습을 연출한다. 아방가르드의 '낯설게 하기'가 그 대표적인 경우라고 할 수 있겠는데, 세계에 대하여 '낯섦'으로 자기자신을 드러내 보임으로써 자신은 이 세계 내 존재가 아니라는 것을 보여주려 하고, 상대를 그처럼 설득하려 한다[33]. 아방가르드는 이 전략에 있어 성공할 수도 있고 성공 못할 수도 있다. 독자는 아방가르드의 이 '낯설게 하기'에 설득당할 수도 있고, 설득당하지 않을 수도 있다. 만일 독자가 아방가르드의 이 '낯설게 하기'에 설득당한다면, 아방가르드의 주장처럼 독자는 예술을 세계 내

---

33) 쉬클로프스키, 한기환 역, 러시아형식주의문학이론, 월인제, 1980, pp.35-41.

존재가 아닌 세계 밖 존재로 인식하게 되고 말 것이다. 예술이 세계 밖 존재로 인식되면, 아방가르드의 주장처럼 예술은 목적적 존재로 등극하게 된다.

그러나 아방가르드의 '낯설게 하기'가 성공하여 독자들로 하여금 예술이란 세계 내가 아닌 세계 밖 존재라는 인정을 받는다 하더라도, 문제점은 여전히 남는다. 예술은 목적적 존재가 되었을지 모르지만, 그게 세계 내 존재에게 무슨 의미가 있느냐 하는 것이다. 세계 내 존재에게 세계 밖에 동떨어져 있는 존재란, 무의미요 저 홀로 뜨는 달이요 도화지 속의 달님일 뿐이다. 세계 내 존재가 수단적 존재이고 세계 밖 존재가 목적적 존재라면, 세계 내 존재에게 세계 밖 존재란 위험이요 공포요 고통의 응집체에 불과할 뿐이다. 세계 내 존재가 이와같이 주장한다 한들, 이의제기하기 어려운 일이다. "세계 밖 존재인 예술이란 이미 추방된 예술이요, 예술의 종말이다." 라고 말이다.

아방가르드야말로 추방된 예술이며, 예술의 종말론인 것이다. 고전적 관점에서 세계는 인간이 만들어낸 기술에 의하여 구성되는 것이 아니고, 그 이상이다. 인간의 기술에 의하여 구성되는 세계는 부차적이거나 이차적인 것이고 제 일차적으로 세계는, 자연에 의하여 구성된다. 일차적으로 세계가 자연에 의하여 구성되는 거라면, 목적적 존재가 되기 위하여 세계 내를 나가 밖으로 갈 이유가 없는 일이다. 세계 내에 수단적 존재와 목적적 존재가 동시에 공존한다. 인간이 세계 내에서 세계와 관계 맺으면서 목적적 존재로 정립될 수 있는 이유이다. 예술도 그와 같을 수 있다. 물론 이러한 고전적 세계관은 예전에 무너져버려 지금은 흔적조차 모호한 것이 되어버리고 만 게 사실이긴 하다. 세계가 우선적으로 자연에 의하여 구성되는 게 아니라면, 예술목적론은 물론 인간목적론도 성립되기 어려운 일이다.

이제 다음과 같은 '정의 내리기'가 가능해졌다고 할 수 있다. "아방가르드는 유언비어이다." 라고 하는 것이다.
다소 혼란스럽게 들리는 정의일지 모르나, 아방가르드가 낯섦의 영역, 세계 밖의 영역에 머물려고 한다는 점을 환기하면 충분히 이해할 만한 정의이다.
아방가르드도 자신이 유언비어임을 모르지 않는다. 이 세계 내에서는 그렇게 취급받을 수밖에 없다는 것을 스스로 안다. 세계 내의 존재에게 세계 밖의 존재인 아방가르드는, 세계 내 존재의 입장에서 보면 가상이요 헛됨이요 아편일 수밖에 없다. 아방가르드라는 존재 자체가 그와 같고, 따라서 아방가르드의 전언은 유언비어일 수밖에는 없다. 사회주의리얼리즘은 바로 그 때문에 아방가르드를 비판했던 것이기도 하다. 낯섦과 고고함의 영역인 세계 밖 존재란 무의미의 자리일 뿐이고, 스스로를 유언비어화하는 데에 지나지 않을 뿐이라고 말이다. 그러나 아방가르드는 세계 내로 들어오지 않는다. 못 한다. 그러자면 목적적 존재이기를 포기하고 수단적 존재로 전락하여야 하는데, 아방가르드는 수단적 존재로의 전락을 받아들일 수 없는 까닭이다. 예술이 목적적 존재임을 포기하지 않고, 수단적 존재로 전락하지 않은 채로 세계 내로 입장할 수는 없는 일이 아닌가?

위의 정의는 명확성을 위하여 약간의 수정이 불가피할 듯싶다.
"아방가르드의 전언은 세계 내 존재에게는 유언비어이다."와 같이 말이다.
정의가 명확해지면, 아방가르드와 관련하여 하나의 의문이 자연스럽게 꼬리를 물고 뒤따라나오게 된다.
'예술이 목적적 존재임을 포기하지 않고, 수단적 존재로 전락하지 않은 채로 세계 내로 재입장할 수는 없는 것일까.' 하는 것.
백남준은 죽는 마당에서 이런 언급을 하였다고 한다.
"내 예술은 다 사기야." 라고 말이다[34].
백남준이 왜 죽는 마당에서 자기 예술은 다 사기라고 자괴감이 물씬 풍기는 이런 언급을 하였는지는 솔직히 그 배경을 짐작키 어려운 일이다. 게다가 실제로 그런 언급을 하였는지조차도 의심스러운 일이다.
하지만, 이 언급을 기정사실로 놓고 우리의 주제와 관련해서 한번 어떤 상황을 추정해 볼 만한 한 일이다. 잘 알려져 있다시피 백남준은 비디오 아트 예술가이고, 아방가르드의 한 분파이다. 아방

---

34) 실상 백남준은 자기 예술뿐만이 아니라, 예술 전반에 대하여 '고등사기'라는 언급을 하고 있다. 1984년 모국인 한국을 방문했을 때 한 신문사와의 인터뷰를 통해 이런 언급을 하고 있는 것이다. "예술은 사기 중의 사기이고 그것도 아주 고등사기인 셈이죠."(김복영, 나의 예술 원천은 생명력, 경향신문, 1984.7.2.)

가르드 예술가였다는 점에서 우리는 백남준이 자기 예술을 다 사기라고 한 배경에 대하여 그럴 듯한 배경 하나쯤은 추정해 볼 수 있다.

위에서 우리는 '아방가르드의 전언은 이 세계 내의 존재에게는 유언비어이다' 라는 정의를 도출해냈었다. 이 정의에 입각해서 보자면, 백남준의 비디오 아트 작품들은 대체로 유언비어였다고 할 수 있다. 유언비어를 세계 내에 유포시키는 데에 평생을 바쳐왔으니 백남준은 사기꾼이라 할 수 있고, 유언비어를 팔아 명성과 부를 얻었으니 사기라고 할 수 있는 일이다. 백남준이 유언비어를 세계 내에 제공하고 팔아 부와 명성을 얻은 것은 그다지 희귀한 일은 아니다. 유언비어란 언제나 그렇듯이 정직한 전언보다 더욱 사람들의 호기심을 유발시키고 인기를 끌기 마련이니까.

이런 점에서 백남준이 죽는 마당에서 자기 예술에 환멸을 느끼고, '사기'라고 그와 같은 문제적인 언급을 하였을 수도 있다고 추정해볼 수 있다.

어쩌면 백남준의 방식이 목적적 존재화한 예술을 다시 세계 내로 재등장 혹은 재진입시키는 방법론일는지도 모르겠다. 스스로의 예술을 사기화하는 것, 말이다. 그러나 이는 적잖은 비판을 받는 것이기도 하다. 상업주의와 결탁한 예술의 타락이라고 말이다.

'아방가르드는 유언비어다' 라는 정의를 앞서 도출해내었지만, 실은 이 정의에 현혹되어서는 안 될 일이다. 사실 이는 역설이다.

진리를 말하자면, 아방가르드는 유언비어가 아니다. 아방가르드

자체는 진리의 영역에 속하는 것이다.

아방가르드는 세계를 모방하지 않는다. 예술이 세계를 모방할 수 있었을 때, 예술은 아름다웠고 행복하였고 세계 내 일원이었다. 그러나 예술이 세계를 모방할 수 있는 시대는 갔다. 세계가 자연성(본질성)을 상실하였을 때, 그와 같았다. 자연성을 상실한 세계에서 아방가르드는 예술이 자기 존재성을 확보하기 위하여 이동한, 예술을 위한, 예술에 의한, 예술의 자리요 섬이었다. 그건 정말이지 예술을 위한 예술에 의한 예술의 섬이어서 다른 그 무엇이 개입하고 차지할 수 있는 자리가 아니었다. 그 섬에서 예술은 스스로가 목적적 존재가 되었다.

그 섬은 진정으로 자족적인 섬이다. 그 섬 밖으로 나가면 그것은 유언비어요 사기요 문제로 현상되겠지만, 섬 안에서라면 그것은 진리 그 자체임에 틀림없다. 그것은 자신이 섬 밖으로 나가면 유언비어요 사기요 문제임을 스스로 안다. 그래서 그것은 섬 안에 머물며, 그 밖으로 나가지 않는다. 세계에 대하여 세계는 무의미요 무가치이니 의미요 가치인 자신이 세계를 대체하여야 한다고 주장하지 않는다. 세계더러 자신을 모방하고 베끼라고 요구하거나 요청하지도 않는다. 자신이 세계의 의미요 가치라고 내어뱉지도 않는다. 주장한다면, 세계와 자신과의 무연성일 뿐이다.

대체하려 하고, 대체해야 한다고 주장한다면 그게 유언비어요 사기임을 섬은 안다. 그것은, 아방가르드는 그 섬, 예술을 위한 예술에 의한 예술의 그 섬에서 결코 나오지 않고, 어쩌면 나올 능력조

차가 없을지도 모른다.

　예술이 도망쳐 간 그 섬, 예술을 위한 예술에 의한 예술의 그 섬에서, 그래서 예술이 목적적 존재가 되어버린 그 섬에서, 아방가르드는 유언비어가 아니다. 진리이다. 예술 자체가 목적이니 아방가르드는 진리일 수밖에 없다. 그리고 아방가르드는 결코 그 섬에서 벗어나올 수 없다는 점에서, 근원적으로 불가능하다는 점에서, 결코 유언비어가 될 수 없다. 그 섬에서 벗어나온 아방가르드는 이미 아방가르드가 아니다. 그래서 그것은 아방가르드 자신에 의하여 '사기'로 인식된다.

　아방가르드는 결코 유언비어가 아니다. 아방가르드가 유언비어라면, 그건 이미 아방가르드가 아닐 것이다.

소셜네트워크서비스(SNS)의 경우

바야흐로 SNS(소셜네트워크서비스)의 시대이다.

세상 돌아가는 사정을 가만 반추해 보고 있노라면, 바야흐로 SNS의 시대라는 지적이 헛된 언사가 아님을 깊이 느끼고 알게 된다. 이에 대하여 잘 알든 모르든 말이다.

실상 필자는 SNS가 무엇인지 잘 모른다. 그런데도 세상은 SNS의 시대라고 한다. 해서 SNS가 무엇인지에 대하여 찾아볼 수밖에 없었는데, 이런 설명이 나온다.

소셜네트워크란 무엇일까?……온라인 접속인 웹2.0이 가지고 있는 정신인 참여, 공유, 개방이라는 철학이 더해지면서 발생한 새로운 사회적 관계와 연결망을 소위 '소셜네트워크'라고 한다. 그리고 그러한 것을 활성화시켜 주기 위해 정보통신 기업들이 만든 페이스북, 트위터와 같은 각종 애플리케이

션과 서비스를 소셜네트워크서비스라고 한다[35].

또 네이버지식백과를 검색해보면 이런 식의 정보가 화면에 떠올라온다.
SNS란,

개인들로 하여금 1)특정 시스템 내에 자신의 신상정보를 공개 또는 준공개적으로 구축하게 하고 2)그들이 연계를 맺고 있는 다른 이용자들의 목록을 제시해주며, 나아가 3)이런 다른 이용자들이 맺고 있는 연계망의 리스트, 그리고 그 시스템 내의 다른 사람들이 맺고 있는 연계망의 리스트를 둘러볼 수 있게 해주는 웹기반의 서비스(Boyd & Ellison)

라는 것이다.
이 정의들 중에서 '자신의 신상정보를 공개 또는 준공개적으로 구축'한다는 구절과 '이용자들이 맺고 있는 연계망의 리스트'라는 구절이 눈에 띈다. 다른 사람은 아닐지 모르겠지만, 필자에게는 어떤 디스토피아적인 상상을 유발시키는 까닭이다.
하여간 SNS가 무엇이든지간에 SNS는 이미 우리의 일상 깊숙이 침투해 들어와 있으며, SNS라고 불리는 페이스북, 트위터, 카카오톡의 영향력이 실로 대단하다. 이제 이를 외면하고서는 불이익을

---

35) 김동훈, 소셜네트워크 야만의 광장, 한스컨텐츠, 2012, p.157.

받거나 소외되거나 트렌드를 놓치기 십상이다. 필자의 경우 이런 불이익이 미세하게나마 현실화되어가고 있다.

헌데, 일상에서 그와같다면 정치적으로는 더욱 심각하다고 할 수가 있을 것이다. 선거의 경우를 예로 들면, SNS가 유권자들의 표심을 읽고 이를 일정한 방향으로 구조화할 수 있다는 것이다. 자신들이 선호하는 후보자에게 유리하도록.

페이스북의 창업자인 미국의 20대 CEO는 이미 억만장자의 반열에 올랐다고 하고, '아랍의 봄'을 가져온 아랍권의 사회적 진동이 이 SNS를 통하여 파급되고 진동된 측면이 강하다고도 한다.

단지 외국의 사례에만 국한되지 않는다.

한국사회에서도 SNS는 정치적으로나 사회적으로나 엄청난 영향력과 파급효과를 불러일으키고 있다. 몇 번의 재보선 선거에서 증명된 것처럼 SNS를 통하지 않고는 유권자들의 표심을 집결시키기 어렵다는 게 드러나고 있는 것이다.

SNS의 일종인 트위터 상에서 팔로어를 얼마나 거느리고 있느냐에 따라 그 사람의 사회적 위상과 인지도와 영향력이 결정난다. 팔로어를 많이 거느린 사람일수록 사회적 정치적 파워가 막강한 인물로 평가되고, 실제로 이런 사람들은 사회적으로 막강한 권위를 휘두르고 있다. 인터넷 상의 파워블로거처럼 이들이 SNS 상에 올리는 한마디 한마디에 사회가 이리 휘청 저리 휘청 하곤 하는데, 그 여세를 몰아 현실의 TV광고에도 출연하고 토크쇼에도 나가고 영화의 감초처럼 카메오로 출연제의를 받기도 한다.

이러저러한 이유로 해서, SNS 상에서 수많은 추종자를 거느린 스타는 현실적으로 개인으로 존재한다고 하기 보다는 떼로 존재한다고 보는 게 타당하다. 실제로 SNS 상의 스타는 떼로 기능한다. 떼로 기능하기 때문에 정치적 영향력이 막강할 수밖에는 없다.

이렇게 보면, SNS는 떼를 모으는 도구라고 볼 수 있다. 필자에게 SNS를 정의해보라고 한다면 이렇게 '떼를 모으는 전자적·통신적 도구'라고 하고 싶다. 역사상 떼를 모으는데 SNS 만큼 단기간에 이처럼 대규모적으로 모을 수 있었던 도구는 아직 없었던 것 같다. SNS의 도래는 새로운 차원의 '떼의 시대'를 여는 일임에 틀림없다 할 것이다.

헌데, SNS의 영향력이 단기간에 막강해진 그만큼, 이에 대한 부작용도 만만치 않게 나타나고 있는 것으로 드러난다.

SNS가 야기하는 부작용 가운데에서 가장 심각하고 크게 문제되는 게 SNS 상의 공간이 거짓 선동의 장 즉, 유언비어의 유통장으로 활용되어진다는 그 점이다.

SNS의 놀라움은 정보전달의 놀라운 속도와 그 파급력에 있다. SNS는 자신의 공간상에 올라온 정보를 불특정 다수의 인류에게 퍼뜨리는 데에 거의 빛의 속도에 가까운 전파력과 보급력을 보여준다. 이 놀라운 속도의 전파력과 그로인해 야기된 파급력이 SNS의 장점이요 힘의 근원이라고 할 텐데, 그러나 동시에 이것은 부작용의 근원이라고도 볼 수 있다.

좋고 옳고 사실인 정보가 빛의 속도로 전파되고 파급된다면 이는 좋은 일이다. 이건 세상을 더 나은 세상으로 바꾸는 데 일조하게 될 것이며 SNS의 긍정적 측면이라 할 것이다. 그러나, SNS는 나쁘고 그르고 허위인 정보 역시도 거의 빛의 속도에 가까운 속도로 사람들에게 전파하고 파급시킨다. 이런 나쁜 정보들이 빛의 속도로 전파되어 무차별적으로 보급된다면, 세상은 오히려 악화되고 더 좋지 않은 곳으로 바뀌게 되고 말 게 틀림없다. 이건 분명, SNS의 부작용이요 단점이다.

소설가 모 씨에 대한 사례를 잠깐 언급한 적이 있지만, 거짓된 정보가 SNS의 부작용을 야기하는 경우가 거기에만 그치는 것은 아니다. 아주 수많은 사례들이 더 있다. 얼마 전에 발생한 '채선당 폭행사건'[36]이나 '묻지마 연신내 살인사건'[37] 등의 사례도 그 중의 하나였다고 할 수 있다.

SNS 상에서 거짓된 정보를 올리는 것은 다른 어떤 장소 어떤 공간에서 거짓된 정보를 발설하는 것보다 치명적이고 위험한 일임을 살필 수 있다.

SNS 상에서 거짓정보를 발설하는 게 다른 어떤 곳에서보다 치명적이 된다면, SNS 상에서는 거짓된 정보를 발설할 수 없도록 차단하는 게 정당성을 갖는 조치가 될 수도 있을 것이다. 치명성은 그에 대한 사전조치나 제재를 불러들이는 까닭이다.

그러나 거짓된 정보를 차단할 수 있는 방법은 없다. 정보가 빛의 속도로 전파되는 오늘날과 같은 IT시대에는 더욱 그러하다. 차단

---

36) 동아일보(디지털뉴스팀), "채선당 폭행사건" 알고 보니, 2012.2.27
37) 중앙일보(김진희), "연신내서 2명 무차별 살인" 괴담 확산, 2012.4.23.

할 수 있다 하더라도 그것은 눈 가리고 아웅일 뿐이다. 표현의 자유라는 측면에서도 문제가 되고, 과잉제제라는 비판도 불러올 수 있는 일이다. 게다가 철학적으로 볼 때, 정보 자체가 거짓의 일부인 것이다. 세상에 진실로만 구성된 정보란 없고, 그렇게 구성될 수도 없는 것이다.

SNS 상에서도 역시 거짓된 정보의 발설과 유통을 차단할 길이 없는 거라면, SNS는 그 장점과 더불어 치명성도 확장일로하게 된다고 볼 수밖에는 없다. SNS의 미래가 밝을지 어두울지는 사실 지금으로서는 확답키 어려운 일이다. 그게 거짓된 정보보다는 진실된 정보의 유통의 장으로 활용된다면 그 미래는 밝겠지만, 거짓된 정보의 유통의 장으로 주로 활용되고 말게 된다면 그 미래는 어둡다고 보아야 할 것이다.

그레샴은 시장에서는 악화가 양화를 구축한다고 했다. SNS 상에서는 나쁜 정보가 좋은 정보를 구축한다는 정보-그레샴의 법칙이 일어나는 게 아닐까 저어된다. 그러나, 그레샴의 법칙에도 불구하고 인류에게 시장이 여전히 유효하고 긍정적인 것처럼 SNS 역시 그와 같다고 보는 게 아마도 타당할지 모르겠다. 부작용도 많지만 시장이 보이지 않는 손에 의하여 보정되어 가면서 긍정적인 방향으로 나아온 것처럼 SNS의 공간도 그런 발전과정을 거쳐 인류에 공헌적인 방향으로 나아가게 될 거라는 것이다.

어쨌든 SNS 상에서의 거짓된 정보의 발설과 유통을 차단하고 막을 방법은 없다. 그게 바람직한 일도 아니다. 하지만, 그렇다고 하더라도 SNS 상의 거짓된 정보에 대하여 '소설 쓴다'고 비아냥 대는 데에 대해서는 논박의 여지가 있는 일이다. '거짓'과 '소설'을 동일시하는 매우 문제적인 의식구조가 그 저변에 깔려 있는 때문이다.

소설을 통상적 의미에서의 정보라고 할 수 있을지에 대해서는, 사실 논란이 있을 수 있는 일이다.

일반적으로는 소설은 '허구'로 알려져 있다. 소설 속 사건이나 세계는 가상의 사건이요 세계이지 실제의 사건이나 세계가 아니라는 것이다. 소설이 일반적으로 알려져 있는 것처럼 허구의 영역에 속하는 거라면 통상적인 의미에서의 정보라고는 할 수 없을 것이다.

그렇다면, 소설은 정보가 아니다 라고 하여야 할까.

소설이 허구의 영역에 속하는 것이긴 하지만, 소설의 허구는 특별한 속성을 지닌다고 하는 점이다. 이 특별한 속성에 주목할 필요가 있다.

허구가 진실을 가리거나 은폐한다면 이때의 허구는 정보의 영역에 속한다고 할 수 없다. 정보란 진실에 이르기 위한, 진실로 가는 길을 열어놓는 것일 때 정보라고 불리울 수 있는 것이기 때문이다. 소설의 허구가 이처럼 진실을 가리거나 은폐하는 허구라면, 소설이 정보가 아니라는 정의는 옳다. 그리고 만일 소설의 허구가 이런 허구라면, 소설추방론은 정당하다. 소설추방론이 정당하다고 해서 사회 내적으로 소설추방론이 실행되어져야 하는 것은 아니겠지만,

반면에 허구가 진실을 가리거나 은폐하는 게 아니라 오히려 진실로 가는 길을 열고, 조력하는 경우도 있다. 이때의 허구는 그것이 허구이긴 하더라도 넓게 보아 정보의 영역에 속한다고 할 수가 있을 것이다. 진실의 조력자라면 허구라 하더라도, 단순한 허구는 아니기 때문이다. 소설의 허구가 이 경우의 허구라면, 소설은 정보의 영역에 속한다고 하는 정의가 옳게 된다.

역사적으로 볼 때, 소설의 허구가 진실을 가리거나 은폐하는 허구라고 본 논자도 있고 진실로 가는 길을 열어놓고 밝히는 허구라고 본 논자도 있다. 앞서 우리가 논의한 것처럼 전자의 대표적 경우가 플라톤이었다고 볼 수 있고 후자의 대표적 논자는 아리스토텔레스였다고 볼 수 있다. 현재 소설의 허구에 대한 일반적인 시각은 아리스토텔레스의 시각에 의존해 있다고 볼 수 있다. 소설의 허구는 단지 진실을 은폐하고 가리는 허구가 아닌 외려 진실로 가는 길을 열고 이를 밝히 밝히는 특수한 허구로 이해되고 있다는 것이다.

사실 소설은 허구이지만, 진실한 것이기도 하다. 소설이 이와같은 양가적 속성을 지니는 것은 인간의 속성에서 연유하는 것으로 보여진다. 인간은 진실을 단지 팩트를 통하여서만 접근하고 이해하려는 것이 아니라 허구를 통해서도 이에 접근하고 이해의 장에 도달하려는 내적 속성을 지니고 있는 것이다. 허구를 통하여 진실의 장에 접근하려는 노력. 소설이 바로 인간의 그러한 노력의 일환을 보여주는 대표적인 경우가 되는 것이다.

소설은 실제 일어난 사건을 일어나지 않은 것처럼 꾸민다든가 실제 일어나지 않은 사건을 일어난 사건인 것처럼 꾸민다든가 한다. 소설이 이와같이 실제 사건에 대하여 가상의 사건을 만들어 허구를 구성하는 것은 그렇게 함으로써 보다 더 진실에 접근하기 위해서인 거지 그 반대라든가, 이와 무관하게 진행되는 게 아닌 것이다.

소설의 허구가 현실을 위한 허구라면, 소설은 정보인 게 맞다.

소설의 허구가 진실을 위한 허구가 아니라면, 소설은 정보는 아닌 것이다. 이 경우 소설은 추방되는 게 마땅하겠지만, 이 견해는 일반적인 견해는 아니다.

어느 경우를 취하든 소설은 거짓된 정보와는 무관하다. 다시 말해 소설은 정보이거나 아니면 정보가 아닐 뿐이지, 거짓된 정보인 것은 아니라는 것이다.

SNS 상에서 '거짓된 정보'를 발설·유포시키는 것을 가지고 '소설 쓴다'고 비아냥 대는 것은 심각하게 소설에 대한 이해를 왜곡시키고 이를 모욕하는 행위이다. 소설과 거짓된 정보는 전혀 무관한 별개의 영역인 것이다.

거짓된 정보란 정보의 왜곡인 것으로, 유언비어와 유사한 것이다.

어쩌면, 유언비어와 동일한 것일 수도 있다.

거짓된 정보를 생산하고 이를 유포시키는 행위를 '소설 쓴다'고 표현하는 것은 재고되고 필히 시정되어야 할 일이다. 이보다는 '유언비어를 생산하고 이를 유포시킨다'라는 표현으로 바꾸는 게 훨씬 더 타당하다. 이게 정확한 표현이거나, 정확성에 매우 근접한 표현이 되기 때문이다.

　하여간 이러저러한 이유로 소설의 사태와 SNS의 공간은 서로 간에 별로 친연성이 없는 것처럼 보여진다.
　어쨌거나 SNS는 정보를 전달하거나 공유하는 장소라는 점이다.
　정서적 정보가 됐든 지성적 정보가 됐든 개인적 정보가 됐든 집단적, 사회적 정보가 됐든 정보를 전달하고 나누고 공유하기 위한 장소라는 점에 틀림이 없다.
　정보라는 관점을 떠나서는 SNS 공간은 성립하기 어렵거나 불가능하다는 것이다.
　반면에 소설은 사실 정보인지 아닌지가 모호한 사태다.
　정보인지 아닌지가 불분명한 소설과 정보라는 영역을 떠나서는 그 성립이 불가능한 SNS 상의 공간이 친연성을 갖기는 곤란한 일이라고 하여야 할 것이다.
　정보인지 아닌지 불분명한 것만 끊임없이 써대는 유저가 SNS상에서 환영받을 수 있을까. 그렇지 않다고 본다. 아무래도 고개를 젓게 되고 조만간 SNS상에서 퇴출되게 될 거라는 강력한 예감을 갖지 않을 수 없게 된다.

소설과 허구 그리고 독서행위

　소설에 대한 일반 이론을 정립한다는 것은 사실상 불가능한 일이다. 소설은 창작의 영역에 속하는 것이요, 이성보다는 상상력이 중시되며 어떻게 정의되기 어려운 인간의 정념을 향하고 있는 까닭이다. 해서 소설에 대한 일반 이론, 즉 소설론을 정립하는 것은 사실상 불가능한 일이니 소설론을 정립하려는 시도는 부질없는 일로 여겨진다.
　그러나 완벽한 소설론의 정립이 불가능한 일이라 하더라도 소설론의 정립, 소설의 일반 이론을 정립하려는 학적 이성의 노력은 그래도 부질없는 일만은 아니지 싶다. 이러한 노력 행위는 실패한다 하더라도 그 결과로서 우리에게 매우 중요한 함의와 지식을 제공해주기도 하는데, 사실과 허구, 역사와 허구에 대한 함의이다. 그리고 이러한 지식을 제공해줌으로써 각 문화 층위에서의 독서행위의 특장에 대한 파악을 가능케 해준다.

소설 즉 노벨(novel)은 일반적으로 볼 때 동양적 서사장르가 아니다. 소설은 서구사회에서 형성되고 개발된 서사장르이고 근대의 개항기를 거치면서 동양에 이식되어 온 것으로 일반적으로 이해된다.

서구사회에서는 소설이라는 서사장르가 일찌감치 형성되어 발전되어 왔는데, 왜 동양사회에서는 소설이라는 서사장르가 형성되어 발전해오지 못 하였는가 하는 점에 대한 의문점이 당연히 떠올라온다. 이 의문점에 대한 답변으로서 사실과 허구 즉 역사와 허구에 대한 서구사회와 동양사회의 인식의 변별점이 가장 그럼직한 것으로서 흔히 거론된다.

인간이 동물과 구별되는 것은 다양한 특징이 있을 수 있지만, 그 중에서도 가장 핵심적인 것은 언어이다. 인간은 언어를 갖기 때문에 동물과 구별된다. 헌데, 인간은 언어를 지니기 때문에 다른 동물과 구별되지만, 이로 인해 사실과 허구의 복잡한 문제가 야기되는 문제점이 발생하기도 한다. 언어로 표현된 것은 사실이냐 아님 허구냐 하는 것의 문제가 의외로 발생하게 되는 것이다.

언어가 사실을 있는 그대로 표현하면 사실이고 이와는 다르게 왜곡하여 표현하면 허구라고 단순하게 생각할 수는 있다. 그러나 언어는 이처럼 단순한 사고에 부합되게 움직여주지 않는 측면이 농후하다. 의외로 복잡하게 움직여 사실과 허구의 문제를 필연코 야기하며 이를 쉽사리 처리하기 어렵게 만들어 버리는 경향이 있다.

언어로 표현된 것을 사실로 처리하느냐 허구로 처리하느냐 하는 문제를 해결하는 데에 있어 서구사회와 동양사회가 근본적으로 달랐다고 하는 게 소설론의 함의이다. 서구사회가 언어로 표현된 것을 일률적으로 허구로 처리한 반면 동양사회는 일률적으로 사실로 처리했다는 것이다. 서구사회는 언어로 표현된 것을 허구로 처리했기 때문에 언어로 표현된 것을 실체 즉 현실과 부합시킬 필요가 있었고, 그래서 개발해낸 것이 리얼리즘이라는 규제규범이었다.

반면에 동양사회에서는 언어로 표현된 것을 사실로 처리했기 때문에 실체 즉 현실과의 부합성을 문제 삼을 이유가 없었다. 언어로 표현된 것 자체가 현실이어서 규제규범이 필요 없는 일이었고, 언어로 표현된 것이 현실이었고 현실이 언어로 표현된 것이었다. 언어로 표현된 것이 현실에 어긋날 수는 없었다. 언어로 표현된 것이 현실 즉 실체를 벗어난다면 그것은 언어가 아니었고, 제거될 뿐이었다.

이쯤 되면 서구사회에서 일찌감치 허구로서의 소설이라는 서사 장르가 형성된 반면 동양사회에서는 형성되지 않은 이유를 알 수 있게 된다. 서구사회에서는 애초부터 언어체계를 허구 즉 소설로서 인지했던 반면 동양사회에서는 언어체계를 사실 즉 역사로서 인식했다는 것이다. 동양사회에서 언어가 거짓을 표현하고 허구를 언급할 수 있다는 사실을 인지하지 못했다는 것은 상당한 의문점을 준다. 언어가 거짓을 말할 수 있고 사실과 다른 허구를 양산할 수 있다는 것은 일상의 경험이기 때문이다.

이 의문점의 대답은 언어의 정치학에 속하는 영역이다. 서구사회의 정치체제와 동양사회의 정치체제가 달랐기 때문에 언어체계의 인식구조에 있어서도 정반대의 차이점이 생기게 되었던 것으로 보여진다. 즉, 언어의 허구적 사용 내지는 거짓 사용을 용인하는 체제와 근본적으로 이를 용인하지 못한 체제와의 변별점이 이와 같은 언어인식체계의 변화를 가져왔지 싶은 것이다. 하여간 언어로 표현된 것이 허구로 인식된다면 이는 소설의 세계요, 상상력의 세계요 창작의 세계이다. 반면에 언어로 표현된 것이 사실로 인식된다면 이는 역사의 세계요 기술의 세계요 반(反) 상상력의 세계이다. 공자는 일찌기 '술이부작(述而不作)'이라 하여 창작을 폄훼하고 기술하는 것을 높이 샀는데, 이와 같은 동양적 언어 인식관의 표현이었다고 할 수 있다.

소설론은 동양사회가 역사에서 허구로, 즉 역사에서 소설로 나아가는데 상당한 시일이 걸렸음을 알려준다. 중국의 4대기서(奇書)인 『삼국지연의』 『서유기』 『수호지』 『금병매』가 등장하였을 때에야 비로소 허구로서의 언어체계의 인식이 가능하게 되었다고 본다. 그러나 이도 온전한 것은 아니었다. '이해할 수 없는 기이한 이야기(奇書)'라는 식으로 처리하여 이해의 범위 밖으로 내쳐, 하찮고 귀담아 들을 게 없는 것들의, 존재하지 않는 것들의 세계 속에 방기하고 있는 까닭이다. 허구라는 온전한 인식에의 도달은 서구의 소설개념 즉 노벨과의 접촉에 의해서야 비로소 완성이 되게 되는 것이다.

소설을 허구로 읽느냐 역사로 읽느냐는 속한 문화에 따라 차이가 있음을 알 수 있다. 그러나 오늘날 소설은 기본적으로 허구이며 역사로 읽는 데에는 한계가 있다는 데에 대부분 합의가 되어 있다고 볼 수 있다. 아무리 강화된 역사주의적 입장으로 접근한다 하더라도 이 합의된 전제를 해소할 만큼 나아가는 경우란 드물다고 할 수 있고, 소설에 대한 올바른 이해라고 볼 수 없다.

그러나 동양사회에서는 여전히 소설을 역사로 읽고자 하는 경향과 이에 대한 강한 욕망이 있다고 할 수 있다. 이게 동양적 독서행위의 특징이요 특색이라고 할 수 있을 텐데, 전통적으로 소설이 역사의 하위범주로서 간주되어온 까닭이다. 즉, 모든 서사를 역사로 환원시키고자 하는 게 동양적 독서행위의 무의식이요 욕망이라고 할 수 있다. 이 경우 특히 소설에 대한 독서행위가 그와 같은 지향점을 갖는다.

소설을 역사로 읽는 것은 오늘날의 소설론 입장에서 볼 때 올바른 독해라고 볼 수 없다. 오히려 역사를 소설로 읽는 데에 오늘날 소설론의 입장은 지지적이라고 할 수 있다. 그러나 동양적 독서행위는 이와는 좀 반대의 경향과 더 나아가 욕망을 즉, 소설을 역사로 읽고자 하는 욕망에 쉽사리 빠져드는 경향이 있다. 오랜 기간 쌓여온 동양적 독서행위의 무의식 탓인 듯하다.

소설을 역사로 읽고 이를 역사로 환원시키거나, 역사로 환원시킬 수 없는 경우 세계의 밖으로 던져넣어 기이한 것으로 치부하고 존재하지 않는 것으로 간주하는 게 오늘날 소설론의 입장에서 올바르지 않은 것이긴 하지만, 그러나 그런 독서행위가 불가능한 것은 아니다. 동양적 독서행위에서라면 오히려 이는 친숙한, 전통적인 방식에 해당한다.

그러나 소설을 역사로 읽는 이와 같은 독해는 매우 위험하다. 우선은 소설을 역사로 읽는 이와 같은 독해는 오늘날의 소설론을 배반한다. 그리고 창작을 기술하는 것의 하위에 두어 창의성을 억누르거나 퇴행시키며, 상상력을 가두어 상상력의 자기전개를 불가능하게 하고 허구를 억압하여 사실을 날조하게 한다. 한마디로 소설을 불가능하게 만든다. 이는 소설가를 역사가의 일종으로 만들며 소설을 역사의 하위범주로 위치 지우게 한다. 소설 개념을 이해하기 이전의 고대적 동양적 독서행위 시대로 퇴행해가게 한다는 것으로, 실질적으로는 이는 역사의 퇴행이다.

더구나 오늘날과 같은 인터넷 시대에 소설을 역사로 읽는 것은, 더욱 어처구니없는 사태를 야기할 수 있다. 상당한 위험요소를 지닌 일임에 틀림없다. 소설을 역사로 읽는데 익숙해지고 습관화된 사회라면, 인터넷에 떠도는 정제되지 않은 수많은 허구나 소설들을 역사로 독해하는 데에 별 주저함이 없고, 그렇게 하고자 하는 강한 욕망과 무의식을 지니고 있다고도 할 수 있다. 소설을 역사로 읽는 게 강박화되어 있는 사회에서라면, 누구든 어떤 소설 어떤 허구든 역사로 독해하는 데에 실패할 경우 '독해력 없음' '이해력 없음'으로 낙인 찍히고 도태될 게 분명해 보인다. 그 누구도 실패자가 되고 싶지는 않을 터이므로 눈에 닥치는 어떤 서사, 어떤 글이든 역사로 읽고자 할 것은 당연한 일이다. 인터넷에 떠도는 그 모든 루머성 소설, 루머성 허구조차도 습관적으로 역사로 독해되고 역사로 독해하려는 강한 무의식적 욕망에 시달리게 된 사회에서, 루머 즉 유언비어는 사실로 횡행하며 그 당연한 결과로 루머 즉 유언비어가 판을 치는 혼란사회로 필연적으로 진입할 수밖에는 없게 된다.

오늘날 동양사회의 독서행위는 상당한 주의를 요하지 않으면 위험스런 행위가 되어버렸다고 볼 수 있다. 깨어있는 의식을 갖고 독서행위에 임해야지 그렇지 않고 섣불리 독서행위에 임하다 전통적인 동양적 독서행위에 빨려들어가 버리면 오히려 독서행위를 그르칠 수 있게 되었다는 것이다. 다시 말해, 무의식적으로 모든 서사를 역사로 읽고 그런 오류를 항상적으로 범할 가능성 앞에 놓이게 되었다는 것이다.

이렇게 보면 오늘날 동양사회에서의 독서행위는 매우 큰 주의를 요하는, 긴장도가 몹시 높은 행위임을 알 수 있다. 접근하기가 그렇게 만만한 일이 아니라는 것이다. 특별히 소설 읽기의 경우에 더욱 그러하다고 볼 수 있다.

오늘날 동양사회가 서구사회보다 독서율이 낮다면 이와 같은 연유가 한몫을 한 게 아닌가도 싶다. 긴장의 정도가 훨씬 높다면 동양사회에서의 독서율이 서구사회의 그것보다 떨어지는 것은 당연한 일일 것이다.

독서행위와 관련하여서 보면 한국사회가 위험도가 꽤 높은 위험사회일는지 모른다. 한국사회의 독서행위는 당연히 동양적 독서행위의 틀 내에 존재하는데, 이에 대한 반성이나 문제의식 없이 독서행위를 반복 답습하는 수준을 넘어서고 있지 못해서다. 사회 전반에 걸쳐 전통주의가 근대주의를 압도하고 있고, 특별히 독서행위에서는 더욱 그래서 쉽사리 전통성에서 벗어나올 기미가 보이지 않는다. 여전히 모든 서사를 역사로 읽고 이를 역사로 환원시키는 독해방식으로 독서행위를 하고 있다. 이는 독서행위를 끊임없이 퇴행적 행위로 재구성하는 일이다. 그래서 위험하다.

모든 서사를 역사로 읽는 것은 루머나 유언비어를 사실의 역사로 확정하는 행위가 되어버리고 만다. 특히 소설의 경우 소설의 존재를 부정하게 만든다. 소설은 역사가 아닌데, 역사로 읽어 역사로 확정시켜 놓기 때문이다. 소설이 역사가 되면 소설은 불가능하게 되고 그 사회는 위험사회로 입성하게 된다. 소설과 역사, 사실과 허구, 유언비어와 진실의 구별이 불가능해지게 되고 만다.

창작이라는 측면에서는 소설이라는 영역이, 장르가 이해되고 있을지 모르겠다. 그러나 창작된 것이 독해되는 독서행위의 영역으로 넘어오면, 이런 독서행위에 머물러 있는 한, 한국사회에서 소설은 존재하지 않는다. 소설이나 소설가가 무화된다. 남는 것은 역사와 역사가뿐이다. 이것이 한국사회의 독서행위가 하고 있는 일이다. 소설을 역사로 독해하고 소설을 역사로 환원시키면 그 사회는 고대적 형식의 사회로 퇴행하게 될 게 확실하다. 어느 사회나 마찬가지다. 독서행위라는 측면에서만 보면 그래서 현대의 한국사회는 오히려 고대사회로 환치된, 되돌아간 그런 사회라는 느낌을 받게 된다. 매우 좋지 않은 느낌이다.

독서라는 심난한 행위를 통하여 한국사회가 끊임없이 퇴행을 반복하고 있는 사회라고 한다면 너무 아픈 지적일까.
어쨌거나 진정한 한국사회의 문제라면 그 기저에 독서행위라는 독해행위가 크게 한 몫을 하고 있는 일임을 살필 수 있다. 한국사회가 이러한 자신의 독서행위의 문제점을 하루라도 빨리 인식하고 이의 타개책 모색에 발벗고 나서는 게 시급히 요청되는 바의 일이지 싶다.

유언비어 시대에 독서운동의 필요성

한 사회의 문화는 그 사회의 독서행위가 규정하는 듯싶다. '읽는다' '본다' '독해한다' 등등의 행위가 한 사회의 문화를 일정한 방향으로 구조화하고, 그 사회의 문화관이라고 할 만한 문화적 특성을 형성하게 되는 것 같다. 헌데, '읽는다' '본다' '독해한다' 등등의 행위는 한마디로 '독서행위'라는 용어로 통괄할 수가 있을 것이다. 다시 말해 독서행위야말로 한 사회의 문화적 성격을 규정하고 특징 지우는 핵심 키워드가 된다는 것이다. 따라서 어떤 사회의 문화적 특성을 알고 싶다면, 그 사회의 독서행위의 주류적 경향성을 살펴보면 될 듯하다.

사회마다 문화를 읽어내는 독특한 독서행위방식이 있다. 이는 공통점을 지니고 있으나 각 사회마다 상당한 차이점도 존재하며 이 차이점이 각 사회들의 문화적 독특성, 정체성을 형성하게 된다. 예를 들어, 한국사회와 미국사회는 문학작품을 독서하는 데에 차이가 있다. 동일한 문학작품을 독서하는 데에 있어서도 한국사회가 이를 독서하는 방식과 미국사회가 이를 독서하는 방식은 큰 차이가 있다. 한국사회는 많은 변화를 겪었다 하더라도 조선사회로부터 이어져오는 전통적인 독서행위방식, 즉 선비라는 이미지로 대변되는 그러한 독서행위의 자장권 안에 여전히 강하게 사로잡혀 있다. 그 독서행위는 상상력을 이성의 하위범주에 두는 독서행위이며, 상상력의 독립성을 인정하지 않는 독서행위이다. 한국사회의 독서행위는 많이 완화된 게 사실이기는 하더라도 여전히 이에서 크게 벗어나 있지 않다. 반면 미국사회의 독서행위는, 상상력의 독립성을 인정하며 예술작품 좁게는 문학작품을 허구로서 읽는 경향이 강하다.

일단 사용하는 문자체가 독서행위의 차별성을 결정하고 있다고 보여진다. 표의문자와 표음문자는 전혀 다른 방식의 독서행위를 요구하며, 실제로 표의문자를 읽을 때와 표음문자를 읽을 때 독서행위는 아주 다르게 구조화된다. 표의문자(한자, 상형문자, 설형문자 등등을 포함해서)는 문자가 곧 실체의 상징이다. 문자는 실체를 떠나서 성립하지 않거나 성립될 수 없고, 온전히 실체의 반영일 뿐이어서 문자는 실체의 기록, 즉 사실 이외의 것이 될 수 없다. 문자는 '기록된 것의 무거움'이라는 현격한 무거움을 지닌다. 당연히 독서행위도 무거움을 지닐 수밖에는 없게 된다. 문자를 읽는다는 것은 실체와 만난다는 것이며, 이는 사실을 결정하는 사실 그 이상의 사실의 세계, 절대로 허구일 수 없는 세계이다. 신 내지는 조물주의 영역에 속하는 것이니까.

반면에 표음문자는 '기록된 것의 가벼움'을 보여준다. 표음문자는 실체를 상징하는 게 아니라 단순히 음성을 반영할 뿐이다. 세상의 소리들, 특별히는 인간이 내는 소리의 반영물일 뿐이다. '기록된 것의 현저한 가벼움'은 독서행위도 가볍게 구조화한다. 표음문자는 실체로서 독해되지 않고, 실체로서 독해되지 않으므로 상상이거나 허구인 것으로 독서되거나 인식된다. 이렇듯 표의문자가 기록된 것을 사실로서 독해하도록 독서행위를 구조화하는 경향이 있다면, 표음문자는 기록된 것을 상상된 것으로서 독해하도록 독서행위를 구조화하는 경향이 있다.

두 번째는 이성과 상상력의 존재가 독서행위의 차별화를 결정짓는다. 이성은 다른 수많은 정의가 있을 수 있겠지만, 여기서는 '사실의 집적체'라는 차원에서 살펴보기로 한다. 이성이 '사실의 집적체'라면 상상력은 '허구의 집적체'가 될 것이다.

어떤 사회는 상상력을 헛된 것, 망령된 것, 혼란된 것, 나쁜 것, 악한 것으로 인식한다. 상상력은 허구의 집적체여서, 사실을 교란시키고 사회를 혼란에 빠뜨릴 가능성이 있기 때문이다. 실제로 상상력, 즉 허구가 사실을 대체해 사회를 혼란에 빠뜨리는 경우는 비일비재하다. 이런 측면에서 본다면 어떤 사회가 상상력을 악한 것으로 간주하고 이에 적대시하는 것을 이해할 수 있다.

반면에 어떤 사회는 상상력이 혼란스럽고 교란적인 것이긴 하나, 그럼에도 불구하고 이의 순기능을 인정하기도 한다. 상상력이야말로 인간의 자유와 연결된 근원적 속성이며 그로 인해 창의성을 가능케 한다고 보기 때문이다. 인간이란 허구의 생산자일 수밖에 없다. 사실 실체란 신의 생산물이므로 인간이 신의 영역에 도달하지 못하는 한, 당연한 얘기이다. 상상력이 인정되지 않으면 즉 허구의 집적체가 허용되지 않으면 아이러니하긴 하지만 인간의 자유도 성립되지 않고 그보다 더 인간은 아무것도 생성해낼 수 없게 된다.

상상력을 적대시하는 사회는 독서행위를 사실로서 독서하도록 구조화하는 경향이 있다. 상상력을 헛된 것, 망령된 것, 악한 것, 나쁜 것으로 인식하므로 논리필연적이다. 그리고 상상력이란 허구의 집적체이기 때문이기도 하다. 상상력에 적대적인 사회의 구성원들은 모든 것을 사실로 읽도록 하는 압박감을 사회로부터 받고 있다고 할 수 있다. 그 압박감에 의하여 독서행위는 사실을 읽는 행위가 되며, 이것이 그 사회의 문화관을 형성하게 되는 것이다.

상상력의 망령됨을 알기는 하나 이의 순기능도 인정하는 사회의 구성원들은 모든 것을 사실로서 독해하도록, 그런 독서행위의 압박감을 받지는 않는다. 허구가 인정되므로, 사실은 사실로서 허구는 허구로서 독해하면 된다. 이 경우의 독서행위는 균형 잡힌 독서행위가 될 가능성이 높다. 그러나 상상력의 순기능이 인정되는 사회라 하더라도 약점은 있다. 상상력의 순기능을 이해하고 이의 독립성을 인정했는데, 상상력의 독립성이 지나치게 나아가 외려 이성을 압도하는 경우이다.

이 경우 독서행위는 대부분의 것들을 허구로 읽는 경향성으로 구조화된다. 모든 게 허구로 독해되고 이해된다면, 그 사회는 규범이 상실되며 지나치게 혼란스러운 사회로 혹은 불안정한 사회로 될 수밖에 없게 된다. 무규범의 사회, 허구가 사실을 압도하여 사실을 교란시키는 사회, 망령됨이 신뢰를 해체시켜 사회를 붕괴시키는 사회는 오래 갈 수 없는 사회일 것이다.

한국사회의 독서행위는 생각보다 깊게 전통적 방식을 고수하고 있다. 독서행위가 전통적 방식을 고수하고 있다는 것은, 한국사회의 문화가 상당 정도 내재적으로 변화되어 왔음을 입증한다. 한국사회 전체가 내재적으로 발전되어 왔다고 하는 데에는 상당한 무리와 어폐가 있는 일이겠지만, 한국 문화가 내재성을 갖는다는 것은 일정 정도 설득력이 있고 진실성이 있는 얘기이다. 현재의 한국사회의 지배적인 독서행위를 놓고 볼 때 더욱 그와 같음을 인정할 수 있다.

전통적인 독서행위는 우리 유교사회의 상징이었던 선비(사대부)의 독서행위로 대표된다고 할 수 있다. 실제로 선비는 우리 전통사회의 독서인들이었고, 독서를 통해 전통사회의 문화를 형성하는 형성자들이요 지키는 지킴이들이었다.

헌데, 선비는 매우 강한 유교이성에 결박된 자들이었다. 그 강한 유교이성 내에서는 상상력의 독립성은 인정되지 않았고, 아니, 인정되지 않은 정도가 아니고 상상력의 씨앗조차 부정되는 것이었다고 할 수 있다. 상상력은 헛된 것, 망령된 것, 나쁜 것, 악한 것으로 인식되고 또 그렇게만 처리되었는데, 이게 우리 전통사회 선비들의 인식구조였다고 할 수 있다. 그리고 선비들은 독서행위를 통하여 자신들의 이러한 인식구조를 구조화하고 문화화했다고 보여진다.

선비는 상상력을 헛된 것으로 보았기 때문에 모든 것을 사실화하는 독서행위에 치중할 수밖에는 없었다. 상상적인 것 즉 허구는 선비들의 독서행위를 통하여 사실화하고 사실화되지 못하는 경우 참수되어, 사실만이 독해되고 독서되는 독서경향을 낳았다. 이 경향성이 선비문화의 정체성을 형성하였다고 할 수 있다. 선비의 문화는 모든 걸 사실로서 읽는 독서행위를 통하여 사실의 집적체로서의 문화관을 형성하고, 탄생시켰다고 볼 수 있다. 즉, 이성의 상상력에 대한 절대적 우위성을 인정하는 문화를 형성하고 탄생시켰던 것이다. 이성의 절대적 우위성이 인정되는 사회에서는 대체로 예술추방론이 득세한다. 전통적인 선비사회의 문화가 예술추방론적인 사회였다고 단정적으로 말할 수는 없지만, 대체로 이런 경향성이 농후한 사회였음만큼은 사실이었다고 보는 게 타당하다.

현대 한국사회가 상상력에 대한 이성의 절대적 우위성을 인정하고 있는 사회라고는 볼 수 없다. 더우기 현대 한국사회가 상상력의 자율성을 부정하는 사회라고도 보기는 어렵다. 그러나 한국사회가 표면적으로는 상상력의 자율성을 인정하는 듯하면서도 주류적 독서행위를 통하여 상상력을 배제하고 사실의 체계를 우선하여 확립해가고 있음은, 주의 깊은 관찰자라면 쉽게 포착할 수 있는 진실이다.

한국사회의 주류적 독서행위는 전통사회 내의 선비들의 독서행위와는 많이 차별화가 되는 것이지만, 기이하게도 그 핵심에 있어서는 유사하다. 선비들은 모든 것을 사실화의 수레바퀴에 넣어 그것들을 사실화하며 사실로서 독해하고 사실화되지 않는 상상력은 헛된 것, 망령된 것, 나쁜 것으로 간주하여 참수하였는데, 한국사회의 주류적 독서행위의 근간이 또한 이와 같다. 한국사회의 주류적 독서행위는 모든 것을 사실화의 기계에 넣고 돌려 사실화하여 사실로 독해하고 사실화되지 않는 상상력의 경우 '정의롭지 못한 것'이라 간주하여 이를 폐기처분시켜버린다. 한국사회의 주류적 독서행위와 선비의 독서행위 사이의 차이점은 사실화되지 않는 상상력을 '헛된 것'으로 보느냐 '정의롭지 못한 것'으로 보느냐 하는 그 정도의 차이점만이 있을 뿐이다.

한국사회의 주류적 독서행위가 상상력을 '정의롭지 못한 것'으로 독해하고 간주하는 것은 실로 묘한 일이다. 이는 상상력에 대한 적절한 접근이요 이해라고 할 수 없는데, 상상력에 대한 이성의 우위를 확보하기 위한 편법 때문에 이리된 게 아닌가 싶다. 상상력에 대해 정의를 찾는 것, 다시 말해 상상력을 다루는 예술의 세계에서 정의를 찾는 것은 우물에서 숭늉을 찾는 것처럼 넌센스요 핀트가 어긋난 일이다. 예술에서 정의를 찾고 예술에 대하여 정의만을 요구하면 예술은 상상력이 아닌 이성의 집적체가 되어야 하고 역사화하게 된다. 역사화한 예술은 실제로는 예술의 본분을 잃고 예술로서 무가치한 것이지만, 이에서 머무는 게 아니라 상당히 위험하기까지 하다. 역사화한 예술은 언젠가는 역사를 대체하거나, 대체하려 한다. 예술이 역사를 대체하면 그 사회는 끝장인데, 허구가 사실을 대체하여 사실로서 대접받는 허위의 사회가 되기 때문이다. 북한이 그 좋은 예가 될 것이다. 예술을 역사화하는 것은 결국 상상력뿐만 아니라 이성을 해치는 일이기도 한 것이다.

상상력에서는 정의를 보려 하기보다는 아름다움을 보려 하는 게 올바른 태도이다. 상상력에 대하여 정의의 잣대를 들이대고 정의를 보여주지 않는다고 노발대발하는 것은 실은, 상상력의 추방이다. 상상력의 추방은 곧 아름다움(美)의 추방이다. 아름다움을 추방한 사회가 어떠하리라는 것은, 긴 말이 필요없는 일이다. 정의로운 사회일지는 모르나 몹시 삭막한 사회일 것임에 틀림없다.

실은 거기서만 끝나지 않는다. 창의성이니 혁신이니 하는 것들이 죽은 사회가 되기도 한다. 아름다움의 죽음보다 이는 더 끔찍한 죽음이 될 것이다.

한국사회가 삭막한 것은 많은 부분 한국사회의 주류적 독서행위 때문이다. 주류적 독서행위가 아름다움을 추방하고, 그곳에서 끊임없이 정의만을 불러대고 찾아대고 있기 때문이다. 상상적인 것을 '정의롭지 못한 것'으로 추정하여 폐기처분시키고, 사실의 집적체만을 형성하는 데에만 혈안이 되어 있기 때문이다. 상상력 속에서 아름다움을 찾는 독서행위는 주변부에서만, 외방에서만 일어난다. 아주 은밀하게, 무슨 비밀의식처럼.

이만하면 한국사회에서 왜 새로운 독서운동이 필요한지 설명이 되었으리라고 본다. 한국사회는 예술추방론적인 사회이다. 예술을 역사화하여 예술을 역사로 갈음하고, 또 역사를 예술로 갈음한다. 상상력의 자율성을 인정하지 않고 이성의 압도적 지위하에 이를 묶어두려 하는데, 정의의 잣대에 의하여 이를 실현하고 고착화시킨다.

물론 한국사회는 상상력의 자율성, 예술의 독립성을 인정한다. 그러나 이는 표면적인, 구호성 인정으로 그치는 경우가 농후하다. 주류적 독서행위를 통하여 이를 끊임없이 뒤집어엎기 때문이다. 주류적 독서행위는 끊임없이 기술된 것에서 상상력을, 상상적인 것을 추방한다. 그렇게 상상력을 추방하고 나면 기술된 것은 사실화하여 사실의 체계 속에 편입되어버린다. 사실의 체계 속에 편입되어 버린 상상력은 더이상 상상력이 아니며 이성이며, 허구가 아니며 사실이다. 이 상상력을 사실화하는 기제가 다름 아닌, 오늘날의 정의라는 잣대이다(실은 이 정의는 전통주의의 다른 이름이다. 우리의 전통주의는 근대주의가 자신을 핍박하였다는 점을 끊임없이 내세우며, 정의가 곧 자신임을 주장한다.).

사실의 체계 속에 편입된 상상력은 더 이상 상상력이 아니므로 더 이상 예술도 아니다. 예술이 아닌, 역사이다. 예술이 역사를 대체한 경우라고 볼 수 있다. 혹은 역사가 예술을 대체한 경우인가. 하여간 예술추방론적인 행태의 발현임을 알 수 있다. 그리고 몹시 혼란스러우며, 부당하며, 위험스러운 일임도 알 수 있다.

이게 몹시 불순하며, 혼란스러우며, 부당하며 위험스러운 일이라는 게 납득된다면 이와 같은 결과를 야기하는 독서행위가 잘못된 것임을 인정할 수 있다. 한국사회의 주류적 독서행위가 이렇게 부당하며 위험스러운 결과를 야기하는 잘못된 것이라는 점이 이해될 수 있는 탓이다.
　한 사회의 독서행위가 예술추방론적인 상태를 야기하는 독서행위여서는 안 될 노릇이다. 상상력을 추방하여 상상적인 것을 사실의 체계 속에 편입시키는 것은 예술을 역사화하는 것으로서, 위험천만한 일이며 한 사회를 파멸로 인도하는 전주곡이다.
　사실은 사실로서 독해하고 허구는 허구로서 독해해야 한다. 이게 올바른 독서행위이다. 사실을 허구로서 읽거나 허구를 사실로서 읽는 행위는 올바른 독서행위가 아니다. 그러니까 역사는 역사로서 예술은 예술로서 문학은 문학으로서 읽고 독해하면 족하고, 그래야 한다. 역사에는 정의의 잣대를 들이대고 이를 추구해야 하지만, 예술에는 특별히는 문학에는 정의의 잣대가 아닌 아름다움의 잣대를 들이밀고 이를 찾는 것이면 족하고 그래야 한다. 예술에서, 좁게는 문학에서 정의의 잣대를 들이대고 정의를 찾으려고 하면 아름다움은 사라지고 상상력은 위축되거나 추방된다. 창의성은 죽고 혁신은 물 건너가게 된다. 상상력이 추방되어버리고 나면 상상적인 것은 사실화하여 사실의 체계 속에 편입되어버리게 되고 상상은 죽고 사실은 왜곡되고 말게 된다. 허구가 사실이 되어 사실을 대체하게 된다는 것으로, 위험한 일이다.

허구가 사실이 되어 사실을 대체하는 것보다는 상상력의 독립성을 인정하여 상상적인 것이 허구로서, 즉 허구가 허구로서 살게 하는 것이 더 나은 일이다. 허구가 허구로서 살면 사실은 또 사실로서 살 수 있다. 이는 사물의 본성에 일치하는 일이며, 선순환의 순리적 모습이기도 하다.

예술추방론적인 사회보다는 예술긍정론적인 사회가 항상 더 나은 사회일 것이다. 상상력의 독립성이 인정되지 않고 이성의 압도적 지위하에 예속된 사회보다는 상상력의 독립성이 인정되는 사회가 언제나 더 나은 사회였을 것이다. 그게 우리의 믿음이다. 적어도 현대사회를 사는 우리들에게는 그러한 믿음이 강렬하다. 한국사회의 주류적 독서행위가 이를 배반하는 쪽으로 구조화되어 있다면, 이는 심각하게 반성해 볼 필요가 있는 일이다. 더 나은 사회를 위하여 회피할 수 없는 일이며, 어느 사회나 퇴행은 그 길이 아닌 이유에서다.

한 사회의 문화적 특성을 결정짓는 것은 다름 아닌 그 사회의 주류적 독서행위이다. 독서행위가 얼마나 중요한 행위이며, 사회구성원들의 행동방식, 인식지평, 규범양태를 결정짓는 핵심적 인자인가 하는 것을 살필 수 있다. 한 사회를 지배하는 주류적 독서행위가 잘못되면 그 사회도 기필코 잘못될 수밖에 없는 것이다. 그러므로 한 사회를 지배하는 주류적 독서행위가 잘못되었다면 이는 반드시 바로잡혀야만 한다. 어물쩍 넘어갈 수 있는 일이 결코 아니다.

왜 한국사회에 새로운 독서운동이 일어나야 하는지, 그것도 지금 당장 시급히 일어나야 하는지 하는 이유이다.

(P.S. : 지난 2016년 겨울부터 2017년 봄까지 걸쳐 일어난 탄핵사태가 우리 사회의 독서행위의 불모성에서 기인한 일이 아닐까 하는 생각을 조심스럽게 하여 본다. 탄핵이 옳으냐 그르냐를 따지기 이전에 우리 사회가 깊이 반성하고 돌아보아야 할 근본적인 문제점이 있다는 생각이다. 허구를 사실화하고 사실을 허구화하는 사태가 탄핵사태 내내 일어났는데, 이는 탄핵사태 자체보다도 심각한 일로 보인다. 우리 사회가 마릴린 먼로처럼 이미 돌아올 수 없는 강을 건넜고, 그게 어떤 결과로 우리 사회 내로 피드백되어 돌아올지 실로 두렵다는 게 솔직한 심정이다. 서글픈 현실이다.)

소설과 유언비어

'소설은 유언비어(流言蜚語)인가.'
'소설과 유언비어는 어떤 차이가 있는가 혹은 차이가 없는가.'
'차이가 있다면 소설과 유언비어의 구별점은 무엇인가.'

요즈음은 이런 의문이 자주 든다. 세태의 반영 탓인 듯싶다.
인터넷과 SNS가 일반화되면서 누구나 글을 올릴 수 있고, 또 누구나 상대가 쓴 글을 볼 수 있다. 누구나 기사를 쓸 수 있으니 누구나 기자요 누구나 소설을 올릴 수 있으니 누구나가 소설가다. 어떤 사람이 쓴 글이든 일정 독자층을 형성한다. 심지어는 초등학교 이삼학년이 쓴 글도 적게는 수천에서 많게는 수만 명의 사람들이 보기도 한다. 수만 명의 사람이 본다면, 이는 이미 기자요 소설가다. 글쓴이가 익명이요 독자 또한 익명이라고 하는 것은 별 의미가 없다. 어차피 독자란 익명이요 작가란 익명이냐 아니냐는 별 의미가 없는 것이다.
 가히 글쓰기 상의 민주주의라고 할 만한 일이다.

 사이버네트워크는 모든 사람들이 자유롭게 접촉하고 거리 낌 없이 교류하고 있는 곳이다……. 사이버네트워크는 지역과 계급과 인종과 언어와 성별을 초월하는 자유와 평등이 지배하는 곳이며 그곳은 카니발의 광장과도 같은 곳이다……. 사이버네트워크는 어느 한 절대적인 중심이 있을 수 없는 곳이다. 외부로부터 철저하게 차단되어진 곳이 아니고 누구나 자유롭게 접촉할 수 있기 때문에 이곳에서의 관계는 수평적이다[38].

 이처럼 글쓰기 상의 민주주의가 달성된 세상에서 중요한 것은 누가 이 글을 썼느냐가 아니다. 중심은 없는 거니까. 이게 사실이냐 아니냐 그것일 뿐이다. 아니, 어쩜 사실이냐 아니냐조차 중요한 게 아닐는지도 모른다.
 어쨌거나, 사실을 충실히 전한 글은 기사라고 하는 듯싶다. 인터넷이든 SNS든 누가 글을 올렸든 사실에 입각한 글이라면, 별 문제가 되지 않는다. 정보의 결락을 발생시키지 않는다. 그런 글이라면 오프라인 상에서 입증이 되는 바이니까.
 문제는 오프라인 상에서 입증되지 않는, 사실에 바탕을 두지 않

---

[38] 강문성, 인터넷 글쓰기에서의 카니발적 현상연구, 단국대, 2008, p.176.

은 글을 인터넷이나 SNS상에 올렸을 때이다. 오프라인 상에서 입증이 되지 않는 글을 마치 사실인 양, 현실효과를 십분 가미해 올려 사람들을 호도하고 착각에 빠뜨릴 경우 교류상에 결락을 가져오고 공간의 신뢰성을 상실케 만들어 혼란을 야기하게 된다. 이 지점에 이르면 카니발은 축제가 아닌 집단광기로 일순간 변전을 일으키게 되고 축제는 악몽이 되기도 한다.

사실에 바탕이 되지 않은 글이 올라올 경우 그 글을 쓴 자가 누구인지가 비로소 문제가 될 수도 있다.

이런 경우에 사람들은 흔히 그런 글을 올린 당자에 대하여 '소설을 쓴다'고 한다. 혹은 소설을 마치 사실인 양 써 사람들을 호도한다고 질타하기도 한다. 혹은 이를 괴담(怪談)이라고 부르기도 한다.

헌데, 사실이 아닌 것을 마치 사실인 것처럼 올려 사람들의 시야를 흐리게 하고 호도하는 것은 유언비어이다.

유언비어를 괴담이라고 하는 데에는 일리가 있다.

하지만 유언비어를 갖고 소설을 쓴다고 하는 데에는 상당한 의문이 드는 일이다. 소설가라는 직함을 달고 있는 사람이라면 더욱 소설과 유언비어를 동일시하는 듯한 이런 인식구조에 결코 동의하기 어려울 듯싶다.

하지만 지금 돌아가는 세태를 보면, 소설과 유언비어를 동일시하는 인식구조가 지배적인 것 같다[39].

---

[39] 소설(예술)과 유언비어를 동일시하는 태도는 의외로 그 역사가 깊은 듯하다. 거의 플라톤의 인식구조로까지 거슬러 올라간다. 플라톤의 이원론적 세계관이 이와 같은 양상을 보여준다는 건데, 수천 년이 지난 오늘날에도 이와 같은 동일시적 사고는 별로 개선된 것이 없는 것처럼 보여진다. 예술과 유언비어는 다른 것임을

그리고 딱히 이에 대한 반론을 제기하기도 어려운 것 같다. 소설은 허구인데 유언비어 역시 허구이다. 소설이 허구이면서도 현실효과를 거두기 위하여 리얼리즘이라는 장치를 사용하는 것처럼, 유언비어도 허구이면서 현실효과를 내기 위하여 온갖 장치, 수단을 다 활용한다. 리얼리즘 역시도 활용한다. 소설이 그럴듯함이라는 핍진성에 의존하는데, 유언비어 역시 핍진성에 의존한다. 그럴 듯하면 그럴 듯할수록 유언비어 역시 효과 만점이 되고 성공적으로 전파되기 때문이다.

도대체 소설과 유언비어의 차이는 어디에 있단 말인가.

아무래도 인터넷이나 SNS 상에서 유포되는 유언비어를 두고 양식 있는 사람들이 소설이라고, 소설을 자제하라고 하는 데에는 일리가 있는 일이다. 그 사회적 파장을 생각해볼 때 그러하다. 소설가라는 직함을 가진 사람의 경우 소설을 유언비어와 동일시하는 데에는 몹시 기분이 상할지 모른다 하더라도 그렇다.

그러나 유언비어를 소설로 환치시킨다 하더라도 소설과 유언비어는 분명 다른 것이다.

몇 가지 이유들이 있다.

일단 소설도 허구이고 유언비어도 허구이지만, 소설은 완벽한 허구인 반면 유언비어는 적당한 허구라는 점이다. 즉, 유언비어는 허구에 사실을 끼워 맞추거나 조합해 형성되는 것이다. 소설에서

상식적으로 알고 있음에도 불구하고 흔히 사람들은 무의식적으로 이런 동일시적 관점을 드러내보이는 것으로 나타난다.

의 사실성이란 허구가 사실이 되어야 한다는 게 아니라 그 허구가 현실 세계에서 충분히 일어날 수 있다는 개연성을 따지는 것인 반면, 유언비어는 사실을 허구로 비틀거나 허구를 사실로 대체하거나 하는 경우이다.

　유언비어는 허구 그 자체는 아니다. 일정 정도의 사실이 개입하게 마련이다. 사실이 개입하지 않는다면 어떤 허구도 유언비어가 될 수는 없다. 사실과 허구의 잘못된 조합이 유언비어를 만드는 것이다. 반면에 소설은 허구 그 자체이다[40].

　두 번째로 들 만한 차이라면 소설은 규범인 반면 유언비어는 규범이 아니라는 것이다. 소설은 사회규범의 용인을 받는다. 그리하여 소설로서의 지위를 얻고 유통의 합법성을 획득한다. 그 자신이 하나의 규범으로 자리 잡게 되는 것이다. 그러나 유언비어는 사회규범과의 충돌이요 파괴이지, 용인됨이 아니다. 사회규범으로부터 용인되지 않으므로 유통성을 획득하지 못 하고 규범이 되지 못 한다. 만일 유언비어가 규범으로 등극하게 된다면 이는 사실이지 허구로서는 아니다.

　유언비어는 반규범이요 규범 이탈이지, 규범이 아니다. 그러나

---

[40] "소설적 현실이란 그것이 어떤 가공법을 받았든지, 그것이 어떤 형식으로 떠오르든지 허구적인 것이다."(아르트 로베르, 김치수·이윤옥 역, 『기원의 소설, 소설의 기원』, 문학과지성사, 2001, p.19.). "예술작품이 야기하는 환상을 가상으로 볼 것이 아니라, 예술작품 자체를 가상으로 보아야 한다."(T. W. 아도르노, 홍승용 역, 미학이론, 문학과지성사, 2000, p.165.). E. M. Forster의 말처럼 소설은 기본적으로 fiction(가공의 이야기)이다. 이에 이의를 제기할 수는 없다. 역사소설, 르뽀르따쥬 등처럼 nonfiction적인 소설이 있을 수는 있지만 그렇다고 해서 소설이 허구에 기반한다는 그 특성이 배제되는 것은 아니다.

소설은 규범의 한 영역이다.

마지막으로, 소설은 목적적 존재이지 수단적 존재가 아니라는 것이다[41].

충분히 논란이 있을 수 있는 얘기이긴 하지만, 근대예술은 목적적 존재임이 분명하다. 칸트가 근대세계를 묘사하면서 인간은 목적적 존재이지 수단적 존재가 아니라고 하였는데, 인간과 더불어 예술에서도 그와 같은 지위를 보았던 것이다. 칸트의 근대세계에 있어서는 예술 역시 인간과 마찬가지로 목적적 존재였지 수단적 존재가 아니었다.

근대예술이 목적적 존재라면 근대예술의 일 분파요 핵심인 소설 또한 목적적 존재일 수밖에는 없다.

소설은 소설 자체의 목적을 위해서 있는 것이지 다른 어떤 것을 위한, 위함의 것으로써 있는 것이 아니다. 특별히 정치에 대하여 그와 같다고 할 수 있다. 정치적 목적을 위하여 소설을 동원하는 것은 이미 소설의 목적, 소설의 의미를 벗어나는 행태인 것이다. 달리 말하면, 이는 이미 소설이 아닌 것이다. 적어도 근대소설로서의 소설은 아니다[42].

사실 소설이 정치적 목적을 위하여 동원될 때 흔히 위험스런 일

---

[41] 예술목적론의 한 하위 분파로서 소설목적론을 언급한 것이다. 예술목적론이 성립한다면 당연히 소설목적론도 성립한다고 하여야 할 것이다. 소설은 예술의 하위 장르이기 때문이다.
[42] 근대예술은, 보편자나 신으로부터의 독립 내지는 자율성에서부터 출발하거나 이의 확보를 위한 노력의 역사였다고 볼 수 있다. 이성에 대한 상상력의 자율성 선언이었다는 의미이다.

이 벌어지곤 했다. 소설이 유언비어화하거나 그럴 가능성을 십분 높였다는 것이다. 이런 과오는 지금도 폭넓게 진행되고 있는 현재진행형의 일인데, 이런 상태에서 유언비어와 소설을 구분하는 것은 불가능한 일이고 또 무의미한 일이기도 하다. 근대소설은 자체의 목적을 갖는 것이지 다른 목적을 위한, 특별히 정치적 목적을 위한 수단으로만 활용되어서는 의미가 없는 것이다.

그럼, 근대소설이 아닌 소설이란 무엇일까.
고대소설? 중세소설? 현대소설? 미래소설? 아니면 유언비어? 어쩌면 유언비어라고 할 수 있을지 모르겠다.
자기목적성을 벗어난 소설을 소설이 아니라고 하면, 사실 소설과 유언비어를 구별하는 일은 어렵지 않다. 그러나 자기목적성을 벗어난 소설 역시 소설이 아니라고 하기는 어려운 일이고 그렇게 칼로 무 자르듯 단도직입적으로 정의 내릴 수 없는 거라면, 소설과 유언비어를 구별하기는 실로 어려운 일이고 어쩌면 불가능한 일이다.
유언비어는 자기목적성을 지니지 않는다. 오로지 타인에게 영향을 미칠 의도에서만 작업되는 타인목적성을 지닐 뿐이다. 수단적 도구적 양태로서만 생성될 뿐이다. 유언비어가 자기 자체를 위해서 유언비어를 위한 유언비어로서 생산되어지고 유통되어지는 경우란 없다. 그건 이미 유언비어가 아닌 다른 무엇일 것이다.

요즈음은 사람들이 소설을 안 읽는다고 한다. 소설은 재미없는 것이란 생각이 이미 사람들 사이에 고정관념처럼 박혀 있는 듯싶다.

왜 이렇게 된 걸까.

이에 대한 해답은 다음과 같은 질문을 통해 의외로 쉽게 접근할 수 있다.

소설이 더 재미있는가. 아니면 유언비어가 더 재미있는가.

당연히 소설보다는 유언비어가 더 재미있다.

소설은 허구이고 리얼리즘은 꼰대 냄새가 물씬 나 접근하기 어려운 반면, 사실과 허구가 퓨전음식처럼 마구 조합된 유언비어는 재미나고 흥미롭고 흥분 유발적이다. 무엇보다도 유언비어는 현실 속에서 즉각적인 센세이션을 불러일으킬 수 있는 성질을 지니고 있고, 실제로 일으킨다.

유언비어의 사실과 허구의 버무림 비빔밥이 소설의 리얼리즘의 꼰대성을 압도하고 훨씬 더 흥분과 흥미를 유발시키는데, 사람들이 소설을 외면하고 이를 유언비어로 대체하려 드는 것은 당연한 일이다.

소설은 유언비어와 상대가 될 수 없다.

그만큼 우리 사회가 유언비어 친화적인 사회라는 얘기이기도 할 것이다.

유언비어가 기승을 부리고 압도하는 사회이니 소설이 기지를 못 펴고 잔뜩 주눅 들어 있는 건지도 모른다.

유언비어가 압도하는 사회에서 소설의 생존전략은 아주 자명할 수밖에 없다.

소설의 유언비어화 혹은 유언비어의 소설화.

우리 사회의 소설이 실제 이와 같은 길로 치달아간다면, 이는 사회든 소설이든 문학이든 예술이든 파국이 얼마 남지 않았음을 예견해주는 일이 될 것이다.

소설의 파국.

소설의 파국이라는 관점에서 볼 때, 오늘날은 근대가 파기된 근대 그 이후이거나 전통주의로 회귀한 시대이거나 둘 중의 하나임이 틀림없는 듯싶다.

(아마도 전통주의로 회귀한 시대일 가능성이 높지 싶다. 전통적 가치관들이 회복되어 근대적 가치관들을 압도하는 형국처럼 보이고 있어서다……. 이들 전통적 가치관들이 첨단의 기술들과 결합되어 어떤 일을 벌이게 될지는 아무도 예측키 어려운 일이다.

그저 글쓰는 자는, 소설의 파국을 말할 수 있을 뿐이다.)

소설과 민족주의

민족주의는 진정 근대적 현상이다.

근대를 떠나서는 민족주의를 논할 수 없다. 민족이라는 개념이 자리 잡게 되는 게 그렇게 근대에 이르러 비로소 진행된 것이기 때문이다.

18세기 말경에 이 민족주의라는 문화적 조형물들이 서로 관련이 없는 역사적 동력들이 복잡하게 교차해서 나온 우발적인 증류물로 창조되었지만 일단 창조되자 그것은 아주 다른 사회적 환경에 다양하게 의식적으로 이식될 수 있는 '조립물'이 되었으며, 여러 종류의 정치적, 이념적 유형들을 통합하고 이 유형들에 흡수될 수 있었다[43].

---
[43] 베네딕트 앤더슨, 윤형숙 역, 상상의 공동체, 나남, 2004, p.23. 소설(novel)과 마찬가지로 민족(nation)도 근대에 구성된 개념이다. 이러한 점에서 소설과 민족은 밀접한 관련성을 가질 수밖에 없음을 알 수 있다. 소설이나 민족이나 근대에

집단의식은 어느 시대에나 있었다. 고대로 올라갈수록 개인의식보다는 집단의식이 더 강했고, 집단 안의 개인이거나 아예 개인의식은 존재하지 않았다고도 할 수 있다.

민족주의도 넓게 보면, 집단의식 가운데의 하나이다. 집단의식이라는 점에서 민족주의는 모든 시대의 집단의식과 공통점을 공유한다. 그래서 민족주의를 근대의 현상이 아닌 모든 시대에 있어 왔던 보편적 집단의식의 하나로 간주하는 경향이 흔히 있다. 그러나 이는 오류이다. 집단의식이라는 점에서 고대적, 중세적 집단의식과 공통점을 지니긴 하나 민족주의는 이들 고대적, 중세적 집단의식과는 현저한 차별성을 지닌다.

집단의식과 관련지어서 민족주의를 간단히 정의해 보자면, 근대에 이르러 나타난 근대의 집단의식이라고 할 수 있다. 근대의 집단의식이라는 점에서 민족주의는 이전의 집단의식과는 상당 정도 차이점을 보이는데, 일단은 왕이 배제된 집단의식이라는 점에서이다. 이전의 집단의식은 왕의 신민으로써의 백성이라는 측면에서의 집단이었다. 왕을 떠나서는 집단의식은 형성되지 않고, 집단은 존재할 수 없었다. 하지만 민족주의에서는 왕은 중시되지 않는다. 왕은 있어도 그만 없어도 그만이다. 중요한 것은 민족이라는 집단 그 자

탄생할 수밖에 없는 조건을 양자 공히 공유하고 있다는 것이다. 실상, 민족이라는 민족공동체를 구성하는 데에 소설이 지대한 영향을 미치고 있다. 소설이 민족의 언어로 민족의 이야기를 하는 것일 때, 소설은 민족공동체 구성의 기반이라고 할 수 있으며, 민족공동체와 떼려야 뗄 수 없는 관계라고 할 수 있다. 그리하여 앤더슨은(소설의 역할과 관련하여) 민족공동체를 가능케 한 그 매개항이 소설이라 보고 있는 것이다.

체이다. 그 민족이 왕의 신민으로 있든 공화정의 시민으로 있든 소비에트의 인민으로 있든, 민족주의에서는 그건 문제 삼지 않는다.

그리고 민족은 반드시 국가와 연결된다. 민족은 국가를 형성하고 국가공동체를 구성하는 주체로서 인식되는데, 그래서 근대국가는 민족국가라고 정의 내려지기도 한다. 국가를 떠나서는 민족주의는 성립될 수 없고, 무의미하다. 민족주의가 국가를 태동시키고 또 국가가 민족을 형성한다. 민족과 국민은 다른 것이지만, 결국 양자는 서로에게로 수렴해가게 된다.

근대공동체는 개인을 기본단위로 하는 공동체이고 이를 지향한다고 하였는데, 민족주의가 근대의 현상이라면 이것이 바로 개인을 기반으로 하는 근대공동체란 말인가 하는 의문점이 자연스럽게 흘러나오게 된다. 이에 대한 답변은, 물론 민족주의가 그와 같지는 않다는 것이다. 민족주의가 근대의 현상인 게 분명하긴 하지만, 민족주의는 그 가운데에서도 과도기적 근대의 현상이요 한 양상일 뿐이다. 개인을 기본단위로 하는 공동체로 가기 위한 징검다리로써의 혹은 과도기로써의 근대의 현상이었다는 것이다. 민족주의는 이전의 집단의식이 근대의 시기로 접어들면서 이에 적응하는 과정에서 재현되어 나타난 집단의식이라고 하면, 보다 정확한 파악이 될지 모르겠다. 민족주의에 고대적, 중세적 집단의식의 흔적이 자리잡고 있는 것은 자명하다. 근대가 개인을 열어놓음으로써 이에 위기의식을 느낀 고대적, 중세적 집단의식이 이에 맞서 재편성하고 재구조화한 게 민족주의일 수 있어서다. 만일 그러하다면 민족주의에는 개인성에 대항하는 강한 코드가 있는 게 분명하다.

　실제가 그와 같아서 민족주의에는 개인성에 대항하는 강한 집단의 코드가 실재한다. 개인성에 기반하는 공동체에 맞서 집단의 부활 내지는 집단의 영원한 생존, 집단의식의 재탈환을 꿈꾸고 바라는 욕망이 강하게 내재되어 있다.

　민족주의는 근대의 현상이나, 그 지향하는 바는 모든 시대에 공통되었던 집단의식의 부활이요 재생이다. 이런 점에서 민족주의는 그 동안 무의식 속에 잠재되어 있던 집단의식의 의식화라고도 볼 수 있다. 민족주의가 여지껏 있어 왔던 그 어떤 집단의식보다도 강화되고 강력한 집단의식이라면, 이와 같기 때문이라고 보는 게 타당할 것이다. 무의식 속에 있던 것을 의식 안으로 가져왔다는 점에서 민족주의는 집단의식의 최고조의 강화요 이것의 자의식이라고 할 수 있다. 이게 집단의 자의식인 한, 민족주의는 집단의식의 한 반성태라고 볼 수도 있다. 반성을 통한 개인에 대한 집단의 재탈환을 위한 집단의식…….

　민족주의는 민족이성에 의하여 구조되고 형성되는 이념이다. 민족주의가 민족이성에 의하여 구조되고 형성된 이념이라는 점에서도, 민족주의가 근대의 한 현상이라는 게 입증된다. 민족이성이 계몽이성의 한 변형태요 일환인 까닭이다.

　민족이성은 계몽이성이 필요에 의하여 일정하게 특화되고 분화된 경우이다. 일정한 방향으로 특화되고 분화된 경우여서 민족이성은 계몽이성만큼 일반적이거나 보편타당성을 지니지는 못 한다. 그 민족 구성원에게만 보편성을 지닐 뿐 이를 넘어서면 보편성을 상실한다. 보편성을 상실한다는 점에서 이는 도구적 이성이지 참된 이성은 아니다. 계몽이성에 비해서는 몹시 편파적이요 편향된 이성이라고 할 수 있다. 그러나 민족이성은 그 특화성 때문에 계몽이성에 비하여서 작동하는 구성원 내에서는 더욱 강화되고 강력한 이념성을 지닌다.

이념성 면에서 보면 계몽이성에 의하여 구성된 계몽주의보다 민족이성에 의하여 구성된 민족주의가 훨씬 더 강력한 이념성을 지니게 된다. 민족이성이 계몽이성의 한 특화라는 점에서 민족주의도 계몽주의의 한 일환인 게 분명해지지만, 민족주의는 일반적인 계몽주의보다는 훨씬 더 강화되고 강력화된 계몽주의이다. 그래서 일반적인 계몽주의에 의존하는 것보다 민족주의에 의거하는 것이 보다 사람들을 각성시키고 계몽하는 데에 효과적일 수 있고, 실제로가 그와 같다. 민족이라는 자의식을 지닌 집단에게라면 단순한 계몽주의에 의한 접근보다는 민족주의에 의한 계몽이 훨씬 더 효과적이요 효율적이다.

헌데, 일반적으로 볼 때 계몽이성은 자신의 오류가능성을 닫지 않고 열어놓는다는 것이다. 이성의 한계라는 측면에 노출되어 있는 이성이 계몽이성이라고 보면 대체로 타당하다[44].

민족이성이 계몽이성의 특화요 이념성 면에서 계몽주의보다 훨

---

44) 칼 포퍼, 이한구 역, 열린사회와 그 적들, 민음사, 1997.

씬 강력한 민족주의를 구성해낸다 하더라도 계몽이성의 일환이라는 점에서 민족이성도 오류가능성으로부터 자유롭지 않다. 그게 계몽이성의 특화요 더욱 강력한 이념성을 지닌 이념을 구성해낸다는 점에서 계몽이성보다 훨씬 더 폭넓게 오류가능성에 열려 있다고도 할 수 있다. 실제로 민족주의는 수많은 허구와 신화와 전설들을 사실로 둔갑시킨 가운데 주조되어 있는 구조물이어서 폭넓게 오류가능성에 열려 있을 수밖에 없다. 이런 것들에 의존하지 않고는 민족주의가 구성될 수 없는 까닭이다.[45]

이렇듯 민족이 상상에 기반하는 상상의 공동체라면 앤더슨의 언급을 빌리지 않더라도 소설에 매우 친연적인 개념임을 알 수 있다. 상상에 의하여 구성되는 것이야말로 소설의 본연적 모습이기 때문이다. 헌데, 소설은 신화나 전설 민담 등을 그 기원으로 한다. 소설이 민족공동체를 구성하는 매개항이라면 이의 기원인 신화나 전설이나 민담에 민족개념의 구성이 깊이 의존하는 것은 당연한 일이다.

민족주의가 더 큰 오류가능성에 열려 있다는 점에서 민족주의는 계몽주의보다 더욱 한시적이요 한계적일 수밖에는 없다. 민족주의는 근대의 과도기적 현상이요 본원적 현상일 수 없다고 하였는데, 그 과도기적 조건이 해소되고 나면 민족주의는 계몽주의보다 먼저 스러져갈 게 틀림없다.

---

45) 베네딕트 앤더슨, 앞의 책, pp.258-261.

개인에 기반하는 공동체로 가기 위한 과도기로서의 민족주의이지 그 반대는 아닌 것이다. 민족주의는 몹시 강한 이념성을 지닌 이념이나 어느 순간에 도달하면 갑자기 몰락하고 사라져갈 수밖에 없는 이념이기도 하다. 민족주의를 구성하는 민족이성이 너무 많은 오류가능성을 열어놓는 까닭이다. 그 오류성이 명명백백해지는 상황이 도래하고 있는데도, 민족주의가 그 강한 이념성에 매달려 사라져가기를 거부한다면 그건 상당한 비극으로 결말나고 이에 결박된 사회를 크게 뒤흔들어놓을 게 불을 보듯 확실하다. 아마도 전체주의의 장막이 이쯤에서 그 그림자를 드리우게 된다고 할 수 있을지 모르겠다[46].

소설과 민족주의가 결탁하면, 이는 민족의 이야기가 된다. 민족의 이야기는 서사시에 근사하다. 한국문학은 특별히 서사가 강하다고들 하는데, 이때의 서사가 내러티브(narrative)가 아니고 에픽(epic)이다. 한국문학이 강하게 민족주의와 결탁되어 있다는 얘기가 될 것이다.

민족의 이야기가 서사시에 근사하긴 하지만, 민족의 이야기 자체는 고대적 양상이 아닌 근대적 양상이다. 민족의 이야기가 민족의 시원이나 그 기원을 탐색하고 고대적 형식이나 양식을 차용하

---

[46] 배타적 민족주의가 인종주의를 낳고 그것이 전체주의를 결과한다는 것은 필연적 결론인 듯싶다. 20세기 역사상 그 증거들이 수두룩하게 널려 있다. 나찌즘, 파시즘, 마오이즘, 스탈리니즘, 김일성주의 등등 모두가 그와 같았다고 할 수 있다. 앤더슨은 민족주의 가운데에서 '관주도 민족주의'가 인종주의를 배태한다고 보고 있다. (베네딕트 앤더슨, 앞의 책, pp.183-199.)

고 의존하려 하는 게 사실이긴 하다. 내용 면으로나 형식 면으로나 그와 같다고 할 수 있다. 그러나 이는 민족의 이야기가 진짜 민족의 이야기를 하기 위해서 그와 같은 방법론에 의존하는 것이지, 민족의 이야기 자체가 고대적 양식이기 때문에 그러한 것은 아니다.

민족의 이야기는 형식 면에서 기본적으로 소설이다. 소설은 근대적 문학 양식이다. 근대적 문학 양식 가운데의 핵심이 소설이었다고 할 수 있다. 또한 민족의 이야기의 내용을 형성하는 것은, 민족주의이다. 앞에서 살펴본 것처럼 민족주의도, 어김없는 근대의 한 현상이다. 근대의 핵심 문학 양식인 소설을 그 형식으로 하고 근대의 한 현저한 현상인 민족주의를 그 내용으로 하는 민족의 이야기가 근대의 양식인 것은 명약관화한 일이다. 고대의 탐구는 민족의 이야기를 보다 정치하게 하기 위하여 차용하는 수단적 의미의 방법론에 불과할 뿐이다.

그런데, 소설과 민족주의와의 결탁은, 소설과 계몽주의와의 결탁 소설과 사회주의와의 결탁만큼은 일반적이지 않은 것처럼 보여진다. 서구사회에서는 소설과 민족주의가 결탁하여 나타나는 현상이 거의 없었던 것으로 나타나는데, 민족의 이야기가 득세하는 경우는 거의 없거나 매우 드물다. 소설과 민족주의가 결탁하여 민족의 이야기가 득세하는 경우는 그럴 역사적 필요성 가운데에 놓여 있었던 지역에서만 나타난 현상이었다고 보는 게 타당하며 역사적 사실과 부합한다. 해서 소설과 민족주의의 결탁은 보편적 현상이 아닌 지엽성을 지닐 뿐이라고 하는 게 맞다. 그런 역사적 지엽성 가운데에 놓여 있던 사회가 대체로 동양사회였다고 할 수 있겠고, 그 가운데에서도 특별히 식민지 경험을 공유한 동양사회에서 강화되어 나타났다고 볼 수 있다.

  소설과 민족주의와의 결탁이 계몽주의와 사회주의와는 달리 특정지역에서만 불거져 나왔다는 것은, 민족이성의 특정성 내지는 특화성에 입각해서 보아도 살펴질 수 있는 일이다. 민족이성은 계몽이성의 한 분파요 이가 특화된 것으로 계몽주의만으로 충분히 계몽이 가능한 사회였다면 계몽주의가 민족주의로까지 강화될 이유가 없었을 것이다. 계몽주의만으로는 그 계몽성을 달성할 수 없을 때, 계몽이성이 민족이성으로 특화되고 민족주의가 계몽주의를 대체하게 되었다고 할 수 있다. 이 상황이 곧 소설과 민족주의와의 결탁을 야기하고, 필요성에 입각한 국지성을 낳았다고 볼 수 있다. 이러한 점에서 한국사회에서 소설과 민족주의가 결탁하는 경우 즉, 민족의 이야기가 득세하게 된 이유가 설명될 수가 있다. 한국사회는 동양사회의 일원이고, 거기에 더하여 식민지를 경험했던 사회였기 때문이다.

  일본은 또 다른 경우라고 할 것이다. 동양사회의 일원이긴 하지만, 동양사회의 일반적 경험을 공유하고 있지 않는 까닭이다. 일본은 같은 동양이면서도 식민지가 된 경험을 공유하고 있는 게 아니고, 다른 사회를 식민화한 피식민의 경험을 갖고 있을 뿐이다. 아마도 일본사회에서는 소설과 민족주의의 결탁은 서구사회에 있어서만큼이나 강렬하지 않았을 것이다. 민족의 이야기가 자리 잡고 득세할 경험, 역사적 필요성을 지니고 있지 않았다는 것이다. 일본의 소설문학이 대체로 사소설화하고 있는 이유일 것이다[47].

헌데, 민족의 이야기는 과도기이다. 소설과 민족주의가 결탁하는 양상은 근대소설사의 과도기이다. 민족이성이 계몽이성의 과도기요 민족주의가 계몽주의의 과도기인 것처럼, 소설과 민족주의가 결탁한 민족의 이야기는 근대문학의 과도기이다. 어느 시점이 오면 민족이성이 다시 일반적인 계몽이성 아래 포섭되어 들어가고 민족주의가 일반이념인 계몽주의로 포섭되어 들어가야 하는 것처럼, 소설과 민족주의와의 결탁인 민족의 이야기도 근대소설의 일반적인 양상으로 수렴되어 들어가야 하는 것이다.

민족의 이야기가, 소설과 민족주의가 결합한 양상이 어떤 특정 지역의 소설문학의 정체성이라고 하는 데에는 이렇듯 동의하기 어려운 측면이 있는 것이다. 어떤 지역 어떤 시대든 과도기의 것이 그것의 정체성을 형성한다고 말해질 수는 없는 까닭이다.

1920년대 한국의 소설은 사회주의와 결탁한 것과 마찬가지로 민

---

[47] 일본 민족이 소설을 매개항으로 하여 형성되고 구성될 필요 가운데에 놓여 있지 않았다는 것은 예술적 측면에서 보면 다행스러운 일이었을지는 모르겠다. 보다 자율적인 예술상의 전개가 가능했을 것으로 보여지기 때문이다. 그러나, 그렇다고 해서 일본의 민족주의가 미약한 것은 아니다. 일본의 민족주의는 특별히 천황을 중심으로 하는 '천황제 민족주의'라 할 수 있을 텐데, 이는 매우 강력한 집단성을 지닌 민족주의이며 배타성이 강한 것이기도 하다. 하여간, 민족공동체가 이미 구성되고 주어진 것으로 나타난 근대에서 민족의 이야기가 될 필요가 없었던 일본의 소설은 그 여파로 한가한 것이 될 수밖에는 없었던 게 아닌가 싶다. 이게 일본에 사소설이 주가 된 한 이유라고 한다면, 꼭 옳다고는 할 수 없다 하더라도 그럼직하다고는 할 수 있지 않을까 싶다.

족주의와 결탁하고 있기도 했다. 사회주의이성의 지도성 안으로 포섭되어 들어간 것과 마찬가지로 민족이성의 지도성 안으로 포섭되어 들어간 것이기도 했다.

문학, 소설의 이와같은 양상은 한국문학을 양분한다. 사회주의 노선을 따르고 지향하는 사회주의문학계열과 민족주의 노선을 따르고 지향하는 민족문학계열이 그것이다. 그러나 문학의 주도적 헤게모니를 장악한 것은, 아무래도 사회주의문학계열이었다. '카프'가 이의 증좌요 구심점이었다고 할 수 있겠다.

사회주의문학계열이 1920년대 한국문단의 주도적 헤게모니를 장악한 데에는 별반 놀라운 일이 아니다. 이것은 당대의 일반적인 현상이었다고 할 수 있다. 계몽주의가 몰락하고 문학, 소설이 사회주의이성의 지도성 안으로 편입되어 들어가는 것은 서구사회나 동양사회나 다름없이 진행된 바의 글로벌하고도 일반적인 현상이었다. 그러나 소설이 민족주의와 결탁하여 민족이성의 지도성 안으로 편입되어 들어가는 것은 특수적이요, 일반적인 일은 아니었다. 그럴 역사적 필요성 가운데에 놓인, 식민지를 경험하고 있는 나라나 민족의 경우에만 해당사항이 있는 일이었다.

한국사회에서도 소설이 사회주의이성과 결탁하여 이의 지도성 안으로 편입되어 들어가는 현상이 일어나고 있었다. 카프가 그 현상의 실체였다고 할 수 있다. 동시에 한국사회에서는 특수적 경험, 식민지 경험이라는 특수적 경험으로 인하여 소설이 민족주의와 결탁하고 이의 지도성을 받아들이는 양상을 보여주고 있기도 하다.

사회주의는 계몽주의가 연 근대세계의 대안으로써 등장한 것이었다. 소설과 사회주의의 결탁은 근대세계의 대안을 여는, 미래지향적 양상이었다고 할 수 있다. 그러나 민족주의의 등장은 계몽주의가 연 근대세계의 대안으로써가 아니다. 오히려 민족주의는 근대미달세계의 근대세계로의 진입을 위하여 제시되고 등장하게 된 경우라고 보는 게 타당하다. 한국사회의 경우에는 더욱 그런 면이 강했다고 볼 수 있다. 소설과 민족주의와의 결탁은 근대세계에 대한 대안제시로써의 미래지향이라고 하기보다는 과거세계에 대한 대안제시로써의 현재성 지향이었다고 할 수 있다.

그러므로 소설과 민족주의와의 결합은 일반적이지 않고 글로벌할 수도 없다. 한국사회에서 사회주의문학계열이 문단의 주도권을 잡고 민족문학계열이 이의 주도성에 끌려가는 듯한 양상을 보이고 있었던 것은 어찌 보면, 필연적인 일이었다고 할 수 있다.

특수성이 일반성을 포함하는 게 아니다. 일반성이 특수성을 포함하는 것이다. 그러므로 소설과 사회주의이성과의 결탁이 보다 광범위하고 주도적이었음은 당연한 바의 일이었다고 해야 한다. 그러나 특수성은 일반성보다 그 강도에 있어 더 강력하고 절실할 수 있고, 그런 경우가 통상적이다. 역사적 필요성으로 보자면, 한국사회에서 소설과 민족주의와의 결탁이 소설과 사회주의이성과의 결탁보다 훨씬 요긴하고 필요로 되는 바의 것이었다고 지적될 수 있다.

민족주의와 결합한 소설은, 마땅히 민족이성의 지도성을 받아들이게 된다. 그러나 사실 민족이성이란 그 이성성(性)이 몹시 의심스러운 이성에 속한다. 1920년대 민족이성이 1910년대를 풍미했던 계몽이성의 일종이요 특화라는 것은 분명하지만, 감성적 혹은 상상적 측면이 몹시 진하여 이성이라고 해야 할지 감성이라고 해야 할지 헷깔리는 게 사실이다. 게다가 민족이성은 보편적이지 않은 도구적 이성에 가깝다는 것이다.

1920년대 민족문학계열 작가들의 상당수가 후에 일제의 폭압에 무릎을 꿇고 전향하게 되는 게 이와같은 이성성의 빈약성에서 온 결과가 아닐까 추정해 볼 수 있을지 모르겠다. 1910년대 계몽주의를 이끌었던 최남선 이광수를 포함하여 김동인 김억 염상섭 주요한 박종화 유진오 등등이 민족문학계열에 속한 작가들일 텐데, 이들 면면에서 계몽이성과의 연계성 그리고 그 이성성의 빈약성이 살펴질 수 있다.

물론 민족주의는 후에 자신의 이러한 이성성의 빈약성을 보완한다. 1930년대로 넘어가면 그 빈약성의 약점을 보완하여 강한 이성성을 지니게 되는데, 사회주의이성의 일환이요 특화로서 스스로를 탈바꿈시킴으로써 그와같이 변화한다. 1930년대로 넘어가면 민족이성은 계몽이성의 분파요 특화라고 하기보다는 사회주의이성의 한 분파요 특화인 것과 같은 양상을 띠게 된다.

민족이성은 어쩌면 독립적인 이성은 아닐는지도 모른다. 어떤 때는 계몽이성의 일환이 되고 어떤 때는 사회주의이성의 일환이 된다는 점에서, 그와 같다고 할수 있다. 이는 민족주의가 민족이라는 상상력에 의하여 형성된 '상상의 공동체'에 기반하는 것이기 때문인 것으로 추정된다. 민족이라는 상상의 공동체를 야기한 상상력이 계몽이성과 결합하였을 때는 계몽이성의 분파가 되고, 이 상상력이 사회주의이성과 조합하였을 때는 사회주의이성의 한 분파요 특화가 되고 한다는 것이다.

이렇게 보면, 민족이성은 솔직히 상상력이라고 하여야 할지 이성이라고 하여야 할지 헷갈리는 일이다. 이런 민족이성에 의하여 구성되고 형성된 구성물인 민족주의는 더욱 그렇다고 할 것이다.

그러나 무슨무슨 '주의'라고 하였을 때의 '주의'란 이념이다. 이념이란, 이성의 구성물로 일반적으로 수용되고 인식되고 있는 일이다. 민족주의가 '주의'라는 레떼르를 달고 이념으로 감수되는 한, 민족주의도 이성의 구성물이요 구조물로 이해하는 게 타당하다 할 것이다.

게다가 상상력에 대한 민족이성의 지도성이 취약한 것도 아니다. 취약하기는커녕, 그것은 다른 어떤 주의에 지지 않을 만큼 강력하다는 게 실제이다.

1920년대 한국사회의 민족주의도 그러했다. 소설에 대한 지도성에 있어 아주 강력했다. 그것은 1920년대라는 시대상의 욕망과 역사적 필요성을 만족시킬 만큼은 충분히 강력한 것이었다고 할 수 있다.

1920년대 한국사회의 민족주의는 소설(상상력)의 자율성 내지는 독립성을 결코 인정할 수 없는, 그래서 인정하지 않는 민족주의였다. 소설의 자율성 내지는 독립성을 인정하는 것은 민족적 양심을 거스르는 일이었기 때문이었다. 소설의 자율성 내지는 독립성을 인정하는 게 왜 민족적 양심을 저버리는 일이 되는지는 이게 당대에 몰역사적인 모던의 자기만족, 자기환멸, 치기 등등으로 비춰지고 있었다는 데에서 찾아질 수 있다.

이런 관점에서 볼 때, 예술추방론은 1920년대 민족주의의 시대적 소명이요 필요성이었다고 볼 수 있다. 민족주의는 그 시대적 소명에 충실했다고 할 수 있는 것이다.

그렇다면, 예술추방론이 시대적 소명이 되고 있는 민족주의와 결탁하여 이의 지도성 안에 놓인 소설은, 예술일까 아니면 다른 그 무엇일까.

민족적 양심을 충족시키기 위하여 1920년대 민족주의는 예술(상상력)을 사회로부터 추방시켜야만 했다. 적어도 이의 독립성을 인정할 수는 없었고, 어떻게든 자신의 지도성 안에 포섭하여 자신의 지도대로 따르도록 하여야만 했다.

예술추방론자가 되는 게 시대적 소명이었던 민족주의와 결탁한 소설은, 그러므로 추방된 소설이다. 추방된 소설은 소설이라고 할 수 없을 것이다. 그것은 소설이기보다는 역사와 더욱 친연성을 갖는 것이고, 실제로가 사회적으로 그와 같은 취급을 받는 경우가 짙었다고 할 수 있다[48].

---

48) 소설이 역사로 취급받는다면 이는 그 사회 내의 유언비어가 될 것이다. 왜냐하면, 소설은 기본적으로 허구인데 역사, 사실로 취급되어지고 섭취되고 있기

1920년대 민족주의와 결합한 소설은 역사가 되는 경향을 보여준다. 그러나 그 경향성은 크게 강하지는 않다. 1930년대로 넘어와 강화된 민족주의와 결합한 소설은, 역사가 되는 경향성을 더욱 짙게 보여준다. 그러나 여전히 소설이 역사가 되고, 역사로 등극할 정도까지는 아니다.

그러나 언젠가는 1930년대의 민족주의보다 더욱 강화된 민족주의가 나타나 소설과 이 민족주의가 결합한다면, 소설은 진짜 역사가 되고 허구의 지위를 상실하게 될지도 모를 일이다. 그런 미래를 예측하는 게 어려운 일은 아니다. 1920년대로서는 그게 미래일지 몰라도 2012년의 현재에게 그건 과거처럼 여겨지기도 하는 까닭이다.

헌데, 역사가 된 소설은 유언비어일까 아니면 진정 역사일까. 역사와 소설과 유언비어는 어떤 함수관계를 갖는 걸까.

때문이다. 마찬가지로 역사가 소설로 처리된다면 이는 그 사회 내의 유언비어가 될 것이다. 역사는 사실에 기반한 사실의 시간적, 공간적 집적체인데, 이를 허구로 처리하고 받아들이고 있기 때문이다. 소설과 역사와 유언비어와의 관계가 이와 같다.

호모 폴리티쿠스의 예술론

사람은 '호모 폴리티쿠스(정치적 동물)'이다. 사람은 무리를 짓고 사회를 이루어 살게 되어 있고, 사람이 사회를 이루어 사는 한 정치는 필수불가결하다. 사회구성원들의 다채다양한 의견들을 반드시 조율하고 조정해야 하기 때문이다. 초보적인 수준에서 말하자면, 정치란 다채다양한 의견들에 대한 조율이라고도 할 수 있다.

사람이 '호모 폴리티쿠스'이니 정치란 사람에게 본원적인 것이고, 매우 중요한 것임을 알 수 있다. 사람은 정치를 떠나서 살 수 없다고 하는 것이니, 정치에 환멸을 느낀 사람은 매우 불행한 사람임을 살필 수 있다. 정치가 인간 사회에서 얼마나 중요한지를 드러내 보여주는 일화들은 수도 없이 널려 있다. 동서고금을 막론하고 예외가 없다.

'가정맹어호(苛政猛於虎)'라는 고사성어로 널리 회자되고 알려져 있는 공자의 일화도 그 가운데의 하나라고 할 수 있을 것이다. '가혹한 정치는 맹수인 호랑이보다 무섭다'는 것인데, 부모형제가 호랑이에게 잡혀 먹히는 바 되는데도 이야기의 화자가 마을로 못 내려가고 첩첩산중에 그대로 처박혀 있는 게 군주의 가혹한 정치 때문이었다고 하는 것이다[49].

사람이 행복해지기 위해서는 반드시 정치가 바로 잡혀야 한다는 함의를 지닌 일화라고 할 수 있다. 정치가 불행하면 사람은 무리로부터 스스로를 고립시키고, 무리를 떠나 불행의 악순환을 끊을 수 없게 된다는 것이다. 그러니, 폭정은 호랑이보다 더 무서운 것이다.

사람이 정치적 동물임을 고려하면 이 공자의 일화는 대단히 설득력이 있는 시사적인 일화임을 알 수 있다. 행복과 정치는 따로 떼어놓고 볼 수 있는 게 아니다. 행복해지고자 하는 사람이라면 반드시 정치에 주목해야만 한다. 행복해지기 위해서 정치를 등진다 하는 것은, 인간의 본성을 몰라도 너무 모르는 처사이다. 그럼 형제자매가 연속적으로 호랑이에게 잡혀먹히게 되고, 불행의 악순환은 끊이지 않게 된다.

사람이 정치적 동물이고 사람이 있는 곳에 반드시 정치가 있는 거라면, 정치에 대한 정의는 사실 불필요하다고 할 수 있다. 사람이란 그렇게 생겨 먹어서 정치를 하는 거고, 사람의 본능에 속하는

---

[49] 예기(禮記)의 단궁하편(檀弓下篇)에 나오는 얘기이다. 나쁜 정치는 나쁜 정치의 객체로 하여금 공동체에서 피신해 고립되게 하는 반작용을 낳는다는 함의이다. 결국 인(仁)이 없는 가혹한 정치, 즉 나쁜 정치는 공동체를 파괴하는 제일원인이라는 것이다. 아리스토텔레스나 공자나 인간은 공동체 안에서 더불어 살아야 할 존재요 그 안에서만 완성될 수 있는 존재로 보았고, 그럼으로써 정치를 인간의 본원적 본성으로 인식했음을 알 수 있다. 정치가 선하냐 악하냐에 따라 인간의 본성이 파괴되거나 아니면 완성될 수 있다고 보고 있다.

일이기 때문이다. 사람의 본능에 속하는 일을 가지고 왈가왈부하며 정의를 내린다는 건 어리석은 일처럼 여겨진다.

그러나 정의 내리기란 이 역시 사람의 본성에 속하는 일이다. 사람이란 '호모 사피엔스'이기도 한 까닭이다. 사람이 '호모 사피엔스'임을 벗어나지 못하는 한, 우리는 정의 내리기로부터도 결코 자유로워질 수 없다.

정치에 대한 정의는 대단히 다채롭고 다양하다. 사람은 누구나 정치적 동물이므로 스스로 정치에 대한 견해를 지닐 수 있고, 이런 점에서 보자면 많게는 인류의 수만큼의 정치에 대한 정의가 있을 수 있다고도 볼 수 있다. 민주주의가 대세가 된 오늘날의 세계에서 보자면 더욱 그와 같다고 할 수 있다.

여기서는 소설과의 관련성을 고려하여 이념이라는 측면에서 정치를 재정의하고, 이를 정치의 정체성으로 보고 논의하려 한다. 이념이라는 측면에서 정치를 정의하는 것은 이를 지나치게 단순화시키고 생활정치의 면모는 배제한 채 정치를 이념투쟁의 장으로 만들 위험성이 있는 일이긴 하지만 정치의 본질적 정의에 접근한 가장 적절한 시도라는 생각이기도 하다.

정치는 이념적 측면에서 볼 때, '이념의 현실화 과정'이라고 볼 수 있다. 다시 말해, 이념의 형성과 형성된 이념의 인풋(input)과 아웃풋(output)을 통하여 세계 내에 이를 현실화하고 구현시키는 일련의 과정들이라고 할 수 있다는 것이다. 정치는 이념을 떠나서는 성립될 수도 없고 전개될 수도 없다. 정치는 이념의 형성과 형성된 이념의 전개와 이의 현실화 내지는 구현과정이요 이를 목표로 하는 과정이다. 정치를 이념투쟁의 장이라고 하는 것은 필연적인 것이며, 옳은 정의일 수밖에 없는 것이다[50].

정치가 이념의 전개과정이요 이념의 현실화 내지는 구현을 위한 노력의 과정이라면, 정치에서 중요한 것은 이 이념이라는 것을 알 수가 있다. 어떤 이념을 형성하고 현실 가운데에 어떤 이념을 구현하고 뿌리박게 하려느냐에 따라 정치의 정체성이 결정되고 정치과정이 전개되어 가게 될 수밖에 없는 연유이다.

흔히 이념은 앞서 지적한 것처럼, 이성에 의하여 구성된 구성물로 이해된다. 근대적 시각에서 보면 그와 같다. 계몽주의든 사회주의든 민족주의든 그게 이성의 구성물로 이해된다는 점에서는 동일하다. 물론 근대 이전의 중세나 고대에서는 이념은 이성의 구성물이 아닌, 신적 영역으로부터 주어진 '주어진 것(분여물)'으로서 이해되고도 있었다. 이데아 혹은 로고스의 세계로부터 분여된 것으로 이해되고 있었는데, 하여간 구성된 구성물이든 주어진 것으로써의 분여물이었든 이념이 이성의 작용이라고 하는 점에서는 동일한 시각을 지녔다고 할 수 있다.

정치가 이념의 자기전개과정이요 이의 현실화 과정이라면, 정치야말로 이성의 작동이다. 이념이란 이성에 의하여 구성된 구성물이므로 당연한 얘기가 되는 것이다. 정치야말로 이성의 작동인 것이

---

[50] 필립스 쉬블리, 김욱 외 역, 정치학개론(권력과 선택), 명인, 2008.

며 정치=이성인 것이다. 정치이성이 따로 있는 게 아닌 것이다. 정치가 곧 이성이요 이성이 곧 정치인 것이다.

정치가 곧 이성이요 이성이 곧 정치라는 점에 주목할 필요가 있다. 정치와 예술, 정치와 상상력, 정치와 소설과의 문제가 이와 깊이 연관되어 있기 때문이다.

정치가 완벽해지면, 예를 들자면 플라톤의 철인왕국 같은 곳에 서라면, 예술은 더 이상은 필요가 없는 것이 되고 말 것이다. 정치가 완벽해지면 이성이 완벽해지고, 이에 의하여 구성된 이념도 완벽하게 세계 내에 구현되고 있을 터이기 때문이다. 그래서 플라톤도 자신의 철인왕국 내에서는 시인이 더는 필요 없고, 이를 추방해야 한다고 결론짓게 되었을 것이다. 완벽한 정치가 구현되고 있는 곳에서, 예술은 설 자리가 없어지게 되는 것이다.

예술은 정치가 불완전하게 진행되는 곳에서라야만 그 존재의의와 필요성을 지니게 된다. 한 사회가 소설을 필요로 하는 것은, 다시 말해 상상력을 필요로 하는 것은 정치가 불완전하여 이념투쟁의 장 안에 놓여 있는 경우라야 하는 것이다.

하나의 이념이 또 다른 이념과 투쟁할 때, 이념은 다른 이념을 배제하고 무너뜨리기 위하여 절실하게 조력자들을 필요로 한다. 실제로 보다 더 많은 조력자들을 동원할 수 있는 이념일 때 하나의 이념은 상대 이념을 배제시키고 무너뜨릴 가능성이 그만큼 증가하고 충족된다고 할 수가 있다. 소설은, 상상력은 그 동원된 조력자들 가운데의 하나이다. 아마도 한 이념이 이념투쟁에서 가장 큰 도움을 받게 되는 조력자가 소설(예술)이요 상상력이 될 것이다. 상상력은 에네르기여서 이의 조력은 동력을 수혈받게 된다는 걸 의미하는 까닭이다.

상상력을 동원하고 이의 조력을 받을 수 있느냐 없느냐는 이리하여 이념투쟁의 사활이 걸린 문제가 된다. 이념투쟁이 강력하면 할 수록 더욱 그러하다고 할 수 있다.

따라서 정치가 불완전하게 돌아가는 사회에서, 즉 이념간의 투쟁이 매우 첨예하게 벌어지고 있는 사회에서 상상력의 동원은 매우 치열해지고, 상상력의 발흥이 크게 활성화되며 그렇게 될 수밖에 없다는 것을 알 수 있다. 정치가 불완전한 사회에서일수록 오히려 예술이 활성화되고 소설 창작이 두드러지게 된다는 것이다. 어떻게 보면 예술은 정치의 불완전성을, 즉 불완전정치를 측정하는 바로미터라고도 할 수 있을지 모른다. 서로의 이념 노선간의 투쟁이 활발한 곳에서일수록 예술의 동원이 치열해지고 활성화되고 사활적이 된다고 하니 그러하다. 해서 완전정치 내에서는 상상력은 더는 불필요한 것이 되어버리고 만다[51].

예술추방론은 완전정치의 전제조건이다. 위에서 본 바의 그대로이다. 인류는 완전정치를 지향한다. 완전정치가 구현되는 곳, 그곳이 인류의 행복이 보장된 낙원, 에덴동산이기 때문이다. 인류가 완

---

51) 고대 그리스에서 예술이 꽃을 피울 수 있었던 것은 정치체제로서의 민주정과 무관하지 않은 일이었을 것이다. 소피스트의 존재에서 보듯이 다양한 담론들이 진리의 자리를 놓고 다투었다는 점에서, 예술의 활성화도 필연적이었다고 볼 수 있다. 민주정과 예술의 활성화에 대해서는, 『열린사회와 그 적들』(칼 포퍼, 앞의 책.) 참조.

전정치를 지향하는 한 예술추방론은 인류 본성의 항상성이다. 분명 인류는 예술을 사랑하고 예술이 없는 사회보다 예술이 있는 사회를 지향하는 게 사실이다. 그러나 정치라는 프리즘을 통해서 보는 한, 예술추방론이 예술에 대한 집착보다 인류에게 있어 본원적 욕망이다. 정치가 문제인 한 예술추방론은 예술에 대한 애정보다 인류의 욕망에 있어 앞서며 본원적이다. 이의 역전은 불가하다.

헤겔이 금세기의 예술종말론을 긍정적으로 본 이유이기도 할 것이다. 헤겔은 자신이 속한 독일시민사회를 정치가 완벽해진 사회, 즉 국가이성이 구현된 사회라고 보았고 이렇게 완전정치가 구현된 사회에서 예술은 불필요하고 예술의 역할이란 없는 것이라고 이해했다. 예술이 불필요한 사회에서 예술이 기능 정지한 예술종말론은 긍정적일 수밖에 없는 일이다. 헤겔이 언급한 국가이성이 구현된 완전정치 사회 내에서는 예술은 필연적으로 종말을 고해야 한다.

완전정치가 문제이고 이게 인류의 지향점인 한, 예술은 좀 더 구제적으로는 소설은 유언비어의 운명을 벗어날 수 없다.

완전정치가 구현된 세계에서, 모든 소설 모든 예술은 유언비어일 뿐이다.

이쯤 해서, 완전정치가 구현된 사회가 역사적으로 존재했었느냐에 대한 의문점이 자연스럽게 떠올라온다. 실질적으로 완전정치가 구현된 사회가 존재했었느냐에 대한 의문에 답을 제시하기는 어려운 일이다. 존재했었다고 답변될 수도 있고 존재하지 않았다고 답변될 수도 있다.

　그러나 어떤 사회가 완전정치가 구현된 사회였다고 스스로 주장한 경우가 드문 것은 아니다. 현실적으로 그런 경우는 상당했다고 할 수 있다. 현재에도 그런 주장을 하고 있는 사회가 몇 몇 남아 있다. 예를 들자면 북한이나 중공과 같은. 인간 본성의 취약점을 놓고 볼 때 앞으로도 그런 주장을 하는 사회는 적지 않이 나타나게 될 거라고 예견하고 기대할 수 있다.

　과거에나 현재적으로나 완전정치가 구현되었다고 주장하는 사회들을 들여다 보면, 그러나 실은 아주 끔찍하다. 끔찍하다는 데에 있어 단 하나의 예외도 없다. 그 끔찍하다는 데에 포커스를 맞추면, 그 사회가 자신들이 완전정치를 구현하고 있다고 주장하는 것은 그 끔찍함을 감추기 위한 명분에 지나지 않는다는 고려를 자연스럽게 불러일으킨다. 그리고 실질적으로는 완전정치를 구현한 게 아니고 오히려 이를 파기시켜버린 경우라고 반대의 주장을 하도록끔 유혹한다.

　그러나 그렇다고 해서, 자신들이 완전정치를 구현하고 있는 사회라고 주장하는 그 어떤 사회들의 주장을 잘못된 것이라고 치부하고 그만 말 수만은 없다. 실은 그들의 주장은 잘못된 게 아니고 논리상 정확한 것이기 때문이다. 완전정치가 구현된 사회란 그렇게 끔찍한 사회라는 게, 논리적으로는 맞는 것이다.

　완전정치가 구현된 사회란 앞서의 우리의 정의상에서 놓고 볼 때, 어떤 하나의 이념이 대항해오는 다른 모든 이념을 평정하고 더는 대항해오는 이념들을 갖지 않는 사회를 의미한다. 하나의 이념이 정치를 평정하고 더 이상의 이념투쟁이 없는 사회가 완전정치가 구현된 사회라는 건데, 대항해오는 다른 이념이 아직 남아 있거나 허용된다면 완전정치는 구현될 수 없다. 완전정치가 구현된 사회란 단 하나의 이념이 정치를 석권하고 이 이념을 구성한 이성만이 참다운 이성으로서 사회에 군림하는 사회이기 때문이다.

완전정치가 구현된 사회에서 예술은 당연히 추방된다. 그 필요성이 이미 사라져버렸고, 필요성이 사라져버렸다는 점에서 존재의의가 없어져버려서다. 그 필요성이 사라져버렸다 하더라도 예술이 자체 목적적 존재로 인정받는다면 존재의의가 없지는 않겠지만, 완전정치가 구현된 사회에서 예술이 목적으로 대우받기는 불가능한 일이다. 왜냐하면 예술목적론은 정치를 석권한 그 이념의 허구성, 상상성을 필연적으로 드러내기 때문이다.

예술은 그것에 대항해오는 이념을 무력화시키기 위한 조력자 내지는 동력이었을 때라야 의미가 있고 필요로 되어지는 것이다. 대항해오는 이념에게 모두 승리한 마당에 예술의 역할은 이제 끝났고, 더 이상 완전정치가 구현되고 있는 사회에 있어야 할 필요 내지는 의의가 없는 것이다. 정치적으로 사회적으로 필요성이 상실된 예술은 추방되어야 마땅하고, 실질적으로 추방된다.

완전정치가 구현된 사회는 예술추방론의 사회이다. 혹은 예술종말론의 사회이다. 예술이 추방되고 있다는 그게 그 사회에서 완전정치가 구현되고 있다는 것의 또 다른 증좌이다[52].

상상해 보라. 예술이 추방되어 예술이 살지 않는 사회가 어떠할지를. 예술이 종말에 이르러 더 이상 예술이 창작되지 않는 사회를.

완전정치가 구현된 사회가 끔직한 이유이다.

완정정치가 구현된 사회에서 유일하게 가능한 예술론은 예술목적론일 뿐이다. 예술을 되돌아오게 할 수 있는 게 예술목적론뿐이어서다. 완전정치가 구현된 사회에서 가장 경계하는 게 그래서 예술목적론이다. 예술목적론이 고개를 들면 완전정치가 구현된 사회는 더는 완전정치를 구현할 수 없게 된다. 완전정치의 구현을 가능하게 하는 그 이념의 허점이 드러나게 되는 까닭이다. 그 허점이란 다름 아니라, 이념이 완전이성의 구성물이 아닌 불완전한 이성과 상상력의 조합이요 이 양자의 협력에 의한 구성물에 지날 뿐이라고 하는 것이다.

예술목적론은 완전정치라고 하는 그것의, 그 이념의 허구성을 드러내고 노정시킨다.

정치를 석권한 그 이념의 불순성을 드러내 보여준다.

이념이 이성의 구성물이냐 아니면 상상력의 구성물이냐 아니면 이성과 상상력이라는 양자의 조력과 조합에 의한 상호 구성물이냐에 대해서는 아직 확정적 결론이 나 있지 않는, 의견이 분분한 바의 일이다. 대체로는 사람은 '이성적 동물'이라고 알려져 있고, 이념을

---

52) 플라톤의 예술추방론, 헤겔의 예술종말론이 이를 입증한다.

이성의 구성물로 이해하려는 경향성이 강하다고 볼 수 있다. 사람이 완전정치를 지향하는 경향이 있고 '골든 에이지'에 대한 강한 노스탤지어를 지니고 있다는 데에서도 살필 수 있는 일이다.

플라톤이나 본질주의자들 그리고 완전정치를 주창하는 자들은 대개의 경우 이념이 이성에 의한 구성물임에 천착한다. 변증론자들은 위의 본질주의자들과는 다르긴 하지만, 이념이 최종적으로는 이성에 의한 구성물이 된다는 점에서는 그 견해를 같이 한다. 운동의 최종단계에 이른 이념은 완벽한 이성의 구성물이다. 변증론의 결론이다. 대체로 보면, 이러한 견해들이 인류사에 있어 이념에 대한 관점을 이끌어간다고 볼 수 있다.

그러나 실제로 이념이 이성에 의하여서만 구성되는 구성물이냐 하는 데에는 상당한 의문점이 있다. 과거든 현재든 완전정치를 구현했다고 주장하는 어떤 사회든 그 내막을 들여다보면, 불완전하기 짝이 없다. 완전정치의 구현이긴커녕, 끔찍하기 이를 데 없다는 것이 그 실상이다.

인류가 나락으로 떨어지기 이전의 본질의 세계라는 에덴동산에 대하여서도 의심스러운 구석은 한두 가지가 아니다. 에덴동산은 이데아요 로고스의 구현체이기 보다는 상상력의 결과물이요 이의 조합일 가능성이 훨씬 높아 보인다. 다시 말해, 과거에 존재했고 지금도 존재하는 그런 세계가 아니고 상상력에 의하여 구성되고 만들어진 가상의 세계일 가능성이 높아 보인다는 것이다. 실재라고 하는 게, 본질이라고 하는 게 상상력에 의하여 구성되고 만들어진 가상의 것일 가능성이 높다면 이념이란 이성의 구성물이라고 하여야 하겠는가 아니면 상상력의 조합물이라고 하여야 하겠는가.

완전정치의 구현이란 '호모 폴리티쿠스'로서의 인류가 이를 지향하는 경향성을 지니고 있다 하더라도, 근원적으로 불가능한 일일지 모른다. 정치란 이념을 구체화하는 이념의 현실화 과정이라고 하였는데, 그 이념이 불완전한 운명을 벗어날 수 없는 까닭이다. 이념이란 상상력의 조력에 의하지 않고는 구성될 수 없고, 상상력의 조력을 받는 한 이념은 그 선에서는 허구요 비사실이다. 실재할 수 없는 것이다.

정치는 이성이지만, 이렇듯 상상력의 조력 없이는 불가능한 것이다. 정치가 현실세계에 구현코자 하는 그 이념이 상상력의 조력 없이는 구성될 수가 없다면, 따라서 완전정치란 불가능한 것이다.

어떤 한 강력한 이념이 이념투쟁에서 승리하여 정치를 석권하고 완전정치의 구현을 선언한다면 그 선언은 가능한 일이겠지만 실제 완전정치가 가능한 것은 아니다. 십중팔구는 완전정치에 실패하고, 파국으로 치달을 가능성이 더욱 높다. 아니, 이는 가능성이 아니라 필연이다. 위의 논의가 받아들여진다면 이념은 이성만의 구성물이 아닌 상상력의 조력과 개입에 의하여 구성된 구성물일 것이니, 당연한 결국이 된다.

인류가 완전정치를 지향하는 경향이 있고 그래서 예술추방론이 항상적이고 이에 강한 친연성을 갖는다고 하였지만, 그렇다고 해서 그게 바람직한 일인 것은 아니다. 인류가 예술추방론에 친연성을 갖는다 하더라도 사회에서 예술을 추방하는 것은 불가능한 일이다. 완전정치가 근원적으로 불가능한 이유와 같은 이유다. 상상력의 제로화는 불가능하다는 것이다.

인류사회에서 예술을 추방하기는 가능하지 않은 일이며, 모든 예술추방론은 가짜이다. 완전정치가 구현되었다고 하는 곳에서조차 예술은 훌륭히 살아남았고 그 건재성을 과시한다. 예술은 예술이 추방된 곳에서도 살아 있고 회복되며 되돌아온다. 예술은 언젠가는 모든 예술추방론이 가짜임을 결국 역사를 통해 입증해 보여준다.

그래서 표면적으로 예술추방론이 구현된 사회는 내부적으로는 비극으로 막을 내리게 될 가능성이 높다.

예술의 독립성 혹은 상상력의 독립성에 대하여 언급하면 알레르기 반응을 보이는 사람들이 적지 않지만, 인류의 역사는 이게 진실일 가능성이 높음을 입증해보여주고 있다는 게 사실이다. 인류가 완전정치를 지향하는 경향이 있고 그래서 예술추방론에 친연성을 지니고 있다고는 하지만 예술추방론은 어느 시대 어느 장소에서나 패퇴했지 최종적으로 승리하고 있지는 못하다는 점이다.

정치는 이성이다. 그러나, 상상력의 조력 없이는 불가능한 것이다. 어떤 의미에서 보자면 정치는 이성인 동시에 상상력이라고도 할 수 있는 것이다. 이성은 상상력을 자신의 지도성 안에 가두고 자신이 완성단계에 이르면 이를 내치려 하는 속성을 지니지만, 어떤 이성도 상상력을 내치는 데에 성공한 이성은 없다. 상상력의 조력을 내치는 순간, 이념은 형해화되고 이성은 나락으로 떨어져 파산 선언을 할 수 있었을 뿐이다.

정치가 이성인 동시에 상상력이라면 상상력의 독립성을 인정하는 게 옳다. 정치가 이성인 동시에 상상력이 되는 것은, 이념이 이성과 상상력의 조력과 조합에 의한 양자의 상호 구성물인 까닭이다. 상상력이 이성을 능가하려 하지 않는 한 상상력의 독립성은 어느 사회에서나 인정되어야 한다. 정치가 예술추방론에 친연성을 갖는 인류의 경향성에 이끌려 예술의 독립성, 상상력의 자율성을 인정치 않고 이를 변경으로 추방하려 한다면, 이는 큰 우환을 낳는다. 반드시 대가를 치를 일이다. 스스로가 스스로의 존재근거를 부정하는 일이어서다.

'호모 폴리티쿠스'로서의 사람은 예술의 독립성, 상상력의 독립성을 인정하는 데에 두려움을 갖는다. 그러나 지나온 역사과정을 보면 이는 정반대가 옳은 일처럼 여겨진다. 완전정치나 예술추방론이 가짜처럼 보이고 상상력의 독립성이 진짜처럼 보인다는 것이다. 상상력의 독립성이 진짜라면 정치는 완정정치의 구현이라는 헛된 꿈에 목을 매는 것보다는 이를 인정하고 상상력에 길을 내어주는 게 더 나은 일이 된다고 본다. 창의와 혁신은 정치가 완전정치에 매달리는 아집에서 벗어나 이의 길을 열어줄 때에야 활성화될 수 있는 것이다.

한국사회에서 예술의 자율성이나 예술의 독립성, 혹은 상상력의 자율성이나 상상력의 독립성 혹은 소설의 자율성이나 소설의 독립성에 대하여 언급하는 것은 매우 조심스럽다. 한국사회에서 이는 터부시되고, 더 나아가서는 금기시되고 있다. 이 언급을 잘못 건드렸다가는 친일파 취급당하기 십상이고 실제로 그런 비난에 휩싸이는 경우가 비일비재하다.

1920년대에 소설의 자율성이나 독립성을 주창하면 흔히 욕을 먹고 비난의 대상이 되었는데, 당시는 나름으로 마땅한 바가 있는 일이었다. 1920년대 사회에서 이는 사치였고 시대착오적이었던 까닭이다.

역사적 필요성이라는 측면에서 볼 때, 1920년대에는 소설이 사회주의이성이나 민족주의이성의 지도성을 받고 이의 달성을 위한 수단이나 방편으로 동원되는 게 합당했다고 볼 수 있다. 소설의 자율성이니 독립성이니 하는 것은 금기와 터부의 차원에 놓이는 게 시대상황상 적합했지 싶단 거다. 일제의 통치를 받는 식민지 시기였으니까.

헌데, 2012년 현재에 1920년대에 작동했던 그 역사적 필요성이 그대로 필요성으로 작동하고 있느냐 하면 얘기는 좀 달라져야 하는 게 아닐까. 그 필요성이 여전히 현재진행형이라면, 소설의 자율성이니 독립성이니 하는 것은 금기의 차원에 머물러 있는 게 합당하고 이를 어기는 자에 대해서는 친일의 딱지를 매겨도 타당하다 할 것이다. 그 필요성이 현재진행형이 아니라면, 그런 금기와 낙인찍기는 물론 과잉반응이 될 테고.

2012년 현재 1920년대에 작동했던 역사적 필요성이 여전히 필요성으로 작동하고 있는가.

헌데, 대답은 그렇다고도 그렇지 않다고도 할 수 있는 양가이다. 일반적으로는 1920년대의 역사적 필요성은 사실상 상실되었다고 보지만, 민족주의라는 측면에서 그것은 여전히 현재진행형이다. 민족주의라는 측면에서 2012년 현재 한국사회는 1920년 사회에서 한 치도 진화하지 못했다고 하는 것이다. 부끄러운 일이지만, 그 지체가 한국사회의 현실인 것은 틀림없는 사실이다.

한국사회에서 민족주의는 여전히 하나의 완전이념으로 취급받는다[53]. 거기에 대항하는 것은 여전히 금기시된다. 한국사회에서 민족주의가 여전히 완전이념으로 취급받는다면, 이곳에서 완전정치를 달성하자면 민족주의에 의존할 수밖에는 없다.

한국사회에서 민족주의가 여전히 완전이념으로 취급받는 것은, 일(一)민족 이(二)국가라는 현 한국사회의 역사적 상황과 무관치 않은 일이다. 사실 민족주의는 다른 어떤 이념보다도 상상력의 개입과 조력에 크게 의존하는 것이며, 그 치밀성이나 사실성 면에서 취약하기 짝이 없는 것이다. 그럼에도 불구하고 민족주의가 우리 사회에서 완전이념으로 인정받고 있는 것은 이것이 일민족 이국가를

---

[53] 민경우, 민족주의 그리고 우리들의 대한민국, 시대의창, 2007. 한국사회에서 이런 논리적 관점은 통상적이다. 남한은 자유민주주의 이념의 사회이고 북한은 사회주의 내지는 인민민주주의 사회이니, 이 양자를 포괄하기 위해서는 한(韓)민족 민족주의로 아울러야 한다는 주장이다. 한민족 민족주의야말로 정 · 반 · 합이라는 변증법적 과정에서의 합이라고 본다. 한반도기가 이 합일의 시각적 상징이라고 주장한다.

타개하고 극복하는 거의 유일한 이념으로 믿음되고 있는 까닭이다. 사회주의 북한과 자유주의 남한을 정·반·합으로 종합하는 변증적 종합으로 인식되고 있는 까닭이다.

민족주의가 완전이념으로, 변증적 운동 과정의 완성으로 인식되고 소비되고 있는 한 2012년과 1920년대의 차이는 없다. 2012년 현재의 역사과정이 1920년대의 역사과정에서 크게 벗어나 있지 않는 것으로 인식될 수밖에는 없다. 일백여년 가까운 시간이 흘렀으나 그 시간은 한국사회에서 흐르지 않은 것과 마찬가지의 것으로 남아 있다. 민족주의라는 이념의 틀 안에서.

이런 의미에서 현재 한국사회에서 완전정치를 꿈꾸는 정치는 민족주의에 가 닿을 수밖에 없다. 예술추방론은 필연적 요청이 되게 된다. 소설의 자율성이니 독립성이니 하는 논의는 역사적 사치가 되고, 소설(예술)은 유언비어로 취급당하며 친일이라는 낙인이 찍히는 게 자연스러운 바의 일이 된다.

민족주의에 함몰되어 완전정치를 꿈꾸는 정치가, 그러나 승리할 수 있을까. 그렇지 못하리라는 것은 자명하다. 예술추방론은 사회의 대세가 되겠지만, 이가 실현될 수 없으리라는 것도 자명하다.

민족주의는 완전이념이 될 수 없다. 역사의 종말을 가져오는 절대정신일 수 없다. 여기에 의문의 여지는 없다. (예술이 아니라) 민족주의 자체가 유언비어 위에 성립되어 있는 이념인 것이다. 다시 말해, 상상력의 광범위한 조력과 개입 없이 성립될 수 없는 거라는 것이다. 민족주의를 통하여 완전정치를 달성하려는 정치의 꿈은,

다른 이념을 통하여 완전정치에 도달하려는 꿈보다 훨씬 더 허무하고 취약하다. 그건 실패 이외의 다른 대안이 없는 것이다.

이러하므로, 한국사회에서 정치는 1920년대의 그것만큼이나 파행일 수밖에 없다. 민족주의가 문제되는 한 그와 같다. 동시에 예술 역시, 소설 역시 파행이다. 예술추방론이라는 욕망이 항상적으로 그리고 강력하게 욕구되고 작동하는 사회에서의 예술하기, 소설쓰기란 파행이라는 이름에 정확히 걸맞는 예술이요 소설일 뿐이다. 소설이 추방되기를 바라면서 소설을 쓴다는 것, 여기에 파행이라는 이름 이외의 다른 어떤 이름이 어울린다 하겠는가. 김수영이 자신의 시를 향하여 「시여, 침을 뱉어라」고 한 게 괜한 언사가 아니며 문단 내에서 광범위한 언급의 대상이 되게 된 게 또한 이러한 맥락의 반영일 것이다[54].

이런 관점에서 보자면, 한국사회의 현 상황에서 소설이, 예술이 파행에의 운명을 벗어나기는 결코 불가능한 일이지 싶다.

---

54) 1968년 4월 부산에서 펜클럽 주체로 개최된 문학세미나에서 발표한 김수영의 평론이다.(김수영전집2-산문, 민음사, 1981.)

민족은 본래 제한되고 주권을 가진 것으로 상상되는 정치공동체이다. 민족은 가장 작은 민족의 성원들도 대부분의 자기 동료들을 알지 못하고 만나지 못하며 심지어 그들에 관한 이야기를 듣지도 못하지만, 구성원 각자의 마음에 서로 친교(communion)의 이미지가 살아있기 때문에 상상된 것이다.

-베네딕트 앤더슨 『상상의 공동체』중에서-

2부
유언비어의 사회학

유언비어의 사회학

유언비어에 대해서 소설가는 민감할 수밖에는 없다. 유언비어가 폭넓게 날조되고 보급되고 유통되는 상황에서 유언비어의 날조에 대하여 '소설 쓴다'는 비아냥이 일반적인 언급이 될 때, 소설가라면 이런 상황에 대하여 묵과하고 넘어가기 어려운 일이 된다. 소설가가 유언비어 날조자가 되고, 유언비어 날조자와 동급으로 처리되는 사회 무의식이 자리 잡게 되기 때문이다.

실제로 소설가들 중 일부가 유언비어 날조자로 적극 참여하는 경우도 있을 수는 있다. 그런 경우 소설가=유언비어 날조자라는 함의는 더욱 짙어질 수밖에는 없다.

얼마 전 소설가 모 씨가 한미FTA 국회 비준과 관련하여 이와 같은 행태를 보였었다. 모 씨가 한미FTA 체결에 적극 반대하는 입장이었던 듯하고, 반대에의 목적을 달성하기 위하여 유언비어에 의존하는 무리수를 두었다.

한미FTA에 찬성하는 강남 아줌마들을 파렴치 아줌마들로 등장시켜 이들을 통해 한미FTA가 한국 공동체의 파괴에 일조하는 나쁜 일임을 보여주려 하였던 듯한데, 제시하는 방식에 있어 문제가 있었다. 이들 강남 아줌마들이 작가의 상상 속에서 탄생한 상징물임을 사전에 주지시켰다면 괜찮았을 텐데, 오히려 이들을 실존인물인 것처럼 포장했다는 것이다[55]. 가상의 인물 가상의 사건을 실존인물, 실제 일어난 사건으로 포장하였다면 이는 분명 유언비어요 유언비어의 날조이다.

물론 소설가 모 씨의 경우 자신의 개인적 이익을 위하여 유언비어를 활용한 것은 아니다. 오히려 모 씨의 경우는 개인적 이익이나 목적을 위해서였기 보다는 그 정치적 목적, 자기가 생각하는 이타적 목적을 달성하기 위하여 유언비어에 의존했다고 볼 수 있는 혐의가 짙다. 그게 한국사회라는 자신이 속한 공동체를 위하여 좋은 일이었다고 생각했기 때문이라는 것이다.

그러나 이타적인 목적, 이타적인 이유를 가졌다 하더라도 유언비어는 유언비어이다. 이타성이 유언비어의 본질을 바꿔놓지는 못한다. 게다가 소설가가 사실을 전한다는 듯한 외피를 쓰고 유언비어를 생산 유포했다는 점에서 이는 더욱 문제적이었다고 할 수 있

---

[55] 소설가 모씨가 일본에 다녀오면서 공항에서 우연찮게 비즈니스석을 예약한 일단의 강남 아줌마들의 대화 소리를 듣게 되었다고 한다. 헌데, 이 일본행 비행 노선에는 원래부터 이코노미석만 있고 비즈니스석은 없다고 한다. 그러니, 소설가 모 씨가 없는 사실을 갖고 소설을 썼다고 하는 논의와 반논의가 트위터 상에서 분분하게 일어나게 되었던 것이다. 이 경우 이를 두고 소설을 썼다고 하여야 하는 건지 유언비어를 유포했다고 하여야 하는 건지는 실로 헷깔릴 수밖에 없는 일임에 틀림없다.

다. 공동체를 위한다는 이타적인 이유에 의해서라 하더라도 유언비어의 생산과 유포는 넓게 보면, 결코 공동체의 유지 발전을 위해 바람직한 일은 아니다. 과거의 역사가 증명하는 바이지만, 도래할 역사란 의도나 목적 만큼이나 그 수단이나 과정에 의하여서도 깊이 영향을 받는 것이다. 어쩌면 더욱 깊게 말이다.

이기적인 루머꾼(유언비어꾼)들 못지않게 이타적인 루머꾼들 역시 진실은 크게 중요시하지 않는다…… 이런 '분노의 장사꾼'들은 텔레비전, 라디오 그리고 인터넷에서 쉽게 찾아볼 수 있다…… 중요한 점은 이들이 분노와 감정 발산을 통해 추구하려는 목적은 이타적인 경우가 많다는 것이다[56].

소설가 모 씨가 자신의 이타적인 정치적 목적을 달성하기 위하여 적극적으로 유언비어에 의존하고 유언비어를 날조하고 있긴 하지만, 그러나 이는 소설가 일반에 해당하는 일은 아니다. 지극히 예외적이요 특수적인 현상이지 일반화시킬 수는 없는 현상이라는 것이다. 모 씨도 이의 문제점을 십분 느끼고 있었다고 보여지고 트위터에 올린 자신의 이 글이 문제가 되자 바로 삭제하고 근거를 말소시킨 걸 보면 충분히 짐작할 수 있는 일이다.

소설가가 유언비어의 날조자인 경우는 일반적이지 않은 일이다. 몹시 예외적이요 특수적인 현상이며, 결코 일반화될 수 없는 현상

---

56) 캐스 선스타인, 이기동 역, 루머, 프리뷰, 2009, p.30-31.

이다. 따라서 소설을 유언비어와 동일시하는 것은 옳은 명제일 수 없는 것이다[57].

허면, 유언비어란 무엇일까. 그것이 무엇이관데, 흔히 소설과 비교되면서 소설을 폄하시키게 만들고 이를 곤란의 지경에 몰아넣으면서 스스로는 유유자적 비난의 그물망을 빠져나가고 있는 걸까. 사실 유언비어에 대한 명확한 정의는 없는 듯싶다. 정의는 고사하고 그 용어 자체부터가 중구난방이다. 혹자는 유언비어를 루머라고도 하고 소문이라고도 하고 거짓, 날조된 거짓, 거짓 정보, 거짓의 조합체…… 라고도 한다. 그 용어부터가 통일되어 있지 않은데, 한마디로 유언비어의 정체성은 없거나 무진장 모호하다고 할 밖에는 없다. 그 정체성이 모호하거나 없는 것에 대해 명확한 정의를 내릴 수는 없는 일이다.

유언비어에 대한 다음과 같은 정의는 이 책의 전반적인 입장이라고 하겠다.

---

57) 동양에서 소설가는 제자백가의 한 분파였다고 할 수 있다. 일종의 역사가였다고 볼 수 있다. 사관의 일종이었다는 것으로, 사관이 왕의 역사를 다루는 큰자라면 소설가란 시중잡배의 자잘한 내력을 다루는 작은자였다고 할 수 있다. 이는 사관(史官)에 대하여 패관(稗官)이라 불렸던 건데, 후대에 패관이 소설가로 분화 진화하는 것이다. 소설가가 역사가의 하위 범주에 속한다면, 소설을 쓴다는 것은 역사를 쓰는 행위에 진배없을 것이다. 이럴 경우, 소설을 쓰는 걸 유언비어를 유포시키는 행위라고 하는 것은 전혀 잘못된 일임을 알 수 있다. 동양사회에서 소설이 유언비어로 나타날 가능성은 애초부터 배제되어 있었다고 할 수 있다. 소설가를 역사가의 하위범주로 본 관점에 대해서는, 『역사에서 허구로(중국의 서사학)』(루샤오펑, 조미원 외2인 역, 길, 2001)를 참조.

무엇을 루머(유언비어)라고 하는지에 대해서는 확정된 정의가 내려진 게 없고, 여기서 루머의 정의를 본격적으로 내리려고 하지도 않겠다. 논의를 본격적으로 시작하기 위해 일단 루머의 정의가 만족스럽지 않다는 점은 인정하고 넘어가기로 한다[58].

유언비어의 정체성이 모호해 그 정의가 어렵고 애매모호할 수밖에 없는 거라면, 그렇다면 이분법에 의존해 보면 좋다고 본다. 대상을 두 개의 상이한 속성으로 이분해 이 양자를 통하여 그 대상에 접근하면 대상의 성격이 명료해지는 수가 있다. 모호한 것을 두 개의 길항적 성격으로 양분해 축약하면 서로가 서로의 증거가 되어주기 때문이다. 유언비어라고 해서 예외일 리 없다.

일단 유언비어는 거짓 이야기요 거짓 표현이긴 하지만, 그 존재성이 없는 것은 아니다. 언어화된 이상 유언비어에도 존재성은 있다. 완전 무(無)는 아니라는 것이다. 완전 무가 아닌 존재성을 지니고 있다는 이 점 때문에 유언비어가 문제적이 되는 것이다.

그러나 유언비어에는 실체성(實體性)은 없다. 존재성은 있어 완전 무는 아니나 실체성은 없어 유(有)라고 할 수도 없는, 이게 유언비어요, 유언비어의 존재방식이요, 유언비어의 본성인 것이다[59].

---

58) 캐스 선스타인, 앞의 책, p.14.
59) 존재성,실체성과 같이 거창하게 표현하고 있긴 하지만 실상 이는, 여기서는 철학적 함의를 지닌 용어라고 하기 보다는 다음과 같은 의미를 지니는 것이라고 이해하면 좋을 듯하다. 존재성은 '있다 없다'의 문제이고, 실체성은 '허구와 진실'의 문제라는 것이다. 유언비어는 현실 가운데 '있다'로 있긴 하지만, 그 있음이 '허구'라는 그러한 의미에서의 용어라는 것이다.

향후 유언비어가 그 실체성을 획득할 수는 있을지도 모른다. 유언비어가 실체성을 획득한다면, 그건 이미 유언비어는 아닐 것이며 실제이거나 현실이거나 규범일 것이다.

유언비어는 어떤 목적들 때문에 발생한다고 봐야 한다. 목적을 달성하겠다는 욕망이 유언비어를 발생시키고 이를 유포시킨다는 것이다. 목적이 없다면 유언비어는 발생할 리 없고, 목적을 지니지 않는 유언비어는 의미 없는 유언비어일 뿐이다. 말하자면, 목적 없는 유언비어란 발생하지 않고 발생한다 하더라도 무의미하며 모든 유언비어는 목적지향일 수밖에 없다는 것이다.

목적 없는 유언비어가 없다면, 유언비어는 목적을 위한 수단이다. 목적을 위한 수단, 목적을 위한 도구로서의 존재 이게 유언비어의 존재성이다. 따라서 목적이 뚜렷하면 뚜렷할수록, 구체적이면 구체적일수록 유언비어의 존재성도 뚜렷해지고 구체적이 되고, 강렬해진다고 할 수 있다.

유언비어가 결코 유희요 오락이요 장난일 수 없는 이유이다.

오락이나 유희는 자기가 즐겁자고 하는 자기목적성인 반면 유언비어는 결코 자기목적성일 수 없고, 자기 목적을 지닐 수 없다. 어떤 목적을 달성하기 위한 수단 즉, 타인목적성이요 타인목적성을 지닌 것일 밖에 없다.

유언비어 속에서 재미와 즐거움을 느낀다고 하는 것은, 충분히 거짓이다. 유언비어는 오락도 유희도 장난도 아니기 때문이다. 유언비어 속에서 재미와 즐거움을 느낀다고 하는 것은, 실상은 이 역시 다른 목적 다른 의도를 지닌, 오락과 유희와 장난의 가장무도회다. 유언비어는 재미나 즐거움과는 아무런 관련이 없는 것이다. 만일 누군가가 유언비어를 통하여 재미와 즐거움을 갖는다면, 이는 그 특정 유언비어가 함축하고 있는 목적지향성에 그가 동의하고 동조하고 있다는 사실만을 알려줄 뿐이다. 그것은 그 이외의 정보를 지니지 않으며, 그것 이외의 것을 알려주지 않는다.

유언비어를 수단으로 동원하는 목적 가운데 가장 강렬하고 지속적인 목적이 정치적 목적이다. 정치적 욕망은 몹시 강렬하고 근원적인 것이다. 아리스토텔레스가 오죽했으면 인간이란 정치적 동물이며 정치를 떠나서는 규정될 수 없는 존재라 하였겠는가, 새길 필요가 있는 경구다.

> 인간은 본질적으로 정치적 동물(zoon politikon)이다……
> 인간은 원래 불완전한 존재(동물)이기 때문에 공동체 안에서만 완전해질 수 있다[60].

---

[60] 아리스토텔레스, 천병희 역, 정치학, 숲, 2009, pp.17-22. 아리스토텔레스가 언급한 '정치적 동물'이란, 실제로는 '공동체적 동물'이란 의미에 더 가까운 것이다. 공동체적 동물이 곧 인간이 되는 것이다. 아리스토텔레스는 폴리스가 가족이나 개인보다 우선한다고 보았고, 폴리스를 떠나서는 수(獸)성에서 벗어날 수 없다고 보았다. 폴리스야말로 인간을 인간이게 하는 조건인 것이다. 그래서 인간은 폴리스적 동물, 즉 정치적 동물일 수밖에 없다고 했던 것이다. 오늘날 정치적 동물하면 권력을 추구하는 인간군상들로 대체로 인식되는데, 이것과는 심히 다른 차원의 이해임을 알 수 있다. 헌데, 공동체적 동물에서 중요한 것은 타협과 공동체에 대한 헌신이라는 중용의 미덕이다. 아리스토텔레스의『정치학』이 그렇게 중용의 철학을 다룬 책이 되는 까닭이다.

하긴, 아리스토텔레스의 언급을 새삼 새기지 않더라도 정치적 욕망이 인간에게 있어 근본적이요 몹시 강렬한 욕망이라는 것은 어렵지 않게 캐치될 수 있는 일이다. 정치적 욕망은 그 뿌리가 권력욕에 있는 것이기 때문이다. 권력욕은 인간에게 있어 성욕(性慾)만큼이나 근원적이요 근본적인 욕망이다[61].

정치적 목적이 아주 강렬한 것이므로 이를 달성하기 위한 수단으로 동원된 유언비어 역시도 강렬하고 뚜렷하고 유포적이다. 이의 존재성이 다른 어떤 유언비어보다도 강하고 뚜렷하고 확장적이라고 하는 것이다.

유언비어는 앞서 지적한 것처럼 존재성은 있고 그 실체성은 없기 때문에 한번 탄생하면 반드시 실체와 그 실체성을 두고 다투게 마련이다. 다툴 수밖에 없다. 그게 유언비어의 운명이요 존재방식이다. 대부분의 경우 유언비어는 실체와 그 실체성을 두고 다투는 과정에서 그 존재성을 잃고 무(無)로 사라지는 경우가 일반적이다. 그러나 유언비어의 존재성이 강렬하면 강렬할수록 실체와의 실체성 다툼은 쉽사리 끝나지 않는다. 그 유언비어의 유통과 보급이 지속적이어서 그 끝이 보이지 않는다면, 실체와의 다툼은 끝나기는커녕

---

[61] 인간은 '이것'에 의하여 규정된다는, '이것'에 환원시키는 환원론에서 대표적인 게 다음 세 가지이다. 성욕에 의한다는 리비도론과 계급에 의한다는 계급론과 권력욕에 의하여 결정난다는 권력의지론이다. 리비도론의 대표자가 프로이드이고 계급론의 대표자가 맑스라면, 권력의지론의 대표자는 단연 니체다. 니체는 그의 저서『선악의 저편』에서 권력에의 의지를 생명으로 규정하고 있다. "무엇보다도 생명이 있는 것은 자신의 힘을 발산하고자 한다. 생명 그 자체는 힘(권력)에의 의지이다."(김정현 역, 니체전집14, 2002, p.31).

한정없이 지속되고 끊임없이 이어질 수도 있는 일이다.

이런 경우도 상정해 볼 수 있다. 어떤 유언비어가 아주 강렬한 존재성을 부여받아 실체와의 다툼에서 오히려 실체를 압도하고 실체성을 획득하게 되는 경우이다. 이런 경우 유언비어는 더는 유언비어가 아니며, 실체요 현실이요 규범으로 등극하게 될 것이다. 그리고 실제의 실체는 규범력과 실체성을 상실하고 현실에서 쫓겨나 흑암의 지옥으로 떨어지거나 파괴되거나 죽음을 맞이하게 되고 말 것이다.

이런 경우가 유언비어를 수단으로 동원한 정치적 목적이 그 목적을 달성하게 되는 경우가 될 것이다. 이렇게 목적을 달성한 정치적 목적은 세상에 새 현실 새 규범을 가져오게 될 것이다.

헌데, 그렇게 새로 열린 새 규범 새 현실은 유토피아일까 아니면 디스토피아일까. 그렇게 새로 열린 새 규범 새 현실이 디스토피아가 될지 유토피아가 될지는 알 수 없는 일이지만, 그 정치적 목적이 유언비어를 통하여 달성되었다는 점에서 긍정적으로 보기는 어려운 일이 된다 할 것이다.

유언비어가 실체와의 다툼에서 승리하여 그 실체성을 빼앗아왔고 실체는 제거되었다고 하였어도, 실상 이는 허상이다. 실체성은 빼앗고 빼앗기고 할 수 있는 그런 것이 아닌 것이다. 유언비어가 실체성을 획득하였다고 하는 것은 실은 환상이요 허상일 뿐인 것이다. 허상 위에 세워진 새 규범 새 현실이 우리들의 유토피아일 수 있을까. 그럴 수 없을 것이다[62].

유언비어에 의존하여 어떤 목적을 달성하려 드는 것은 몹시 위험천만한 일이다. 특히 정치적 목적을 달성하기 위하여 유언비어를 이용하려 드는 것은 위험하다. 유언비어의 미래는 없고, 늘 부정이기 때문이다.

그러나 권력욕이 몹시 강한 경우라면, 이런 경구에 귀를 기울일 리 없다. 권력욕이 강하면 강할수록 유언비어에 의존하려는 속성은 훨씬 더, 혹은 걷잡을 수 없을 정도로 높아지게 된다. 권력욕이 강할수록 어떤 방법 어떤 수단을 동원해서든 권력을 획득하고 보려 할 것이기 때문이다. 권력획득이 최상의 지상목표가 되어버리면 유언비어의 마구잡이식 동원과 이에의 의존은 피할려야 피할 길이 없는, 필연적인 일이 되어버리고 만다.

허면, 유언비어를 활용하여 그 효과의 극대화를 노리자면 어떻게 해야 할까. 권력획득을 위해서라면 유언비어라도 동원해야 한다는 권력욕의 화신이라면, 이건 늘 머릿속에 지닌 고민이 될 것이다. 이 고민에 대한 해결책은 의외로 쉬울 수 있다. 유언비어의 효과를 극대화하려면 유언비어의 존재성을 극대화하면 되고, 그 존재성을

---

[62] 이렇게 말하면 낡은 본질론적 입장이라는 비판을 받을지도 모르겠다. 실체는 빼앗아 올 수도 있고 제거할 수도 있는 그런 거라고 보는 게 오늘날 사회의 인식구조에 더 적합하고 시대 적합적인 인식일지 모르겠어서다. 실체는 비어 있는 것이고 규정되어 있지 않은 것이어서, 끊임없는 재규정의 과정 속에 놓여 있는 그런 거라는 것. 그럴 경우 유언비어도 실체성을 획득할 수 있다고 보는 게 타당할 것이다. 만일 이와 같다면, 유언비어 위에 유토피아를 세우는 일도 가능한 일이라 할 것이다.

극대화하려면 유언비어를 사람들의 오락 내지는 유희의 수준으로 레벨 업 시키면 되기 때문이다.

유언비어가 사회의 오락 내지는 유희로 등극하면, 유언비어가 실체와의 다툼에서 승리하고 실체성을 획득할 가능성이 극대화된다. 유언비어가 오락이나 유희로 등극한다는 것은 유언비어가 자기목적성을 지닌 존재로 등극한다는 것인데, 정치적 목적을 위한 수단으로서 동원된 유언비어가 자기목적적 존재로 등극한다는 것은 그것 자체로 이미 존재변이요 실체성 획득이라 할 수 있는 것이다. 그 존재성의 극대화라 하는 것이다.

그런데, 이것은 현실적으로는 유언비어에 담긴 정치적 목적성을 숨기는 형태로 드러나게 될 것이다. 정치적 목적성이 숨겨지면 유언비어가 사람들에게 오락으로 다가들고 인식될 수 있다는 것이다.

유언비어의 오락화 내지는 유희화란 다른 말로 하면 유언비어의 예술화란 의미이다. 유언비어가 오락의 지위를 획득한다는 것은 곧 유언비어가 예술의 지위를 획득한다는 의미인 것이다. 유언비어의 예술화요 예술의 유언비어화인 것이다.

유언비어가 예술의 지위를 획득하게 되면, 유언비어의 존재성은 최고조에 달하게 된다. 유어비어의 존재성이 최고조에 달하게 되면 유언비어가 실체와의 다툼에서 승리하고 실체성을 빼앗아올 가능성도 아주 높아지게 된다. 그 가능성이 최고로 높아지면, 실제로 그와 같은 일이 벌어지고 그와 같이 될 수도 있게 된다.

한번 묻고자 한다. 최근 우리 사회를 떠도는 저 어처구니없는 유언비어들 속에서 독자 여러분은 어떤 짜릿한 흥분과 함께 즐거움과 재미를 느끼는가. 그렇다고 대답하는 사람들이 많으면 많을수록 우리 사회의 유언비어의 예술화 지수 혹은 예술의 유언비어화 지수는 높다고 할 일이겠다. 그 지수가 50프로 이상을 상회한다면 어느 날 우리 사회에 유언비어가 승리한 세상이 도래하더라도 전혀 놀라운 일은 아니라 할 것이다.

2012년 겨울 현재 우리 사회는 이미 그렇게 되었는지도 모르지만.

유언비어를 작성하는 것을 두고 '소설 쓴다'고 하는 말은 조심하고 자제할 일이다. 우리 사회의 어떤 무의식을 반영하는 일이긴 하지만, 이게 실제 현실화된다면 몹시 끔찍한 일이 벌어질 수 있는 까닭이다.

소설과 유언비어는 어떤 수준에서는 같아질 수 있는 거지만, 본질상 다른 것이다.

재고하고 심사숙고해야 할 일이다.

소설(예술)목적론의 파기

　근대(실제로는 현대다. 구한말 일본이 modern을 근대로 번역해 놓는 바람에 근대와 현대의 혼란이 우리 사회에 야기되었을 뿐이다.)의 황혼, 혹은 근대의 황혼의 황혼에 이르렀다고 여겨지는 시기에 예술목적론을 들여다보고 이를 논함은 시대착오적이요 난센스일지 모른다. 왜냐하면 시대는 이미 근대를 벗어나려는 듯한 양상을 보이며 예술목적론은 이미, 진작에 파기되어버린 것처럼 보이는 까닭이다. 시대가 이미 근대를 벗어나려 한다면 근대의 예술관인 예술목적론에서 빠져나와 이의 대안을 모색하는 게 시대의 요청이요 바른 일일지 모른다.
　그러나 근대를 벗어나려는 듯한 양상을 보이는 이 시대에 오히려 근대를 되돌아보고 이의 의미를 되새겨보는 게 결코 무의미한 일처럼 여겨지지는 않는다. 지금의 이 상황들이 몹시 불안정하고 불순하며 불온하다면, 더욱 그러한 되새김이 필요하다고 볼 수 있다.

예술목적론이 파기되었거나 이를 파기하려는 작금의 상황은 그다지 긍정적이어 보이지 않는다. 예술목적론이 나름의 문제점을 지니고 있고 그래서 이를 파기했거나 파기하려는 듯하지만, 예술목적론이 파기된 작금의 부정성은 오히려 그것의 문제점을 훌쩍 능가하는 것처럼 보인다.

앞서 언급한 것처럼 근대는 인간목적론과 예술목적론에 의하여 조합된 세계이다. 근대 이후가 어떤 모습일지는 지금으로서는 상정하기 어려운 일이겠으나, 근대 이후가 근대가 도달한 가치인 이 인간목적론이나 예술목적론을 파기한 그 위에 세워지려는 것이라면 근대보다 더 나은 것이라고 예단하기 어렵다. 오히려 그보다 더 못할 가능성이 높다고 보는 게 타당하다. 왜냐하면 근대가 도달한 인간목적론과 예술목적론 양자는 인류가 보존하고 지킬 만한 아주 훌륭한 가치들이기 때문이다. 이 가치들이 파기되는 근대 이후라면, 근대 이후는 진보이기 보다는 퇴행일 가능성이 높다.

그런데, 인류의 역사는 퇴행할 수도 있을까.

그렇다. 역사의 진실은 그럴 수도 있음을 보여준다. 그런 퇴행이 드문 것이 아니라 흔한 일임을 보여준다. 지금 돌아가는 사정을 보면, 안타깝게도 근대 이후가 그런 퇴행일 가능성이 높은 것처럼 보인다[63].

---

63) 역사는 일반적인 상식과는 달리 퇴행론이 일반적이다. 서구사회는 끊임없이 에덴동산으로 돌아가기를 바랐고, 동양사회는 요와 순의 덕치가 구현된 Golden Age를 재구축할 수 있기를 꿈꿔왔다. 동양이나 서양이나 황금시대로 돌아가고 싶어하는 그게 역사의 본원적인 욕망이었다고 할 수 있다. 역사발전론이 등장한 것은 헤겔에 이르러서야 비로소 이루어진 일이다. 이를 뒤집어 계승한 것이 맑스라 할 수 있고. 그러나, 그 구극에 있어 인류의 원시사회였던 공산사회를 재추구하고

예술을 수단이 아닌 목적으로 다루자는 예술목적론은 근대의 황혼에 다다르고 있는 지금, 이미 파기된 듯싶다. 인간을 수단이 아닌 목적으로 다루자는 인간목적론 역시 그 가치체계가 흐려지고 희석되어지고 있는 게 사실이다. 인간목적론이 달성되기 위해서는 개인의 비밀유지권 즉 프라이버시권이 보장되어야 하는데, 프라이버시권의 보장이 희미해져가고 있기 때문이다. 시대의 이기(利器)에 의하여 프라이버시권[64]의 보장은 오늘날은 거의 불가능하다고 보는 게 타당하다.

일기도 SNS에 쓰는 시대이다. 일기는 내가 나에게 고백하는 공간이요 나만이 볼 수 있는 공간인데 SNS에 쓴 일기는 나뿐만이 아니라 전 인류가 다 볼 수 있다. 전 인류가 다 보는 일기는 이미 일기가 아니다. SNS는 사적인 공간이지만 또한 전 인류의 공간, 공적인 공간이기도 하다. SNS 공간에서 인류에게 비밀은 없다. 비밀이 없는, 비밀을 갖지 못하는 인류는 이미 근대 인간이 아니다.

예술목적론을 위하여 인간이 수단으로 쓰여진 적은 있었다. 인

있었다는 점에서 맑스 역시도 역사퇴행론으로부터 자유롭다고는 할 수 없다 할 것이다.
64) "프라이버시권은, 매스 미디어가 개인에 관련한 이야기들을 탐사 보도함으로서 발생하는 인격권 침해에 대한 구제 방안으로 개발된 이론이다." (문제완, 언론법 (한국의 현실과 이론), 늘봄, 2008, p.131.) 이 정의에서 보는 것처럼, 전통적으로 프라이버시권 침해의 주체는 매스 미디어 즉 거대 언론기관으로 인식된다. 그러나, 인터넷과 SNS가 판치는 요즈음의 세상에서는 프라이버시권 침해의 주체가 주관 자신이 되고 있다는 점에 문제의 심각성이 있다. 자신이 자신의 프라이버시권의 침해자가 된다는 것이다. 인터넷이나 SNS 공간이 이런 침해 가능성을 열어놓고 있다. 그 공간 내에서 나와 너의 구별이 사라지고 모두가 하나로 일체화 내지는 집단화 되고 있는 환상적 경험이 가능해지고 있는 까닭이다. 이는 전통적인 프라이버시권 침해보다 훨씬 심각하고 문제적인 양상이라고 할 수 있다.

간목적론을 위하여 예술이 수단으로 쓰여진 적도 있었다. 이게 근대의 모습이요 근대의 문제요 근대의 모순이었다. 근대문화의 딜레마였다. 그러나 근대는 이 모순을 끊임없이 조화시키기 위해 노력한 시대였다. 그 노력이 성공했느냐 실패했느냐는 근대가 지리멸렬하긴 하더라도 아직 현재진행형이라는 점에서 단정적으로 확정할 수는 없지만, 그 노력 자체는 유의미하고 실효성이 있었다고 할 수 있다.

그러나 그 노력은 최종적이지 않다는 점에서 성공했다고 보기 어렵고, 실패로 끝날 확률이 높다고 보는 게 타당하지 싶다. 시간이 흐를수록 수포로 돌아갈 가능성이 높다는 것이다. 그 노력이 성공했다면 근대는 안정화되고 근대의 황혼이니 근대 이후의 예감이니 하는 언급들은 불거져 나오지 않았을 터였다.

확실한 것은, 지금으로서는 인간목적론과 예술목적론 양자를 조화시키려는 근대의 노력이 이제 불능이 되어버리고 말았다는 그것 뿐이다. 그럼 근대는 왜, 이 양자를 조화시키려는 그 노력에서 불능이 되어버린 걸까.

그 이유에 대한 논의는 분분하다. 논의가 분분한 만큼, 그 이유에 대하여 정확히 아는 사람은 드물다. 그 이유를 찾기 위한 시도도 무수히 있었다. 그러나 어느 것 하나 그 이유를 제대로 찾는 데에 성공한 것은 없었다.

그러나 그 노력들이 무의미한 것은 아니었다. 이 언저리쯤에서 보면 근대든 근대의 연장이든 이의 대체든, 그 형태는 이래야 한다는 것이었다.

　불능이 되어버린 양자의 조화를 위한 노력이 가능한 것이 되도록, 즉 불능을 가능으로 만드는 것이어야지 인간목적론 혹은 예술목적론 어느 하나를 혹은 양자 모두를 폐기처분하는 것이어서는 그 대안이 아니라는 것이다.

　인간목적론이나 예술목적론을 파기하는 것은 근대의 대안이 아니다. 불능상태에 빠진 양자의 조화를 위한 노력을 가능상태로 회복시키는 것이 그 대안이다. 인간목적론을 파기하는 것은 잘못된 일이다. 예술목적론을 파기하는 것도 잘못된 일이다. 인간목적론과 예술목적론 양자를 다 파기하는 것은 더더욱 잘못된 일이다.

　그러나 여기서는 인간목적론을 파기하는 경우에 대해서는 다루지 않는다. 이 논고의 목적범위를 벗어나는 일이기 때문이다. 이의 파기가 몹시 중차대한 문제라 하더라도 그렇다.

　여기서는 예술목적론이 파기된 경우에 대해서만 다룬다. 그것이 이 논고의 목적범위요 다루어져야 할 한계다. 예술목적론이 파기된 그곳에서 예술(소설)과 유언비어의 접점이 형성되고, 이 논고의 문제의식이 잡히는 연유다.

　예술목적론이 파기되면 어떤 일이 벌어지게 될까. 어떤 현상이 나타나게 될까.

　이에 대한 답변을 추구하는 데에 우리 사회는 실험실과 같은 역할을 제공해주는 것 같다. 실험실도 단순한 실험실이 아니라 통제되고 집중된 실험실이다. 이를 위한 안성맞춤의 환경을 지니고 있다는 것이다.

우리 사회는 진작에 예술목적론을 파기한 사회이다. 혹은 애초부터 예술목적론을 받아들여본 적이 없는 사회이다. 자생적으로 예술목적론을 형성한 적이 없으니, 지금 예술목적론이 없다면 받아들여본 적이 없거나 받아들였다 하더라도 이미 파기했거나 하였을 수밖에는 없는 일이다. '내재적 발전론'은 받아들였으되 파기한 경우이기 보다는 애초부터 받아들인 적이 없음을 선호하고 입증하는 듯싶다.

이리 된 데에는 예술목적론에 대한 우리 사회의 이해가 몹시 척박하고 열악했음에서 연유한 것으로 보인다. 예술목적론에 대한 이해는 1920년대 중·후반 김동인에게서 그 전형적인 형태가 나타난다고 할 수 있겠는데, 김동인의 이해 이후로 그 이해가 진척되거나 더 나아간 바가 없다. 김동인의 예술목적론에 대한 이해는 「광화사」「광염소나타」등에서 읽혀지는데, 우리 사회의 예술목적론에 대한 이해가 그때나 지금이나 그만큼이다[65].

아무래도 우리 사회는 '예술은 오락이요 일종의 유희다'라는 근대예술관으로서의 예술목적론을 액면 그대로, 일차원적인 지평 내지는 수준에서 이해하고 받아들였던 게 아닌가 싶다. 진짜 예술목적론을 오락이요 유희로 이해했다는 것이다. 그리고는 몹시 놀라고 실망하게 되었다는 것이다.

---

65) 김윤식 외, 김동인문학의 재조명, 문학시대사, 2001, p.131.

우리 사회는 예술이 보다 진지하기를 바랬고 공동체의 염원을 위해 봉사하는 것으로서의 어떤 것이기를 바랬던 것 같다.

우리 사회가 예술이 보다 더 진지한 것이기를 바랬던 것은 시대상황의 압력 때문이기도 했겠지만, 우리 사회의 전통에서 비롯된 일이기도 하였던 것 같다. 전통적으로 우리 사회는 오락이나 유희, 놀이와 친연성이 있는 사회가 아니었다. 성리학적 이념에 의하여 구조된 우리의 전통사회는 오락이나 유희를 권장하기 보다는 이를 억눌러왔고, 양(陽)적인 것이기 보다는 음(陰)적인 것으로 이해해왔다. 밝은 대낮에 대놓고 하는 것이 아닌, 대체로 숨어서 하는 것으로 천시여겼다는 것이다.

예술이 진지한 것이기를 바라는데, 오락이요 유희일 뿐이라면 실망스러울 수밖에 없는 일이겠다.

그래서 우리 사회에서 예술목적론은 분분한 의론을 야기하면서도, 쉽사리 파기되었던 것으로 보인다. 예술이 진지하지 않다면 그것은 예술일 수 없다는 것이었다.

'진지한 것'으로서의 예술은 예술에 있어 거대담론을 낳았다. 거대담론은 그 의도성(목적성)이 이야기성을 압도하는 양태이다. 그 담론성이 우화성을 압도하는 양태이다. 우리 예술에 있어, 특히 소설에 있어 그 의도성(목적성)이 이야기성을 압도하는 게 일반적인 경향성이 된 이유이다[66].

---

[66] 한국문학의 주류는 민족문학담론 즉 민족문학이다. 민족문학은 아무래도 큰 이야기요 에픽(epic)이요 거대담론이다. 그리고 무엇보다도 몹시 진지한 문학이다. 한국문학의 주류가 카프에서 참여파의 문학을 거쳐 민족문학담론이라는 매우 진지한 흐름에서 진지한 흐름으로 이어지고 있다는 것은, 『새 민족문학사 강좌』(

'예술은 오락이요 일종의 유희가 아닌, 몹시 진지한 그 무엇이다.'

이게 근대 예술관으로서의 예술목적론을 우리 식으로 대체한 예술론이다. 이 예술론 하에서는 거대담론만이 득세하고, 생산되고, 살아남는다. 진지성, 이것이야말로 우리 사회 예술론의 독특함이요 우리 사회 예술론이 지닌 독창성이다.

헌데, 이 '진지한 예술론'은 근대 이후인지 아니면 근대 이전인지에 대한 의문을 불러일으킨다. 이게 근대 이후라면 예술목적론에 대한 발전적 해체요 진보일 것이며, 반대로 근대 이전이라면 예술목적론에 대한 퇴행이 될 것이다.

이에 대한 답변은 여기서는 하지 않는다. 이게 발전적 해체요 진보일지 아니면 퇴행일지는 계속적으로 책을 읽어가다 보면 자연스럽게 밝혀지게 될 것이기 때문이다.

그러나 근대 예술관인 예술목적론을 진지하지 못한 것으로 이해한 우리 사회의 이해 수준은 잘못된 것이었다. 일차원적 평면적 저급의 이해수준이었다. 예술목적론은 진지하지 않은 것이 아니라 실제로는 몹시 진지한, 당대 진지함의 최고 양태를 보여주는 것이었다. 예술목적론은 전통적인 리얼리즘이 불가능해진 세계에서 예술을 구해내는 유일한 길이었고, 예술의 위상을 한 차원 높인 것이기도 했다. 무엇보다도 예술을 독립된 영역으로 존재할 수 있는 것으로서 그것에 그 존재성을 부여해준 것이었으니까.

우리 사회가 예술목적론의 이 진지함을 이해하고 보지 못하였다

민족문학사연구소 편, 창작과비평, 2009.) 참조.

는 것은 실로 불행이요 큰 실수였다. 오락이니 유희니 하는 언급을 액면 그대로 받아들이는 일차원적 마인드에 기인한 탓이겠지만, 안타까운 일이다. 우리 사회가 너무 순진했거나 아니면 너무 도도했거나 둘 중의 하나일 것이다.

하여간 예술목적론을 일찌감치 파기한 그 대가는 아주 크고 엄청난 것이었다. 그리고 그것은 아직도 여전한 우리 사회의 현재진행형이다.

두 가지의 사건이 기억 속에 떠올라온다.

하나는 소설가 이문열과 관련하여서 일어난 사건이고, 다른 하나는 시인 김지하와 관련하여서 일어난 사건이다.

이문열은 그 아버지가 월북한 공산주의자이지만, 이문열 자신은 공산주의에 회의적인 사람이다. 이문열이 공산주의자인 그의 아버지에 대하여 어떤 인식을 지니고 있는지는 그가 쓴 『영웅시대』에 잘 나타나 있다[67].

김지하는 젊어 강한 사회성 짙은 작품들을 써 옥고를 치르기까지 한 시인이지만, 극단적 이념체계와는 거리를 둔 시인이다. 당대 부패한 정권실세들을 풍자한 「오적(五賊)」이라는 작품을 써서 옥고를 치르는 곤욕을 겪어야 했지만 그 이후에는 서정시 쪽으로 기우

---

67) "『영웅시대』는 상당 부분 작가의 개인적 경험에서 비롯된 자전적인 작품이다. 작가의 불행한 가족사에 그 뿌리를 두고 있는 이 작품과 관련하여 작가는 유년시절부터 〈부친이 드리웠던, 그 원죄와도 같은 그늘의 무게〉를 항상 느끼며 살아 왔으며 〈서른 살이 넘도록 부친으로 인해 인생의 많은 가치 박탈〉을 경험하였다고 고백한 적이 있다."(김욱동, 이문열, 민음사, 1994, p.262.)

는 양태를 보이고 있다[68]. 감옥에 있을 때 운동권 동료들이 찾아와 분신자살을 종용하였던 듯한데, 시인은 이를 거절했고 그게 집단으로부터 시인을 가두어 고립시키는 계기가 되었던 듯싶다[69].

2000년대 초반쯤에 이문열은 일단의 군중들에 의하여 자신의 작품들이 화형식을 당하는 험한 경험을 치르어야 했다. 직접적 사건의 발단은 이문열이 젊은 운동주의자들을 정권의 홍위병이라고 언급하며 비판한 데 있지만, 그러나 이문열의 작품들이 화형당한 데에는 그 직접적 계기 이면의 보다 근본적인 원인이 있었다.

이유야 어떻든 한 소설가의 모든 작품들이 일단의 군중들에 의하여 군중들의 표현의 자유라는 미명하에 거리에서 집단적으로 화형당한 것은 충격적인 일이었다. 그런데도 아무도 이를 제지하거나 저지하는 사람들이 없었다. 이를 제지하기는커녕 동조하거나 방관하는 사람들이 태반이었고, 문단 내에서조차 마찬가지였다. 이건 더욱 충격적인 일이었다. '이건 아니다'라고 언급이나마 한 유일한 문인이 지금은 고인이 된 박완서였다[70].

어떻게 백주 대낮에 한 작가의 모든 작품들이 화형당하는 퍼포먼스가 아무의 제지도 받지 않은 채 당당하게 그것도 작가의 상징적 집필실 앞 거리에서 거행되고 진행되어질 수가 있는가. 필부필부는 그렇다 하더라도 모든 문인들이 이에 대해 침묵하고 침묵 속의 동

---

68) 『애린』(1987) 이후의 작품들은 대체로 서정시에 기운 양상을 보인다고 볼 수 있다. 『별밭을 우러르며』(1989) 『죽임의 괴로움』(1994) 『비단길』(2006)등이 다 그와 같다고 할 수 있다.
69) 최보식, 박경리의 딸. 김지하의 아내…… 김영주 토지문화관 관장 인터뷰, 조선일보, 2011. 2. 28.
70) 김광일, 박완서 씨 "책 장례식은 문학모독" 통탄, 조선일보, 2001. 11. 18.

의인 듯한 양상을 보여주고 있었다는 것은 어떻게 보아야 하는가.

　이 사건이야말로 예술목적론이 파기된 우리 사회의 현주소를 단적으로 보여주는 사례였다고 볼 수 있다. 예술은 목적으로 대해야지 수단으로 대해서는 안 된다는 근대문학관으로서의 예술목적론이 파기되어 있지 않았다면 우리 사회에서 이런 일은 일어날 수 없는 일이었다. 한 작가의 모든 작품들을 화형시키는 퍼포먼스를 백주 대낮에 거리에서 거행함으로서 우리 사회는 예술은 수단일 뿐이지 목적이 아니라는 예술목적론의 파기를 분명하게 온 세상에 선언하고 알렸던 것이다.

　이로써 한 작가의 모든 작품들이 불에 타 한 줌 재로 화해버렸고, 그 작가도 생명을 잃었다. 인격적으로 살해되었다. 그러나 이는 한 작가의 죽음만을 의미하는 것이 아니었다. 예술목적론이라는 근대문학관 전체의 죽음을 의미하는 것이었다. 근대예술관의 죽음은, 예술을 유언비어화하는 일이었고 유언비어로 인식한다는 사회인식론의 확립이었다. 그 다음의 얘기들은 에필로그에 지나지 않는다.

　김지하의 경우 역시도 이만큼 극적이다. 1990년대 초반 학생들의 분신자살이 줄을 이었었다. 이를 우려한 김지하가 '죽음의 굿판을 멈춰라' 하면서 생명의 귀중함, 생명 끊음의 저주성을 경각시키는 글을 올렸는데, 심한 반발을 샀다. 이로 인해 김지하는 극단적인 운동주의자들로부터 극심한 비판을 받게 되고 그 후유증으로 한동안 정신병원 신세를 져야 했을 정도였다.

생명이 귀중하다는 것은 상식적인 애기이며, 아무리 아름다운 목적이 있다 하더라도 이를 위해 스스로 목숨을 끊음은 잘못이라는 것은 옳은 지적이다. 그러나 이 상식적인 언급에 대한 우리 사회의 반응은, 비상식이요 그 상식에의 불용이었다.

왜 이런 사태가 벌어졌는가. 이에 대한 대답 역시 예술목적론의 파기에서 찾아진다. 예술목적론이 파기되고 예술수단론이 득세하면, 생명목적론도 취약해지고 생명수단론이 고개를 들게 된다. 예술과 생명은 다른 차원의 것이지만, 그 거리가 멀리 있는 것은 아닌 것이다[71]. 특별히 근대세계에 있어서는 더욱 그와 같다고 할 수 있다.

인간목적론과 예술목적론이 같이 가야 하는 이유이다.

예술목적론이 파기되면 어떤 일이 벌어지는가는 위의 두 사례가 극명하게 보여준다고 할 수 있다. 예술은 테러당하고 고립되며, 그 존재성을 상실하게 된다. 예술이 그 존재성을 상실하게 되면, 유언비어와의 구별성은 이제 불가능하게 된다.

크게 세 가지 정도로 일반화해서 살펴볼 수가 있을 것 같다.

첫 번째로, 예술목적론이 파기되면 인간목적론도 따라서 파기되고 폐기처분된다는 것이다. 불합리하게 들리는 애기일지 모르지

---

[71] 김지하가 주창하는 생명사상에서의 생명과 예술을 동일시하는 이런 '인식의 오류'에는 무리성이 있다. 직관적 동일시일 뿐 인식론 상, 논리 상의 검증을 거친 바가 있는 게 아니기 때문이다. 그러나 김지하가 기본적으로 시인이라는 점에 초점을 맞춘다면 이런 '인식의 오류'가 그 무리성에도 불구하고 용납이 될 수 있는 여지가 있다고 할 수 있을 것이다. 시인에게 있어 그 생명은 무엇보다도 시 즉, 예술일 것이기 때문이다.

만, 실상이 이와 같다. 실상이 이와 같다는 점에서 이는 매우 논리정합적인 언술이다.

예술목적론이 파기되면 왜 인간목적론도 따라서 파기되는가.

앞서 예술목적론과 인간목적론은 서로 길항한다고 하였다. 사실 예술목적론을 위하여 인간이 이용되든가 인간목적론을 위하여 예술을 수단으로 이용하든가 하는 게 일반적이요 통상적이다. 양자는 서로 크게 갈등한다. 이런 갈등 긴장관계를 잘 보여주고 있는 게 김동인의 「광화사」, 「광염소타나」 등과 최근의 파트리크 쥐스킨트의 『향수』라는 작품 등이라고 할 수 있다.

그러나 예술목적론과 인간목적론은 서로 길항하고 갈등하고 배척하지만, 그러면서도 그 가치체계의 근거는 공유하고 공통되어 있는 것이다. 양자 공히 근대세계를 지탱하는 근대가치 내의 가치들인 것이다. 동전을 보면 쉽게 이해할 수 있다. 동전은 앞면과 뒷면으로 구성되어 있고 서로 등을 지고 길항하고 있지만 앞면이 없는 뒷면만의 동전, 뒷면이 없는 앞면만의 동전은 상정하기 곤란한 것이다. 다시 말해, 동전이라 할 수 없는 것이다. 예술목적론과 인간목적론이 그렇게 동전의 앞뒷면과 같다. 동전은 근대세계를 지탱하는 근대가치 전체이고, 앞면은 인간목적론 뒷면은 예술목적론인 것이다. 혹은 앞면은 예술목적론 뒷면은 인간목적론인 것이다.

앞면이 없는 동전, 뒷면이 없는 동전이 동전으로서의 기능을 수행할 수 없는 것처럼 예술목적론이 파기된 근대가치는 근대가치로서 존립할 수 없고, 인간목적론 역시 무용지물이 될 수밖에 없게 된다. 해서 예술목적론이 파기되면 인간목적론도 당연히 폐기처분되는 것이다. 이는 자명한 논리인 것이다.

예술목적론이 파기되면 인간은 목적적 존재로 다루어지지 못한다. 수단적 존재로 전락해버리고 만다. 마찬가지로 인간목적론이 파기되면 예술도 목적적 존재로 취급받을 수 없게 된다. 인간목적론을 주장한 칸트가 예술목적론을 그와 동시에 주장할 수밖에 없었던 이유였을 것이다.

아도르노의 다음과 같은 언급이 이를 잘 시사해준다고 할 수 있겠다.

> 예술이 예배적 기능 및 그 잔재들을 떨쳐버린 후에 획득한 자율성은 인도주의의 이념을 기반으로 하였다. 그런데 사회가 비인도적으로 됨에 따라 그러한 자율성은 뒤흔들리게 되었다. 인도주의라는 이상에 근거하여 예술 속에서 형성된 예술의 본질적인 구성요인들은 예술 자체의 운동법칙으로 인하여 퇴색하였다[72].

두 번째로, 예술목적론이 파기되면 예술은 결코 인간을 위한 그 무엇으로 존립할 수 없게 된다. 예술목적론이 파기되면 예술은 자신을 위한 예술로서는 존재성을 확보할 수 없게 된다. 타자를 위한 존재성만이 가능해지게 된다. 헌데, 그 타자성에 결코 인간은 들어

---

72) T.W. 아도르노, 앞의 책, p.11.

올 수 없다는 것이다.

　예술목적론이 파기되면 인간목적론도 파기되기 때문이다. 인간 역시 수단으로 전락되어버리고 만다는 것이다. 수단인 인간이 예술의 목적으로서 당연히 그리고 늘 등극해올 수는 없다. 대개의 경우 인간은 예술의 목적으로서 자리를 차지하지 못하게 될 것이다. 수단으로 전락한 인간이 무언가의 목적이 된다는 건 거의 불가능한 일이다. 예술에 있어서도 마찬가지다.

　그래서 예술목적론이 파기된 예술은 몹시 위험하게 된다. 어떤 것이 예술의 목적으로 등극해올지 장담할 수 없는 까닭이다. 아니, 예술의 목적으로 등극해 오는 모든 것이 사실은, 불순하고 불온하다. 예술목적론이 파기된 예술은 '위험성'의 존재성을 벗어날 수 없다[73].

　마지막으로, 예술목적론이 파기되면 예술은 유언비어가 된다. 특별히 소설의 경우에 그럴 위험성이 높다.

　예술목적론이 파기되면 예술은 유언비어가 될 위험성이 있거나 되고 만다는 것은 그 자의성 때문이다. 리얼리즘이라는 규제규범이 그 작용력을 상실한 지도 오래되었다. 리얼리즘의 역사는 아리스토텔레스의 『시학』까지 거슬러 올라가는데, 근대로 넘어오면 리얼리

---

[73] 예술목적론의 함의는 예술의 목적은 예술이라는 것이다. 예술목적론의 이 제일차적 함의가 무시되어지고 예술의 목적이 다른 그 무엇이 되어 버린다면, 실은 예술목적론도 지극히 파행적이라고 밖에는 할 수 없게 된다. 역사적으로 예술의 목적이 되기 위하여 그 자리를 다퉈온 것들은 무수히 많다. 그러나, 예술 이외에 예술의 목적으로 등극한 그 어떠한 것도 온전했다고 할 수 없다. 그 결국은 늘상 참혹한 비극이었던 것이다.

즘의 그 규범력이 상실되고 만다[74]. 규범을 상실한 예술은 자의성이 될 수밖에 없는데, 자의성은 유언비어와의 구별을 모호하게 한다. 규범을 상실한 예술은 자의성이 될 수밖에 없고, 자의성의 극단이 유언비어인 것이다.

자의성에 떨어진 예술은 유언비어와 구별되지 않는다. 예술이 곧 유언비어요 유언비어가 곧 예술이다. 이 상황을 타개하는 유일한 길은 예술에 권위를 인정하는 길뿐이다. 규범력을 상실한 마당에서 예술에 권위를 인정하기 위해서는, 예술에 그 자체를 위한 존재인 예술목적론을 인정하는 길 이외에는 없다. 예술이 수단이 아닌 목적이라는 예술목적론이 인정되면 예술의 권위성 예술의 존엄성이 확보된다. 비록 규범성(리얼리즘)은 상실된다 하더라도 말이다. (칸트가 인간목적론을 주장하면서 그와 동시에 예술목적론을 이의 옆에 두지 않을 수 없었던 또 하나의 이유였을 것이다.)

예술목적론이 파기되면, 예술은 유언비어와 동일시될 수밖에는 없다. 오히려 유언비어보다도 천박한 것이 되어버리고 만다. 자의성 면에서 유언비어는 예술을 훨씬 능가하기 때문이다. 유언비어보다도 천박한 예술이라면 예술은 사람들의 조롱거리가 되고, 조롱거리 그 이상이 되지 못할 것이다.

예술목적론이 파기되면, 예술은 유언비어가 되기 위하여 기를 쓰고 유언비어와 경쟁하게 될 수밖에는 없다. 결국 예술은 유언비

---

[74] "모방 패러다임이 이제 더 이상 강제적이지 않게 되었다는 것이다. 이것이 모더니즘이 가지는 의미의 일부이다. 그리고 19세기 유럽의 문화사는 어떻게 해서 서구의 미술이 모방적 재현의 주술에서 풀려나게 되었는가 하는 물음에 답하지 못하였다."(아서 단토, 앞의 책, p.12.)

어와 구별이 되지 않으며, 유언비어가 되기 위하여 혈안이 되고, 그 게 예술의 목표가 되게 되고 만다.

소설이 이런 식으로 현상되는 세상이야말로 예술사적으로 보면 인류의 디스토피아일 것이다.

예술목적론이 파기되면, 근대세계도 파기될 가능성이 높다. 예술목적론의 파기는 곧 인간목적론의 파기인데, 인간목적론이야말로 근대세계의 핵심 이념이기 때문이다.

근대 이후가 근대세계의 폐기처분을 통하여 오는 거라면 예술목적론을 파기하는 게 가장 현명하고 빠른 길이 될 수 있다. 인간목적론을 파기하는 것은 쉬운 일이 아니다. 저항도 결코 만만한 것이 아닐 것이다. 그러나 예술목적론의 파기는 어렵지 않게 달성할 수 있다. 인간목적론을 빌미로 해서, 예술목적론이 인간을 오히려 수단으로 만든다는 측면에 입각해 얼마든지 예술목적론을 파기시킬 수 있다.

헌데, 인간목적론을 명분으로 해서 예술목적론을 파기시키지만, 예술목적론이 파기되면 인간목적론도 조만간에 파기된다. 인간목적론과 예술목적론은 서로 등지고 길항하지만 서로가 서로의 존재성의 근거이다. 두 개의 가치가 합쳐져 근대세계를 지탱하는 근본가치를 형성하는 것이어서다. 인간목적론이 소중하다면 예술목적론을 승인해야 한다. 예술목적론의 승인 없이 인간목적론의 달성은 없는 것이다.

근대 이후가 근대세계의 단순 부정이라면 동의하기 어려운 일일 것이다. 근대세계의 단순 부정이라면 근대의 핵심 가치인 인간목적론과 예술목적론을 부정하는 것일 텐데, 이는 끔찍한 일이다. 인간목적론과 예술목적론을 부정하는 근대 이후라면 이는 유토피아이기 보다는 디스토피아일 것이고, 희망적이기 보다는 절망적일 가능성이 높다.

인간목적론과 예술목적론을 대체할 만한 그런 가치가 있을 수 있는가.

근대 이후가 진정 근대를 갈음한 것이 되기 위해서는 인간목적론과 예술목적론을 수용한 그 위에 세워진 것이어야 할 것이다. 만일 이를 폐기처분한 단순 부정 위에 세워진 무엇이라면 그건 진정한 근대 이후, 근대의 극복으로는 평가되기 어려울 것이다.

유언비어와 왕따놀이

유언비어

사람은 상상을 통하여 세계를 이해하는 속성이 있다. 이때 상상은 허구이겠지만, 세계의 이해는 진실이다. 상상은 세계를 이해하기 위한 수단이지 그 자체가 목적은 아니다. 상상이 세계를 이해하기 위한 수단이기를 멈추고 목적 자체가 되어버리면, 그 상상은 진실을 대체하게 된다. 진실을 대체한 상상은 진실일까 아니면 거짓일까.

상상은 허구에 기반하므로, 상상은 거짓일 수밖에 없다. 그러나 상상이 세계의 이해를 가능하게 해주었다면 그 상상은 진리일 수 있고, 진리일지도 모른다. 상상이 진리라면, 수단이기를 멈추고 목적이 된다 한들 월권이라고 하기 어렵다.

세계가 환멸이요 무가치라면 세계에 대한 상상의 대체는, 수시로 용납된다. 세계가 환멸이요 무가치라면, 허구보다 나을 게 없는 까닭이다. 세계가 환멸이요 무가치라면, 세계를 상상으로 대체하고 그 상상 속에서 거주한들, 누가 무어랄 것이며 그게 어떻단 말인가. 세계를 대체한 상상은 목적화한 상상이다. 상상이 목적화하면, 허위와 진실이 뒤바뀐다. 그러나 가치라는 측면에서 볼 땐, 가치가 곧 현실이라는 당위성의 원칙에서 볼 땐, 허위와 진실이 뒤바뀐 것은 아니다. 세계가 환멸이요 무의미인 반면 상상은 행복이요 의미인 까닭이다.

그러나 역시, 상상이 세계를 대체하고 스스로 목적화하는 것은 허위와 진실의 자리를 뒤바꾸는 일이다. 우리의 세계 내 경험칙상 그와 같다. 목적화한 상상을 우리는 허구의 진리 침탈이요 병적 일탈로 경험한다. 세계를 대체하고 스스로 목적화한 상상은 우리의 경험칙상에서, 어쩌면 유언비어로 감수될는지도 모른다.

예술추방론은 이러한 배경에서 나왔을 것이다. 그리고 한걸음 더 나아간 예술종말론은 상상이 실제로 세계를 대체할 수 있느냐에 대한 절망, 곧 스스로 목적화할 수 있느냐에 대한 절망으로부터 나왔을지도 모른다. 세계 내에서, 우리의 경험세계 속에서, 우리의 경험으로 감수되지 않는 상상의 목적화란 병적 집착에 불과한 것이기 때문이다.

예술이 상상이냐 이성이냐는 오랜 논란거리여왔다. 예술이 특수한 감수성, 일종의 영감이나 오감 너머의 육감에 의존한다는 것은 오래전부터 알려지고 수긍되어 온 바의 일이다. 예술가란 보통 사람이 보거나 듣거나 냄새 맡거나 촉감하거나 느끼는 것 이상의, 혹은 그것과는 다르게 보고 듣고 냄새 맡고 촉감하고 느끼는 사람이라고 통상적으로 이해되어지고 있단 거다. 통상적인 사람들과는 다른 특수한 감수성을 지니고 있기 때문에 당연히, 예술가는 통상적인 사람들과는 다르게 세계를 감수하고 경험하고 구성한다고 여겨진다. 그럼, 예술가들에 의하여 일반적인 사람들과는 다르게 혹은 특수하게 감수되고 구성된 이 세계는 상상일까 아니면 이성일까.

> 상상력을 가진 사람에게 자연은 상상 그 자체이다…… 나에게는 이 세상은 하나의 연속된 환상 또는 상상의 비전이다. 무엇이 호메로스와 베르길리우스와 밀턴을 그토록 높은 예술의 지위에 올려놓는가? 그것들이 상상, 즉 정신적 감각에 직접 호소하고 이해력이나 이성과는 간접적으로만 관련되었기 때문이 아닌가?[75]

대체로 예술은 상상력에 기반하며 이의 세계는 상상의 세계라고 하는 게 합의된 바의 관점이라고 할 수 있다. 통상적인 사람들과 다르게 혹은 특수하게 감수되고 구성된 세계는 이성이기 보다는 상상의 세계로 본다는 것이다. 여기서 통상적인 사람들과 같이 복수로 처리하여 논의되고 있지만, 이는 개인이라는 단수성으로 처리해도 동일한 얘기가 된다. 특수한 감수성에 대하여 감수되고 구성된 세

---

[75] 이상섭, 영미비평사2, 민음사, 1996, p.91에서 재인용.

계는 통상적 감수성에 의하여 감수되고 구성된 세계와는 달리, 상상의 세계라는 것이다. 여기서 특수적 감수성은 상상으로 통상적 감수성은 이성으로 수렴됨을 알 수 있다.

경험칙을 따르는 세계가 이성이요 이성의 세계이다. 경험칙을 따르지 않고 이에서 벗어난 세계가, 상상이요 상상의 세계이다. 경험칙을 따르지 않는 세계를 우리는 허구라고 한다. 따라서, 상상은 허구요 상상력이란 허구를 구성하는 힘인 것이다. 예술이 상상력에 기반하며 상상의 세계를 구성하는 거라면, 예술은 곧 허구이다. 예술의 본질은 허구이고, 진리가 아니라는 것이다[76].

예술이 허구라면, 예술을 인간의 삶의 과정에서 몹시 중시하는 인류의 태도는 무어란 말인가. 게다가 '예술을 통하여 인생의 참진실을 본다.'는 소리는 도대체 어떻게 이해해야 한단 말인가.

이와같은 의문과 모순점을 해결해주는 게 아리스토텔레스의 그 오래된 예술의 정의, '모방론'이라 하겠다. '예술은 자연의 모방' 즉 '미메시스'다 하는 것이다.

---

[76] 여기서 이 책에서 논의되고 있는 이성과 상상에 대한 개념 정의를 간략하게나마 하고 넘어가는 게 좋을 듯싶다. 이 책에서 이성은 무엇보다도 사실과 연관되는 것으로 자연, 현실, 실재 등과 유사한 개념으로 논의되고 있다. 반면에 상상은 무엇보다도 허구와 연관되는 것으로 반자연, 비현실, 육체, 비실재 등과 유사한 개념으로 쓰여지고 있다. 이는 이성과 상상에 대한 통상적인 인식구조라고 할 수 있을 텐데, 하지만 이와는 전혀 다른 관점을 보여주고 있는 경우도 있다. 대체로 낭만주의 이후 아방가르드에 이르는 저자들의 인식구조가 이러할 텐데, 영국의 대표적인 낭만파 시인 셀리가 이에 대해 언급하고 있는 바가 주목을 요한다. 셀리는 「시의 변론」에서 이성과 상상을 오히려 통상적인 인식과는 거꾸로 인식하는 양태를 보여주고 있다. "이성은 이미 알려진 수량들의 계산이고, 상상은 그런 수량들을 각각의, 또한 그 전체의 가치 파악이다. 이성은 사물들의 차이에, 상상은 유사성에 주목한다. 이성과 상상의 관계는 도구와 행위 주체의 관계와 같으며 육체와 정신, 그림자와 실체의 관계와 같다." (이상섭, 앞의 책, p.84에서 재인용.)

예술이 자연의 모방이라면 예술은 허구이지만, 허구 이상의 것이 된다. 허구이지만, 그렇다고 진리와 무관한 것도 아닌 거다. 허구 이상의 것이 된다는 것은 허구이면서 곧 진리인 것이라는 의미이다.

예술이 자연의 모방이면, 왜 예술이 허구인 동시에 진리가 되는가. 이유는 간단명료하다. 아리스토텔레스가 말하는 자연이 곧 이데아, 이성이요 진리이기 때문이다. 예술은 상상력에 기반하므로 허구이지만, 진리인 이데아를 모방하고 본삼으니 이성이요 진리인 것이다. 예술의 원동력은 상상력에 있고 그것이 추구하는 바는 이데아인 연고로, 예술은 허구인 동시에 진리라고 하는 것이다. 그래서 우리는 예술을 통하여 인생의 참모습을 보고 배울 수 있고, 인류의 삶 가운데에서 예술을 없어서는 안 될 중차대한 것으로 높이 여기고 받드는 것이다.

그러나 여기서 좀 이상한 느낌이 다가들어온다. 아리스토텔레스의 예술 정의 즉, '자연모방론'이 십분 이해가 가기는 하지만 예술이 꼭 이데아를 모방해야만 하는 거냐 하는 것이다. 자연 즉 이데아 아닌 다른 것을 모방할 수는 없는 거냐 하는 것이다.

상상력은 자유로운 힘이며, 사실 어디로 튈지 알 수 없고 통제할 수도 없는 것이어서 꼭 이데아를 모방한다고만 장담할 수는 없다. 실제로 상상력은 이데아를 모방하는 경우보다 그렇지 않는 경우가 더욱 비일비재하며 항시적이다.

아리스토텔레스의 예술 정의, '예술은 자연의 모방이다'라는 자연모방관은 예술에 대한 일반적 정의라고 하기 보다는 일종의 윤리적 명령어에 가까운 것임을 알 수 있다. '예술은 자연의 모방이어야만 한다.'는 윤리적 당위론이 함축된 정의라는 것이다. 예술에 대한 규범적 정의였지, 예술의 속성으로부터 자연스럽게 도출된 성질적 정의가 아니었다는 것이다[77].

아리스토텔레스가 '예술은 자연의 모방이다'라고 하였을 때, 아리스토텔레스는 예술인 것과 예술이 아닌 것을 구별한 것이었다. 아리스토텔레스의 지평에서 예술은 자연 즉 이데아를 베끼는 것이었고, 그렇지 않은 것은 예술이 아니었다. 상상이라는 허구에 기반하면서도 진리를 모방하고 추구해야 하는 게 예술이다. 진리를 모방하고 추구하지 않으면 예술이 아닌 것이다. 자연을 모방하면 예술이고 자연을 모방하지 않으면 예술이 아니라고 하는 것은, 예술을 규범화한 일이었다. 예술은 지켜야 할 규범이었지, 규범에서 벗어나거나 벗어나 있는 게 아니었던 것이다.

예술이 규범이라면, 예술은 결코 유언비어일 수 없다. 유언비어란 규범의 바깥이지 규범의 안일 수 없는 까닭이다.

그런데, 예술이 규범이라면 예술이 상상력에 기반한다는 게 있을 수 있는 일일까.

---

[77] 아리스토텔레스의 『시학』은 그의 정치학이 그의 윤리학과 무관하지 않고 이에서 자연스럽게 도출되어 나온 것과 마찬가지로 그의 윤리학과 무관하지 않다. 플라톤의 시추방론이 그의 윤리관과 무관하지 않았던 것과 마찬가지였다고 할 수 있다. 플라톤의 이원론적 윤리관에서 볼 때 시의 추방은 당연한 것이었던 것처럼, 아리스토텔레스의 일원론적 윤리관 입장에서 보면 시의 인간사회 내 유효성이 입증이 되는 것은 당연한 일이었다. 그러나, 이는 역시 윤리학의 기저를 벗어나지 않는 범위 내에서의 용인이요 유효성이어야 했던 것이다.

아리스토텔레스는 예술을 규범화함으쎠 예술을 유언비어와 차별화시켰다는 점에서 위대했다고 할 수 있다. 예술이 유언비어라 하는 것은 사실 누구도 동의하기 어려운 일이며, 참을 수 없게 만드는 일임에 틀림없다. 그러나 아리스토텔레스는 예술을 유언비어와 차별화하는 데에 매달린 나머지 예술을 이성으로 치환시키고 마는 잘못된 행로를 열어놓고 말았다. 예술을 이성화하고 말았다는 것이다. 다시 말해, 예술을 질서화시키고 말았다는 것이다.

규범은 이성이요 질서요 당위다. 예술이 규범이라면, 예술 역시 이성이요 질서요 당위다. 이성이요 질서요 당위인 예술은, 과연 예술일까. 이성이요 질서요 당위인 예술은 상상력에 기반하지 않는다. 상상력에 기반한다 하더라도 그 상상력의 동력은 최저 수준을 벗어나올 수 없다.

예술이 규범인 한, 예술은 상상력 최저, 즉 창의력 최저의 이성이다. 창의력 최저의 이성이 예술일까?

아리스토텔레스의 '자연모방관'은 예전에 무너진 바 되었다. 근대문학은 이 무너짐 위에서 출발하고 있다고 할 수 있고, 칸트가 이의 확인자였다.

따라서 인간이 자연의 한 부분이라면 그 또한 미리 결정되어 있고, 그럴 경우 도덕은 끔찍한 환상이 된다. 그러므로 칸트에게 자연은 최악의 경우 적이며, 좋게 보아도 인간이 형상을 부여하는 중립적인 질료에 불과하다[78].

　아리스토텔레스의 '자연모방관'이 무너져버리면, 예술은 추방론이 다시 고개를 들게 된다. 예술은 더 이상 규범이 아니게 되고 유언비어와 구별될 수 없는, 유언비어와 동일시되는 까닭이다. 예술이 유언비어라면 예술은 사회에서 추방되어야 마땅한 것이 된다.
　이즈음에서 예술추방론을 막고 잠재우기 위해 등장한 게 예술목적론이었다고 할 수 있다. 예술 자체를 목적화함으로써, 예술이 유언비어로 전락하는 것을 막고 추방론을 배제했다는 것이다. 이렇게 보면 예술목적론 역시 자연모방관과 마찬가지로 '예술의 규범화하기'였다고 볼 수 있다. '예술은 규범'이라는 것의 근대적 버전이었다는 것이다. 그러나 예술목적론이 자연모방관과 마찬가지로 '예술의 규범화하기'였다 하더라도, 그 규범화는 몹시 느슨하고 미약한 것이었다. 자연모방관의 규범화에 비하면 예술목적론의 규범화는 규범화의 수준에 든다고도 할 수 없는 것이었다. 왜냐하면, 예술목적론은 예술을 규범화하였다 하더라도 예술이 이성이기 보다는 상상력이며, 상상력의 자유방임을 적극 옹호하고 천착하는 입장이었기 때문이다.
　이에 강한 불만을 품었던 게 사회주의리얼리즘이었다고 할 수 있다. 예술목적론은 예술을 규범화하는 데에 무력하고 예술을 이 세계로부터의 추방으로부터 막기는 고사하고 오히려 이를 방조 내지

---

[78] 이사야 벌린, 앞의 책, p.125.

는 조장하고 있다고 본 탓이다. 이에 대한 대안으로 사회주의리얼리즘이 제시한 게 '몹시 강력한 예술의 규범화하기'였다. 사실 사회주의리얼리즘이 시도한 예술의 규범화는 아주 강력한 것이어서 아리스토텔레스의 자연모방관마저도 훨씬 능가하는 것이었다. 자연모방관이 '예술은 자연의 모방이어야 한다'고 규범화한 데에 머무른 데에 반해 사회주의리얼리즘은 아예 예술을 규범 그 자체 이성 그 자체로 만들어 "세계가 예술을 모방해야 한다"고 규정하고 정의했던 것이다.

사회주의리얼리즘에 이르면 예술은 규범 그 자체, 이성 그 자체가 된다. 예술이 규범 그 자체, 이성 그 자체가 되므로 예술추방론이나 예술종말론이 고개를 들 여지가 없게 된다. 이러한 점에서 보면 사회주의리얼리즘은 자연모방관이나 예술목적론에 비하여서 탁월하고 우월한 게 사실이다. 예술이 더 이상 유언비어와의 친연성 때문에 추방이나 종말에의 악몽에 시달릴 필요가 없어진 까닭이다.

그러나 여기서 한 가지 근원적인 물음이 형성되어 나온다. 규범 그 자체, 질서 그 자체, 이성 그 자체가 되어버리고 만 예술이 진정 예술이냐 하는 것이다.

규범 그 자체가 되어버린 예술은 더는 상상력을 갖지 않는다. 상상력에 기반하지 않고, 기반할 수도 없다. 상상력 제로, 창의성 제로에 함몰되고 만 예술을 예술이라고 할 수 있을까. 애석한 일이지만, 그 누구도 이를 예술이라 하지 않고 예술이라고 이름할 수 없다. 추방된 예술, 종말의 예술을 두려워한 나머지 규범 그 자체가 되어버린 예술은 불행하게도 이미 예술이 아닌 것이다.

예술은 유언비어와의 그 친연성 때문에 이게 예술인가 유언비어인가에 대한 끊임없는 의구심을 받으며 그 생명을 유지해온 역사적 존재라고 볼 수 있다. 그 친연성 때문에 플라톤은 예술을 정의로운 왕국에서 추방해야 한다고 했고, 그 후 자연모방관이 나오고 예술목적론이 나오고 사회주의리얼리즘관이 나오고 한 것 모두 이 때문이었다고 할 수 있다. 예술이 유언비어와의 그 친연성을 의심받지 않았다면 결코 성립하지 않았을 얘기들이다.

어쩌면 예술이란 그것이 유언비어인지 아닌지 끊임없이 의심 받으면서 생존해가는 그게, 그것의 존재방식일는지도 모르겠다. 이게 예술의 존재방식이라면 유언비어와의 그 친연성의 고리를 완전 끊어버리는 것은 불가능한 일이며, 바람직하지 않은 일이기도 하다. 예술로부터 유언비어와의 친연성의 고리를 완전 끊고 삭제해버리면 예술도 삭제되고 존재할 수 없기 때문이다.

예술은 자신의 추방론으로부터 자유로울 수 없는 그 무엇이다. 그리고 자신에 대한, 종말의 예술이라는 논의로부터도 결단코 자유로워질 수 없는 존재이거나 그 무엇이다. 그게 그것, 예술의 이 세상에서의 존재방식이다.

예술은 유언비어가 아니다. 그러나 예술은 또한 유언비어이다. 자연모방관도 예술목적론도 사회주의리얼리즘도 이 동시성을 바꿔놓지는 못한다. 이게 예술의 존재방식이다. 그래서, 이를 바꿔놓는 데에 가장 큰 파워와 동력을 사용하는 것이 예술에게는 어쩌면 가장 치명적이요 위험한 일이 될는지도 모른다.

규범 그 자체, 이성 그 자체, 질서 그 자체가 되어버린 예술이야말로 예술에게는 가장 치명적이요 가장 위험한 예술일 가능성이 높다. 역설적이게도, 규범 그 자체가 되어버린 예술이야말로 진정한 유언비어가 되어버리는 까닭이다. 규범 그 자체, 이성 그 자체, 질서 그 자체가 된 예술이 가장 치명적이요 가장 위험한 예술인 것이다.

왕따(mobbing)놀이

요즈음 사회적으로 왕따문제가 심각한 것 같다[79]. 학교 내에서 학교 밖에서 직장 내에서 직장 밖에서, 아이들 사이에서, 어른들 사이에서 거의 사회 전방위적으로 일어나고 있는 게 아닌가 싶다. 연령의 많고 적음에 상관없이, 계층의 고하를 불문하고, 집단이 형성되어지고 있는 곳에서는 장소·나이·직역에 상관없이 어디서나 벌어지고 있는 일인 듯싶다. 하도 광범위하게, 전방위적으로 벌어지고 있다 보니 심각한 사회문제화하고 공론의 장으로까지 나와 우리 사회를 돌아보게 하는 한 반성의 기회를 제공하고 있는 듯싶다.

왜 우리 사회가 이리도 왕따문제에 시달리게 되었는지는, 정말

---

[79] "왕따란 왕따돌림의 준말로서, 두 명 이상이 집단을 이루어 특정인을 그가 속한 집단 속에서 소외시켜서 그 집단의 구성원으로서의 역할수행에 제약을 가하거나 인격적으로 무시하고 음해하는 언어적, 신체적 행위를 말한다."(한준상, 집단따돌림과 교육해체, 집문당, 2002.)

이지 그 이유가 궁금해지는 일이다. 그 이유에 대한 진단은 논자에 따라 다양성이 있고 접근방식에 따라 천차만별성이 있는 거겠지만, 본인의 경우에는 그게 아무래도 유언비어와 깊은 관련성이 있는 게 아닌가 하는 관점에 십분 끌린다. 본 책이 다루고 있는 주제가 유언비어와 소설, 유어비어와 역사쓰기여서이기도 하겠지만 유언비어에 의존하지 않고는 왕따가 존립할 수 없다는 진단에서다.

왕따가 사회 전방위적으로 일어나니 왕따에 아예 놀이라는 말을 붙여 왕따 현상을 왕따놀이라고 하는 용어도 유행하고 있는 실정이다. 왕따놀이란 용어는 그 전방위성을 놓고 볼 때 타당성이 있다. 왕따가 거의 놀이의 수준에 이르러 스포츠요 여가요 오락이요 예술의 영역에까지 이르고 있는 듯한 착각마저 주고 있는 탓이다.

왕따놀이는 기본적으로 인류가 근자에, 좀 더 정확히 말하면 근대로 접어들어 폐기처분한 아주 심각한 관계의 악습에 기반하는 게 아닌가 한다. 주인-하인(노예)이라는 관계의 악습이다. 인류가 근대에 들어와 때려친 주인-하인이라는 관계의 악습이 왕따놀이를 통하여 부활하고 재현되고 있다는 것은, 꽤 무서운 일이요 또 문제적인 일이다. 그래서 이에 대해 외면하고 싶어지는 게 인지상정이다. 그 사실을 부정하고 싶다는 것이다. 그러나, 왕따놀이의 본질이 주인-하인의 관계설정에 있다는 것은 너무도 자명하다. 왕따의 대상을 객체화 혹은 사물화하고 왕따하는 자를 주체화 신격화하는 게 왕따놀이의 본질이기 때문이다. 객체화 사물화한 인간이란 하인에 다름 아니다. 주체화 신격화한 인간이란, 물론 주인이고 말이다[80].

인류사에서 주인-하인 관계의 악습은 씨족주의에서 기반한다. 어떤 씨는 주인으로 태어나고 어떤 씨는 하인으로 태어난다는 게 씨족주의의 근간이다. 주인의 씨를 받고 태어난 자는 하인의 씨를 받고 태어난 자를 객체화하고 사물화해야만 한다. 그럼으로써 자신을 주체화하고 신격화해야 한다. 씨가 다르므로 이는 그와같이 되어야만 하는데, 그게 씨족사회의 질서요 규범이다. 주인은 하인을 지배하고 하인은 주인에게 복종하는 이게 씨족사회의 권리요 의무인 것이다.

오늘날 씨족주의는 집단주의로 변형되어 존재한다. 근대가 주인-하인 관계를 더 이상 근거가 없는 것으로, 관계맺음에서 폐기시켜 역사의 하수구녘 속으로 집어처넣은 까닭이다.

집단주의가 씨족주의인 것은 아니다. 그러나 씨족주의는 집단주의인 게 맞다. 집단주의의 한 변종이다. 집단에는 가족도 있을 수 있고, 씨족도 있을 수 있고, 부족도 있을 수 있고, 이보다 더 작은 단위도 있을 수 있고, 이보다 더 큰 단위도 있을 수 있다. 집단주의는 씨족주의와 동일한 게 아니지만, 씨족주의가 집단주의의 한 분파인 것은 분명하다. 그러나 집단이 공동체를 의미하지는 않는다. 집단이 아무리 크게 성장한다 하더라도 그것이 공동체와 동일해지

---

[80] 왕따놀이가 헤겔의 주인-하인(노예)의 변증법의 변형이요 이의 답습이라면 이는 아무래도 전근대적 양상이라고 보아야 한다. 탈근대로 언급되는 근대의 황혼에서 전근대의 귀환이라니. 이는 무엇을 의미하며 어떻게 이해되어야 할까. 탈근대가 전근대의 귀환을 의미한다는 걸까. 아니면 과도기를 의미한다는 걸까. 왕따문제는 사회적으로 보면 이런 물음의 지평을 열어놓는다.

거나 동일할 수는 없다. 왜냐하면 공동체는 개인과 개인의 관계 속에서 구성되고 형성되는 것이기 때문이다.

근대에 들어와서 공동체를 구성하는 기본 인자가 된 것은, 놀랍게도 개인이다. 근대의 공동체는 집단에 기반하지 않는다. 개인들의 관계망에 의하여 구성된, 개인과 개인들에 의하여 형성된 그 관계망들에 의존한다. 그리고 그 관계망은 계약으로 대변된다.

공동체의 기본 구성요소인 개인은 그 부모와 조상들이 어떤 배경을 지니고 어떤 집단에 소속되었든, 태어나면서 동일한 권리와 의무를 지닌다. 최초의 계약 속에 그것이 각인되어 있다. 그래서 개인은 누구나가 최초의 인간이다. 개인 대 개인의 관계는 집단 대 집단의 관계처럼 주인 대 하인의 관계가 될 수 없다. 개인은 누구나 동일한 권리와 의무를 지니고 태어나고 또 최초의 인간이므로, 누구는 주인이 되고 누구는 하인이 되고 그렇게 구성될 수 없다. 그렇게 구성된다면 이미 그것은 개인 대 개인의 관계가 아니고, 집단 대 집단 혹은 집단 대 개인의 관계로 왜곡된 관계이다.

실제로 최초의 인간으로써의 개인 대 개인의 관계가 근대사회에서 주(主) 관계로 형성되어지고 있는지는 측정 불가한 일이지만, 이념상으로는 분명히 그와 같다.

왕따놀이는 기본적으로 집단주의에 의존한다. 집단주의 중에서도 가장 오래된 과거의 형태인 씨족주의에 의존한다. 왕따놀이가 집단주의 중에서도 가장 오래된 과거형태인 씨족주의에 의존한다는 점에서, 왕따놀이야말로 사실은 근대의 부정이다. 최초의 계약의 파기다.

왕따놀이가 집단주의에 의존하고 있다는 것은 어렵지않게 캐치되는 바의 일이다. 왕따하는 자는 늘 집단이다. 홀로 타자를 왕따시킬 수는 없다. 집단이 형성되지 않고는 왕따하는 자의 왕따놀이는 유지될 수 없고, 스스로에게 위험천만한 놀이일 뿐이다. 그래서는 자신이 왕따당하기 십상이다. 그건 곧 동력을 잃고 상황은 역전되며, 오히려 왕따하는 자가 왕따당하는 자로 전락한다.

왕따당하는 대상은 물론 개인일 수 있다. 공동체가 아닌 집단 속에서라면 개인은 늘 약자일 수밖에 없는 까닭이다. 그러나 이 경우의 개인이라 하더라도, 그 속내를 잘 들여다보면 개인이기 보다는 집단일 가능성이 높다. 오늘날 우리 사회에서 왕따당하고 있는 아이들이나 성인들을 살펴보면 다문화가정의 사람들, 탈북자 가정의 사람들, 성적 소수자들, 장애아들, 이런 경우가 태반이다. 이들은 개인으로서 왕따당하고 있다고 하기 보다는 다문화인, 탈북자, 성적 소수자, 장애인들에 소속된 그 일원으로서 왕따를 당하고 있는 것이다.

집단 대 집단의 관계이니 주인-하인이라는 관계의 악습이 부활하고 재현된다. 우리의 학교에서 우리의 직장에서 우리의 사회에서 말이다. 왕따하는 집단은 주인이 되고 주체가 되며, 왕따당하는 집단은 하인이 되고 객체가 된다. 견디다 못한 왕따당하는 자는 자살하거나 생을 방기하고, 왕따하는 자는 이에 엄청난 쾌감을 느끼며 자신의 권력과 주체성을 확인한다. 명심할 것은 이게 집단의 주체성이요 집단의 사물성이라는 것이다. 그래서 왕따하는 자는 양심의 가책을 느끼지 않고 외려 집단의 영웅으로 스스로를 느끼게 되고, 자살하는 자는 스스로를 집단의 도태자 집단의 바보로 인식하게 된다. 이게 생명의 고결성에 반하는 행위라는 것에 대한 회의감 같은 건 애초에 드러날 여지가 없다.

헌데, 여기서 우리의 주제와 관련하여서 아주 중요한 사항 하나가 드러나게 된다. 왕따놀이가 씨족주의의 재현이요 오늘날의 세태에 맞게 변형된 씨족주의의 21세기형 버전이라면, 왕따놀이가 의존하는 정보는 유언비어일 수밖에 없다는 것이다. 앞서 지적한 것처럼 근대사회는 씨족주의를 근거가 없는 것으로 폐기처분시켜 버린 사회이다. 게다가 근대 공동체의 기본 단위는 개인이요, 관계란 개인들간의 관계망일 뿐이다. 개인들간의 관계망 안에서 주인-하인 관계망은 성립될 수 없고, 형성 자체가 불가능한 일이다.

이렇게 성립불가능하고 형성 자체가 불능인 주인-하인 관계가 우리 사회의 왕따놀이에서 성립되고 구성되고 재현되고 있다면 왕따놀이가 공유하는, 왕따놀이 안에서 생성되어 유통되는 정보란 당연히 유언비어일 수밖에는 없다. 성립이 불가능하고 형성 자체가 불능인 것을 형성 가능하다고 유통시키고 실질적으로 성립시키고 있는 까닭이다. 왕따놀이에서 유통되는 정보란 주인-하인 관계가 타당하다는 정보다. 주인-하인 관계가 타당하다는 정보가 유통되기 위해서는, 근대사회의 관계망이 집단 대 집단으로 형성되고 있어야만 가능하다. 이는 근대사회를 구성하고 있는 기본이념에 정면으로 반하는 유통정보이다. 근대사회를 구성하는 기본이념에 정면으로 반하는 유통정보란, 유언비어다. 그건 우리 사회의 구성원리가 아니기 때문이다[81].

왕따놀이에 대한 위의 논의를 통해서 우리는 유언비어에 대한 중요한 속성 한 가지를 더 알게 된다. 앞서 우리는 유언비어란 어떤 강한 목적을 달성하기 위한 수단으로서 구성되고 유포되는 것이지 그것 자체가 목적인 것은 아니라고 하였다. 유언비어 자체가 수단이 아닌 목적이라면, 그건 이미 유언비어가 아닌 예술이든가 그와 유사한 무엇이라고 하였다.

이에 더하여 유언비어는 집단의 현상이지 결코 개인의 현상이 아님을 알 수 있다. 유언비어는 집단에 의하여 구성되고 유포되는 것이지, 개인에 의하여 구성되고 유포되는 게 아니다. 유언비어는 개인에 의하여 구성되고 유포될 수 있는 게 아니다. 개인화한 유언비어는 이미 유언비어가 아닌 것이다. 목적화한 유언비어가 이미 유언비어가 아닌 것과 마찬가지이다.

유언비어는 언제나 주인-하인 관계의 재구성이다. 그것이 집단의 현상이기 때문에 필연적으로 그와같은 논리구조를 지닐 수밖에는 없다. 주인-하인 관계로 구조되는 유언비어가 지향하는 목표는

---

[81] 그러나 근대가 해체되어가고 있다는 관점에서 살펴보면, 근대사회를 구성하는 기본이념에 반하는 행태들의 출현은 필연적인 일일지도 모른다. 왕따놀이도 이에서 유래하는, 근대의 해체과정을 반영하는 양태로 살펴질 수 있다. 근대가 해체되어가고 있다는 게 필연적 사실이라면, 근대사회를 구성하는 기본이념들 자체가 유언비어일 수도 있다. 이런 관점에서 보면 왕따놀이야말로 근대라는 유언비어에 대응하는 아이들 나름의 대처방식이라고도 할 수 있을지는 모르겠다. 탈근대사회에서 아이들은 전근대를 불러내어 이를 가지고 놀며 이를 통해 근대를 타격하고 있다는 것이다.

또한, 명확하다. 상대의 왕따이다. 왕따의 반대편에 있는 것은, 물론 권력욕이다. 그것도 매우 불온한 권력욕이다. 집단의 왕이 되는 것, 그것이다.

유언비어와 왕따놀이

유언비어는 사람의 피할 수 없는 불가피한 속성에서 비롯된 일일는지도 모른다. 사람이란 무리짓기 내지는 집단 만들기를 피할 수 없게 되어 있다. 사람이 있는 곳에는 반드시 무리가 형성되고, 집단이라고 할 만한 것이 나타나게 마련이다. 사람에게 집단 만들기는 그의 속성이다[82].

근대 공동체는 개인을 기본단위로 하여 형성되고 있다고 하였지만, 실상 이는 이념에 불과하다. 실제로 근대 공동체는 개인이라는 기본인자를 해체하려는 집단이나 무리에 의하여 끊임없이 공격당하고 도전당하는 위험에 직면하고 있는 게 실상이다. 왕따놀이란 개인에 기반하는 근대 공동체에 도전해오는 집단이나 무리의 그 도전 가운데의 하나라고 볼 수 있다. 그 도전의 일상적 버전이라고 하는 것이다. 아마도 이게 왕따놀이의 정확한 본질일 것이다.

개인에 기반하는 공동체에 도전해오는 집단이나 무리가 의존하는 수단이 다름아닌, 유언비어이다. 도전에의 수단은 무수한 바가 있는 거겠지만 유언비어는 가장 광범위하게 그리고 가장 기본적인 이의 수단이다. 집단이 동원하는 도전에의 모든 수단에는 그 기저

---

[82] 아리스토텔레스, 앞의 책, pp.17-22.

에 유언비어가 공통적으로 자리잡고 있는 것이다.

왕따놀이는 유언비어에 의존하지 않고는 성립할 수 없고 또 유지될 수 없다. 학교 내에서 학생들 사이에서 일어나는 왕따놀이든, 직장 내에서 직장인들 사이에 일어나는 왕따놀이든, 보다 더 광범위한 지역사회 차원에서 지역인들 사이에서 일어나는 왕따놀이든, 그 점에서는 예외가 없다. 유언비어가 아니고는 그 놀이는 성립하지 않고 지탱되지 못하기 때문이다.

유언비어가 난무하는 사회라면, 그 사회에서는 왕따놀이가 항상 적일 수밖에 없다. 집단의 논리와 정서, 권력욕이 공동체의 기반을 흔들고 있는 사회임을 짐작할 수 있다.

흔히 요즈음의 사회를 경쟁사회라고 한다. 경쟁은 개인주의를 바탕으로 할 때에만 정상적으로 작동하고 긍정적 결과를 도출한다. 경쟁에 집단의 논리, 정서, 형식이 개입하기 시작하면 경쟁은 왜곡되고 타락과 부패를 면할 길이 없게 된다. 경쟁은 정정당당함이라는 개인의 원리에 기반하는데, 집단이 유포시키는 유언비어는 필연적으로 그 원리를 왜곡시킨다.

유언비어가 지향하고 목적하는 바의 욕망은 분명하다고 할 수 있다. 계약의 파기이다. 계약의 파기를 통한 집단의 부활이다. 그 집단은 가(家)일 수도 있고, 씨족일 수도 있고, 부족일 수도 있고, 그보다 더 큰 무엇일 수도 있다. 그게 어떤 것이든 유언비어는 그 집단의 욕망의 언어적 표현이다. 집단의 욕망이 언어로 표현되어 나오면, 즉 유언비어가 생성되어 유통되기 시작하면, 반드시 왕따놀이가 일어나게 된다. 왕따놀이가 일어나면 근대적 계약이 파기되고 그 대신으로 주인-하인 관계가 성립되게 된다. 새로운 씨족의 탄생이다.

왕따놀이는 집단의 욕망이 사회 일각에서 잠정적·일시적으로 구현되는 것이며, 그 집단의 욕망에 의한 경쟁의 왜곡이다.

그리고 그 왕따놀이 안에서 동력으로 작동하는 것이 바로, 유언비어이다.

계몽이성 사회주의이성 민족이성 그리고 상상력(소설)

　계몽이성이나 사회주의이성이나 상상력(소설)을 자신들의 지도성 안에 포섭해 자신들의 이념 구현의 도구 내지는 수단으로 활용하고 있다는 점에서는 동일하다. 이성의 지도성을 망각한 상상력이 어떤 폭주를 하게 되는가를 감안하면 계몽이성이든 사회주의이성이든 상상력이 이의 지도성 안에서 활동하는 것은 바람직하고 기대되는 바의 일이라고 할 수 있다. 게다가 상상력의 방기는 필연적으로 예술을, 소설을 역사와 사회 밖으로 내몰아 섬처럼 고립시켜 버리고 마는 경향이 있다. 역사와 사회 밖으로 튕겨져 나가 자신만의 우주에 머무는 상상력(소설)은 무용지물이다. 역사와 사회 내 존재인 인간에게 그건 어떤 의미에서 보자면, 무용지물임을 넘어 위험천만할 수도 있는 일이다.

　소설무용론은 소설추방론을 야기한다. 시(인)추방론을 설파했던 플라톤의 인식지평에 이르게 된다.

상상력이 역사와 사회 내 존재인 인간에게 무용지물이라면, 상상력의 추방은 정당하다. 그러나 필연적이지는 않다. 쓸모가 없다는 게 필연성을 낳지는 않는다. 그러나 상상력이 무용지물일 뿐만 아니라 위험천만한 것이기까지 하다면 상상력의 추방은 정당할 뿐만 아니라 필연적이기까지 하다. 위험한 것은 제거될 것이 요청되는 바인 까닭이다.

상상력이 무용지물일 뿐만 아니라 위험천만한 것이기까지 하다면 상상력의 추방은 마땅하다. 그러나 상상력이 실제로, 무용지물일 뿐만 아니라 위험천만한 것일까.

이에 대한 답변은 긍정이기도 하고 부정이기도 하다. 상상력을 지도하는 이성이 자신의 한계를 감지할 때 이는 부정이다. 그러나 이성이 자신의 한계를 감지하지 못할 때 이는 긍정이다.

예술이 추방론과 반(反)추방론 사이를 끊임없이 진동하게 되는 이유이다.

이성은 이념을 구성하고 조직하며 이를 현실화시키려는 목적을 지니는데 어떤 이성이나 마찬가지이다. 계몽이성이든 사회주의이성이든 민족이성이든 이 점에서 차이가 있지는 않다. 구성되고 조직된 이념에 차별화가 있어 계몽이성이라 하고 사회주의이성이라 하고 민족이성이라 할지는 몰라도, 이성이 이념을 구성하고 조직하여 이를 현실화하려는 목적성을 지닌다는 점에서는 동일하다.

헌데, 이성이 이념을 구성하고 조직하는 데에 있어 이성의 능력만으로 그것이 가능하냐 하는 것이다. 이념은 이성에 의하여 구성되고 조합되는 것으로 알려져 있지만, 실제로 이념은 이성의 능력만으로는 온전하게 구성되거나 조합될 수 없다. 상상력의 조력이 반드시 필요하다는 것으로, 상상력의 조력이 개입해 들어오지 않는다면 이성의 이념구성은 실패로 끝나게 될 수밖에는 없다.

아예 이념을 이성이 아닌 상상력이 중심이 되어 구성되는 것이라고 보는 입장마저도 있다[83].

> 사회적으로 필연적인 가상이라고 할 수 있는 이데올로기는 그러한 필연성으로 인해 언제나 또한 참된 것의 왜곡된 형태이기도 하다……. 반면에 이데올로기는 빈곤하고 권위적인 현실묘사로 되고 만다[84].

이념이 상상력의 조력에 의하지 않고는 구성될 수 없는 거라면, 이념이 현실적이요 이성적일 뿐이라는 논의는 진실이 아니라고 해

---

83) 낭만주의 이후의 낭만주의 계보에 속하는 문화운동들의 대부분은 상상력이 이념을 형성하는 주체라는 입장이었다. 이 계보에 속하는 문화운동들의 정신은 자연을 상상(력)으로 대체하고, 운동의 주체를 이성이 아닌 바로 상상(력)이라고 보았다.
84) T.W. 아도르노, 앞의 책, pp.360-362. 이념이 순수범주일 뿐이라면 이성에 의하여만 형성될 수 있을 것이다. 아니, 이때의 이념은 형성되는 게 아니라 이미 있는 것으로 형성 이전의 것이라고 하여야 할 것이다. 헌데, 이런 이념은 우리가 파악할 수 없다. 우리가 이념으로 파악하려면 순수형식이어서만은 안 되고 실제 내용을 함유하고 있어야 한다. 그리고 실제 이념에 있어 중요한 것은 이 이념의 내용이다. 헌데, 이념이 내용을 갖게 되면 이는 형성되고 구성되는 이념이다. 형성되고 구성되는 이념은 순수하게 이성으로만 구성될 수 없다. 그래서 헤겔은 칸트의 순수이념에 대하여 '어떠한 실체성도 부여할 수가 없다'고 하고 있다.(헤겔, 앞의 책, p.43.)

야 할 것이다. 그것은 이성에 의하여 구성되긴 하지만 요소요소에 상상력이라는 접착제 혹은 조미료에 의하여 그 맛과 생명이 유지되는 것이라고 하는 게 옳다. 다시 말해, 이념 역시 상상력과 무관한 것은 결코 아니라고 하는 것이다.

이념이 상상력과 무관한 게 아니라면, 상상력을 역사와 사회와는 무관한 무용지물이라고 하기는 어려운 일이 된다. 또한 위험천만한 것이라고만 할 수도 없게 된다. 이념의 자기전개과정이 인간의 역사요 사회사일 텐데, 그 이념의 형성에 상상력이 일정 부분 역할을 하고 있기 때문이다.

상상력이 이념의 형성에 일정 부분 참여하고 조력하고 있다면 상상력은 결코 역사의 혹은 사회의 무용지물이 아니다. 여전히 위험천만한 것일 수는 있어도, 적어도 무용한 것이라고는 할 수 없다.

상상력 추방론은 벽에 부딪치게 된다. 다시 말해, 예술추방론은 벽에 부딪치게 된다. 예술을 추방하고서는 이념도 구성되지 않고 인간의 역사도 멈추어버리게 되고 마는 것이다.

물론 이성들마다 입장이 다르기는 하다. 어떤 이성은 이성만으로 이념의 구성 및 조합이 가능하고 상상력의 조력은 불필요할 뿐만 아니라, 이념이 상상력의 조력에 노출되어서는 온전한 이념이라고 할 수 없다고 한다. 반면 어떤 이성은 스스로의 한계를 인정하고 이념이 상상력의 조력체이며, 이의 조력없이 구성될 수 있는 이념은 없고 이념의 한계를 인정할 수밖에 없다는 것을 자인한다. 즉, 이념의 오류가능성을 열어놓는다. 이성의 한계에서 오는 불가피한 오류이므로 아무리 정교하게 형성된 이념에 있어서도 이 한계에서 오는 오류로부터 자유로울 수 없음을 인정한다.

자신의 한계를 보고 이념의 구성에 상상력이 개입되어 들어온다는 것을 인정하는 이성은 상상력의 존재를 부정할 수 없게 된다. 상상력의 자율성 독립성은 인정할 수 없다 하더라도 이의 존재성만큼은 인정하게 된다. 그러나 이성의 한계를 인정치 않고 이념의 구성이 오로지 이성의 작용에 의한다고만 보는 이성은, 상상력의 존재성을 인정하지 않는다. 상상력이야말로 상상의 것이어서 그 독립성은 물론 존재성마저도 부정하게 된다. 어쩌면 이 입장의 극단은 상상력마저도 이성의 한 작동으로 보게 될는지도 모르겠다. 이성의 한 분파 같은 것으로 말이다.

플라톤의 이데아란 순수한 이성의 순수 구성체임에 틀림없다. 그래서 플라톤은 예술에서 무용의 것만을 보았을 것이다. 예술은, 상상력은 이데아로부터 멀리 떨어져 이와 연관성을 지니지 못하는 것이어서다.

상상력의 자율성 독립성을 인정하지 않고 자신의 지도성 안에 두려는 입장에서는 모든 이성이 동일한 양상을 보이나, 그 지도성의 강도나 진폭에 있어서는 이성마다 또 차별화가 있다. 대체로 계몽이성은 이 지도성의 강도가 느슨하거나 약하고 이에 반해 사회주의 이성이나 민족이성은 그 강도가 매우 세고 치열하다.

계몽이성이 상상력을 자신의 지도성 안에 포섭하는 강도가 약한 이유는, 이것이 자신의 한계를 인정하고 있는 이성인 연유이다. 자신의 한계를 인정하기 때문에 이념의 구성이 결코 자신만의 능력으로 온전히 이루어지지 않고 상상력의 개입이 어쩔 수 없이 불가피하다는 것을 인정하는 것이다.

전통적으로 이성은 물자체의 세계로 열려 있는, 이것과 연결된 인식기관으로 생각되어지고 있었다. 이성이야말로 물자체의 세계와 접촉하고 이를 통하여 인간의 본질을 형성한다고 믿어지고 있었다. 그래서 이성은 로고스라고 불렸다. 그러나 계몽이성은 이성에 대한 이러한 전통적인 개념을 파기하고 있다. 물자체의 세계는 알 수 없다고 함으로써 이성의 능력으로는 물자체와 접촉할 수 없고, 이성이 물자체의 세계로 열려 있는 것도 아니라고 보았다. 우리가 실체요 본질이라고 하는 것은 이성에 의하여 구성된 이념일 뿐이지 실체 자체 본질 자체가 아니라고 하는 것이다.

알 수 없는 물자체, 알 수 없는 실체, 알 수 없는 본질에 대한 이성의 추구에 의한 구성체인 이념이란 무엇이란 말인가. 이성에 의하여 구성되긴 하지만 물자체는 아니라는 점에서 이념은, 상상(력)과 무관할 수 없는 일이다[85].

계몽이성은 상상력의 존재성을 열어놓는다. 우리가 아는 이데아가 물자체가 아닌 이념에 지나지 않을 뿐임을 밝힐 때, 그와 같다.

소설(novel)이 계몽이성의 지평 안에서야 탄생할 수 있었던 이유를 설명해주는 일이다. 계몽이성이 상상력의 지평을 열어놓았고,

---

[85] 이렇게 순수이성은 이율배반에 빠지게 된다. 칸트의 유명한 이율배반론이다. 순수이성의 이율배반은 상상(력)의 지평을 열어놓는다고 할 수 있다.

이와 친연성을 지니는 유일한 이성이었던 때문이다.

물론 계몽이성도 상상력의 자율성이나 독립성까지를 인정하는 것은 아니었다. 그러나 한 번 발원한 상상력은 급기야는 자신의 자율성과 독립성을 쟁취한다. 계몽이성이 궁지에 몰려 환멸의 나락으로 떨어져나가게 될 때, 상상력은 스스로 이와 같은 독립성을 쟁취하게 된다. 먼저된 것이 나중되고 나중된 것이 먼저되는 것이다.

또 독립성을 획득한 상상력이 급기야는 이성을 능가하는 순간이 온다. 이런 순간이 오면 이데아는, 이념은 이제 이성의 구성물조차도 아니고 상상(력)의 조합물이 된다. 이념은 물자체의 반영이 아닐 뿐더러 그와는 전혀 대척점에 서 있는, 지옥의 반영물이요 지옥일 뿐이다. 상상력에 의하여 구성된 것일 뿐이므로 당연하다. 세계의 본질은 지옥이다. 상상력이 구성한 세계에서는 악마성이야말로 세계의 본질이다. 악마주의의 출현이요 도래이다.

사회주의이성은 계몽이성에 반하여 상상력에 대한 지도성의 강도가 아주 높다. 사회주의이성도 상상력의 존재성을 부정하지는 않는다. 그러나 그것은 한시적이다. 역사의 마지막 단계에 이르면, 결국 상상력의 존재성은 부정된다. 그 존재성이 부정되니 상상력은 결코 자율성이나 독립성으로 나아갈 수 없다. 상상력은 역사의 마지막 단계에 이르면 영원한 추방 가운데로 내던져지게 된다.

사회주의이성도 계몽이성과 마찬가지로 이념이 상상이 개입된 이성의 구성물일 뿐임을 인정한다. 그러나 사회주의이성 입장에서 그 이념은 그것으로 완성된 게 아니고 정(靜)적으로 그냥 있는 것도 아니다. 그것은 끊임없는 운동 가운데 놓이게 되는데, 정(正)-반(反)-합(合)이라는 변증적 운동과정을 거쳐 이념의 상상적 개입 부분을 탈락시키고 온전한, 순수한 이성의 능력만으로 구성된 것으로 거듭나게 된다. 그 운동의 최종 종착점에 도달하면 이념은 진정 순수이성의 종합물로만 남게 되는데 다름 아닌 물자체, 이데아와 진배없는 구성체요 세계가 되는 것이다.

이념에 상상(력)이 개입되어 들어온다는 계몽이성의 논지는 한시적으로만 진리일 뿐이다. 이념의 최종 운동단계에 이르면 이념은 순수이성의 종합물로만 남게 되고, 그 최종 형태에 포커스를 맞추면 이념이 상상(력)의 개입물이라는 논조는 진리가 아니다. 이성은 물자체를 알 수 없지만, 이성은 종합된 최종 이념을 통하여 물자체의 세계를 구성해내는 것이다.

사회주의이성 내에서 상상력은 시간이 흐를수록 그 존재성마저 희미해져가게 된다. 상상력에 대한 사회주의이성의 지도성은 갈수록 강화되어 간다는 것으로, 그 강화의 최종 종착지가 상상력의 무화이다.

사회주의이성의 궁극에서는 아무래도 예술추방론은 불가피한 일일 듯싶다. 상상력 없는 예술이 가능하다면 모를까 상상력 없는 예술이 가능하지 않다면 사회주의이성이 실현된 세계란 예술추방론이 항상적으로 구현된 세계이다. 사회주의이성이 구현된 세계의 예술은 상상력 없는 예술이다. 헌데, 상상력 없는 예술이란 무엇일까. 유언비어일까 아니면 진리일까.

민족이성과 상상력과의 관계는 애매모호하다.

민족이성은 계몽이성이나 사회주의이성만큼 치밀하지는 않은 것 같다. 솔직히, 민족이성을 하나의 이성으로, 이성의 범주로 인정할 수 있느냐도 충분히 문제삼을 만하고 의문시될 수 있는 일이다. 넓게 보면, 민족이성은 계몽이성의 한 분파인 듯하고, 계몽이성의 한 분파가 그 필요성에 의하여 강화되고 극대화된 경우라고 볼 수 있다. 적어도 한국사회에 있어서만큼은 그와 같았다고 할 수 있다.

민족이성이 구성해내고 조합해내는 이념은 주지하다시피 민족주의이다. 민족주의가 이념이라는 점에서 이 역시 이데아나 실체와 연결되며 현실 가운데에서 자신을 구현하고 정착시키려는 강한 목적성을 지니게 된다. 이데아나 실체와 무관한 이념이란, 이념의 논리상 불가능한 일이다.

헌데, 민족주의가 진정 이성의 구성체계이냐 아니면 상상력의 구성체계이냐 하는 논란이 있을 수 있다. 민족주의가 이런 논란에 휩싸일 수 있는 까닭은 민족주의를 구성하는 기본 바탕인 민족이 하나의 '상상물', '상상의 공동체'라는 의론이 상당히 폭넓게 퍼져 있는 까닭이다. 민족이 '상상의 공동체'에 불과한 거라면 민족을 바탕으로 하는 민족주의도 이성의 구성물이라고 하기 보다는 상상력의 구성물이라고 하는 게 보다 타당한 일이 될 것이다.

민족주의가 상상력의 구성물이라면, 민족이성이란 이성이라는 레떼르를 달고 있기는 하지만 그 실질은 이성이 아닌 상상력이라

하여야 할 것이다. 상상력이 민족이성이라는 가피를 쓰고 구성해내는 상상력의 구성물이 다름 아닌, 민족주의라 할 것이다.

그러나, 이는 지나친 추정이다. 민족이성을 이성이 아닌 상상력이라고 보아야 할 이유는 없다. 민족주의가 민족이라는 상상의 공동체를 바탕으로 하여 구성된다 하더라도 민족주의 자체는 민족이성에 의하여 구성되고 조합된 이념이라고 볼 수 있고, 그게 타당한 것이다. 다만, 민족주의에는 다른 여타 이성에 의하여 구성된 이념보다도 상상력의 개입 즉, 상상적인 것의 개입이 훨씬 크고 또 폭넓게 이루어지고 있다는 점을 이해하는 게 중요한 일이 될 뿐이다.

민족주의는 다른 어떤 이념보다도 상상력의 개입이나 도움이 폭넓게 이루어지지 않고서는 구성될 수 없는 이념이다. 상상력의 그 폭넓은 개입과 도움은 어쩌면 이성의 역할을 압도하는 것일는지도 모른다. 분명 어떤 측면에서는 그와 같다고 볼 수 있다. 어떤 측면에서는 상상력이 이성을 압도하기 때문에 민족주의는 이성의 구성물이 아닌 상상력의 구성물이라고도 할 수 있다.

상상력의 개입이 폭넓게 이루어져 상상적인 요소가 상당히 광범위하므로 민족주의라는 이념은 오류가능성이 매우 높다. 아주 넓은 영역에 걸쳐 오류가능성에 열려 있다. 광범위한 오류가능성에 열려 있기 때문에 민족주의라는 이념은 그 장악력의 정도가 강력하지 않고는 쉬 허물어질 위험성 가운데에 있다.

그러나, 실제는 꼭 그와 같지만은 않다.

민족이성의 상상력에 대한 지도성은 의외로 강하다. 다른 어떤 이성의 지도성에 비하여도 뒤지지 않으며, 적어도 계몽이성에 대하여 만큼은 이보다 훨씬 강력하다. 사회주의이성은 상상적인 것을 운동을 통하여 자꾸 탈각시켜 완벽한 이념에 이르게 된다는 점에서 상상력에 대한 강력한 지도성을 가질 수밖에 없는 반면, 민족이성은 운동을 통한 완벽한 이념의 달성이라는 구조는 지니고 있지 않지만 오류가능성을 차단한다는 점에서 강력하다. 계몽이성은 자신의 오류가능성을 열어놓지만 민족이성은 결코 자신의 오류가능성을 열어놓거나 인정하지 않는다. 그 이념인 민족주의가 상상적인 것에 의해 폭넓은 보조를 받고 있음에도 그와 같다. 이런 점에서 민족주의야말로 신념의 체계요 믿음의 체계라고 할 수 있다.

그래서 민족주의는 신념이거나 믿음의 문제가 되기 쉽고, 실제로 신념이거나 믿음으로 현실 가운데에서 현상되고 작동한다. 민족주의는 상상적인 것을 신념 혹은 믿음을 통하여 실재하는 것, 현실로서 재부팅하고 탈바꿈시킨다. 상상적인 것의 신념을 통한 재부팅이 이루어져야 비로소 민족이성이 모순 없이 작동할 수 있게 된다.

민족이성이 왜 상상력에 대하여 강한 지도성을 갖게 되는지 알 수 있는 일이다. 민족이성이 상상력의 폭넓은 조력 없이는 자신의 이념인 민족주의를 구성해낼 수 없기 때문이다. 바로 이를 가능하게 하기 위해서 민족이성은 다른 어떤 이성에 못지않게 상상력에 대한 강한 지도성을 필요로 하는 것이다. 만일 민족이성이 상상력에 대한 이 강한 지도성을 확보하지 못하면 그것의 구성물인 민족주의라는 구성물은 이성의 체계가 아닌 상상의 조형물로 전락하게 되고 말 것이다. 상상력의 개입이 광범위하므로, 당연하다. 상상의 조합물로 전락한 이념, 민족주의를 현실로 받아들일 사람은 없다. 그 민족의 구성원이라 하더라도 마찬가지이다. 그건 한갓 상상의 물건이요, 사실이 아닌 허구일 뿐이기 때문이다.

상상력의 조력이 광범위하고 폭넓은 그만큼 민족이성의 상상력에 대한 지배력도 강력해야만 한다. 그것이 현실이 되고 사실이 되기 위해서, 상상적인 것으로 판명나는 것을 막아야만 하는 까닭이다. 상상력의 개입이 많아지는 그만큼 민족이성의 지도성도 강화된다. 그러나 이는 민족이성이 강한 지도성을 가져야 하는 이유가 되지만 또한 민족이성이 다른 여타의 이성에 비하여 실패하고 나락으로 떨어질 가능성을 높이는 원인이기도 하다. 필요성의 증대는 또한 위험성의 증대이기도 한 것이다.

민족이성은 민족적 상상력에 의하여 구성되고 만들어진 상상의 세계를 민족의 역사로 등극시킨다. 상상 속에서만 일어났던 사건을 실제 민족의 역사 속에서 일어났던 사건인 것으로 치환시켜 버린다. 민족이성에게 이는 필연적인 과제요 필수적인 진행과정인데, 민족적 상상력을 현실화하지 못하고서는 자신이 구성해내려는 그 이념 즉, 민족주의라는 이념을 완성시킬 수가 없기 때문이다. 민족적 상상력에 의하여 꾸며진 상상의 세계가 상상의 것으로만 남고 이성화되어 현실에 자리잡지 못한다면, 민족이성은 민족이념을 구성해낼 수 없다. 그것은 결코 민족주의가 될 수 없다. 그것은 현실에 어떠한 영향도 미치지 못하는, 상상의 세계 속에서만 머물러 있어야 할 것이다[86].

　민족이성의 지도성 안에서 상상력은 이성으로 작동한다. 상상력에 의하여 구성된 상상의 세계는 이성에 의하여 파악되고 입증된 현실, 역사로 인정받고 그렇게 취급당한다.

　해서 민족이성의 지도성 안에서 작동하는 소설(상상력)은 유언비어일 가능성이 높다. 다른 이성들의 지도성 안에서 작동하는 소설보다 훨씬 그 가능성이 높다. 그리고 민족이성의 지도성 안에서 작동하는 소설(상상력)은 그 유언비어성이 다른 이성들의 지도성 안에서 작동할 때보다 그 상상적 측면, 유언비어성이 더욱 쉽게 간파당한다. 민족이성에 의하여 구성되는 그 이념인 민족주의는 계몽이성이나 사회주의이성에 비하여 훨씬 더 광범위하게 상상력의 조력에 의존해야 하는 까닭이다.

　민족의 구성원에게 민족적 상상력에 의하여 구성된 상상의 세계는, 비록 그것이 상상의 구조물이라 하더라도 역사로서 수용되게 될 것이다. 민족주의 내에서는 상상의 구조물이 곧 이성의 구조물이니까. 상상의 현실화에 실패하는 경우란 극히 극소수를 제외하고는 발생치 않을 것이다. 반면에 타민족 구성원에게 이 민족적 <u>상상력이란, 허구요 유언비어</u> 이상의 것이 되지 않고 될 수도 없

---

[86] 근자에 태동하고 있는 중국의「동북공정」에서는 우리의 옛 '고구려'와 '발해'가 고대 중국의 지방정권으로 처리되고 있다. '고구려'와 '발해'가 중국의 지방정권으로 처리된다면, 한반도의 북쪽 지금의 북한은 고대 중국의 권역 내, 영토가 되게 된다. 중국의 민족주의 사관 내에서는 이는 사실이요 역사요 진리로 취급될 게 분명하다. 그러나 우리는 이「동북공정」이 상상의 조합체요 상상의 구성물임을 안다. '고구려'와 '발해'는 한국민족의 고대국가들임이 분명하기 때문이다. 중국의「동북공정」은 민족주의가 상상에 기반하며 이의 구성물임을 단적으로 보여주는 사례가 된다. 민족주의의 강화와 확장이 위험천만할 수 있는 타당한 이유가 될 것이다.

을 것이다.

　민족이성이 계몽이성이나 사회주의이성에 비하여 보편타당성을 지니지 못하는 이유이다. 그만큼 상상적 주관성이 계몽이성이나 사회주의이성에 비하여 광범위하고 폭넓게 개입되어 있다는 것이다.

　해서 민족이성의 지도성 안에 있는 소설(상상력)만큼 유언비어의 위험성에 노출된 소설은 없다고 할 수 있다. 그러나 이는 보편적 관점에서이다. 그 민족구성원에만 한정시켜놓고 볼 때, 민족이성의 지도성 안에 있는 소설(상상력)만큼 진리인 것도 없다. 변증적 과정을 거치며 상상적인 것을 탈각시킬 필요조차 없이, 곧바로 그와 같다. 이 영역에서 소설은 허구임을 완전히 탈피하고 역사로 등극하게 된다. 소설과 역사의 차별하는 이 수준에서는 무의미한 것이 되어버리고 만다.

　소설이 역사로 등극하고 있다는 점에서 상상력에 의한 민족이성의 지도성만큼 강한 지도성은 없다고도 할 수 있다. 다른 여타 이성을 능가한다고 할 수 있다.

　그러나, 그 장소에 있어서의 한계성과 시간에 있어서의 한시성을 고려하면 상상력에 대한 민족이성의 지도성만큼 허망하고 취약한 것은 또 없다고도 할 수 있을 것이다. 그 민족의 경역과 시간대를 벗어나면 어떤 상상력도 민족이성의 지도성을 용납하려 하지는 않을 것이기 때문이다.

　1920년대 한국사회는 민족이성과 사회주의이성이 양분하여 지배하던 사회였다. 사회 전체적으로는 민족이성이 사회주의이성보다 지배적이었다 할 수 있겠고, 문단 내적으로만 보면 사회주의이성이 민족이성보다 지배적이었다고 보는 게 타당하다. 사회주의이성의 지도성을 근간으로 하는 카프가 1920년대 우리 문단의 헤게모니를 쥐고 있었던 까닭이다.

위에서 살펴본 바처럼 사회주의이성이나 민족이성이나 그 지도성이 몹시 강한 이성들이다. 이들 강한 지도성을 지닌 이성들의 지도성 안에 놓여 있던 1920년대 한국문단의 상황은 그래서, 상상력의 자율성 내지는 그 독립성을 인정할 수 없는 상황이었다. 보다 정확하게 말하자면, 이에 대해 접근할 수 없는 상황이었다. 상상력의 자율성 내지는 독립성이 무엇인지도 이해할 수 없는 상태였다고 할 수 있다.

1920년대 한국문단이 사회주의이성이나 민족이성의 지도성 안에 놓여 있어야 했던 것은 물론, 역사적 필요성 때문이었다. 상상력의 방기가 결코 용납될 수 없는 시대적 상황이었기 때문이었.

1920년대 상황논리 하에서 보면, 예술추방론은 1920년대 한국사회에서 옳은 것이었고 필요한 것이었으며 시의적절한 것이었다. 예술추방론이 작동하는 속에서만 예술이 허용되었다는 것은 예술 자체로만 보면 비극이겠지만, 사회 전체적으로 보면 희극이었다. 바람직한 일이었다.

1920년대의 상황논리로 볼 때 예술추방론은 '필요악'이었던 것이다.

문제는 1920년대적 상황이 아닐 것이다. 1920년대의 문학은 당대 상황이 요구하는 역할과 의미를 당대의 상황에 맞게 가장 잘, 적절하게 수행한 것이었다. 문제는 1920년대적 상황을 압박했던 그 역사적·사회적 조건들이 사라지고 난 이후에도 여전히 1920년대적 문학상황이 되풀이되거나 재연되고 있다는 그 점일 것이다.

1920년대적 문학상황은 2012년이라는 현재의 한국문학 상황 속에서도 정도상의 차이는 있을지언정 어김없이 재연되고 있다. 사회주의이성 내지는 민족이성의 지도성 안에 갇힌 상상력이 자신의 자율성이나 독립성은 결코 구가하지도 인정받지도 못한 채 이들 이성의 이념체 구현을 위한 수단 내지는 방편으로서만 쓰여지고 동원되고 작(作)되고 있다는 것이다. 물론 상상력의 자율성이나 독립성 안에서 작업되는 문학이 없지는 않아 보이지만, 이는 아주 예외적이며 문학사 내로 자리 잡고 들어오지도 못한다.

이런 현상이 자꾸 반복되어지고 오늘날까지 이어지고 있는 데에 대한 이유가 모호한 것은 아니다. 충분히 추정 가능한 사례에 속하는 일이다.

'예술추방론이 작동하는 안에서만 가능한 예술'이라는 1920년대적 예술관 내지는 소설관이 어느덧 한국문단의 지배적 예술관 내지는 소설관으로 자리 잡아버렸기 때문이었다고 볼 수 있다. '예술추방론이 작동하는 안에서만 가능한 예술'이라는 1920년대적 예술관이 한국문단의 예술관으로 이미 자리 잡아버린 나머지, 그 이후 어떤 예술 어떤 문학 어떤 소설도 끊임없이 이 예술관 주위로 되돌아와 평가받아야만 하게 되었고 이 예술관 주위를 맴돌 수밖에 없게 되었던 것이다[87].

1920년대적 이 예술관이 우리 문학사의 지배적 예술관으로 자리 잡게 된 데에 대해서는 몇 가지 이유를 살펴볼 수가 있다. 그 첫 번째가 예술추방론이 의외로 예술에 대한 강한 접근방법이라고 하는 것이다. 예술추방론은 오히려 예술 반(反)추방론보다 앞서는 이론이다. 플라톤이 아리스토텔레스의 스승이었다는 점에서 입증된다. 그만큼 강하게 사람들의 정서를 사로잡을 수 있는 예술론인 것이다.

그리고 두 번째로 이 예술론이 민족적 양심과 연계되어 있다는 점이다. 민족적 양심을 지닌 사람치고 이 예술론을 외면할 수는 없다. 이 예술론을 외면하면 그 순간 민족적 양심에 가책을 받게 되고, 견디기 힘든 고통의 나락 속으로 떨어져 갈 것이기 때문이다.

증오는 때로 사랑을 압도할 수 있다. 예술의 경우에도 마찬가지다. 예술에 대한 증오가 예술에 대한 애정을 압도할 수 있다. 게다가 그 예술에 대한 증오가 민족적 양심을 평안케 해주기까지 한다면, 예술에 대한 증오는 반드시 예술에 대한 애정을 능가하고 말 것이다. 이게 1920년대적 예술관, '예술추방론 안에서만 가능한 예술'이라는 예술관이 현재에도 지배적 예술관으로 우리 문학사에 자리

---

[87] 여기서 언급되고 있는 '예술관'이란 1970년대 이후 한국문단의 주류로 자리잡고 있는 민족문학담론을 염두에 둔 것이다. 북한의 주체문학 역시도 여기서 언급되고 있는 예술관과 매우 유사하다고 할 수 있다. 민족문학담론과 주체문학에 대해서는, 『북한문학의 역사적 이해』(김재용, 문학과지성, 2004.) 참조.

잡은 이유이다[88].

   그러나 아무래도 이는 바람직한 일처럼 여겨지지 않는다. 그 타당한 이유가 있다 하더라도 예술에 대한 증오가 예술에 대한 애정을 능가하고, 예술이 여전히 독립성을 상실한 채 민족이성이나 사회주의이성의 이념체 구성을 위한 수단으로만 동원되고 있다는 것은 문제적인 일이요 시정되어야만 할 일이다.

   2012년의 문학 상황이 1920년대의 문학 상황과 동일하다면 모르지만 그렇지 않다면, 1920년대의 예술관이 여전히 2012년의 예술관으로 작동하고 쓰여지고 있다는 것은 십분 재고의 여지가 있는 일이다.

   헌데, 추방론 안에서만 가능한 소설(예술)이라면, 이건 소설일까 유언비어일까.

---

88) 이와같이 된 데에는 국문학 연구자들의 공로가 아주 크다고 할 수 있다. 우리 국문대학(원)의 지배적인 정서는 '예술추방론'의 입장에 강하게 결박되어 있다. 이 결박을 통하여 1920년대적 예술관이 끊임없이 복제되고, 확대재생산되어지는 양상을 보여주고 있다. '예술추방론 안에서만 가능한 예술'이 국문학의 정체성이라고 하는 건데, 이게 정말로 우리문학의 정체성인지에 대하여는 심사숙고해 볼 필요가 있다는 판단이다.

복원

여태까지의 논의에서 드러나는 바이지만, 오늘날 소설은 유언비어로써 존재할 가능성이 높다. 소설과 유언비어와의 차별화가 상쇄되고, 소설이 유언비어화되어 있거나 유언비어가 소설화되어 있거나 한 상황이 지배적으로 전개되고 있을 거라는 것이다.

어떤 논자는 이러한 결론에 동의하지 않을 수도 있고 어떤 논자는 이러한 결론에 동의할 수도 있다. 그러나, 이는 논자들의 동의와 부동의의 문제가 아니다. 사회적으로, 그리고 현장에서 실제로 이와 같은 현상이 압도적 우세로 벌어지고 있는 현실이어서 사실의 적시에 불과한 것이다.

대학 저학년 학생들의 문학수업을 진행하면서 가장 당혹스럽게 맞닥뜨리게 되는 게 이것이었다. 대학생들이 소설을 유언비어화하고 혹은 유언비어를 소설화하고 이를 소설로 인식하고 있다는 점이었다. 소설이 무차별적으로 왕따놀이의 도구로, 그 일환으로 활용되어지고 그렇게 하는 데에 아무런 가책이나 의구심을 느끼지 않았다. 수업시간에 소설이 이런 식으로 학생들 사이에서 활용되고 있다는 것은 소설의 이런 활용이 이미 사회 내에 무의식화되고 내면화되어 있다는 사정 이외의 사정을 의미하지 않을 것이다.

왕따놀이의 일환으로, 도구로 활용되어지는 소설은 정확히 유언비어이다. 왕따의 대상에 대한 거짓된 신상정보를 기반으로 하고 이를 퍼뜨리는 데에 주안점이 두어져 있기 때문이다. 거짓된 게 아닌 진실된 신상정보에 입각해 있다 하더라도 이 경우, 소설은 유언비어의 한계를 벗어나가지 못한다. 그 진실이 리얼리즘이라고 하기보다는 왕따를 위해 동원된 취사선택된 정보라는 저열성에 입각해 있는 까닭이다. 즉, 편집된 정보라는 것이다.

대학 저학년 학생들 사이에서 소설을 유언비어적으로 활용하는 왕따놀이가 횡행하는 게 소설에 대하여 문외한인 학생들이 이를 잘못 알고 잘못 활용한 예외적, 국지적 현상이라고 주장할지도 모르겠다. 사실 그럴 수도 있다. 하지만, 이게 사회적으로 광범위하게 벌어지고 있는 소설과 유언비어와의 무차별화를 반영하는 바로미터요 거울일 수도 있을 것이다.

본인의 생각으로는 이는 일부 학생들의 예외적, 국지적 활용이라고 하기 보다는 사회 전체의 분위기를 반영하는 하나의 척도요 거울이라는 생각이다. 단지 학교 안에서만이 아니라 학교 밖으로 시야를 넓힌다 하더라도, 이를 뒷받침하는 사례들이 사회 내적으로 풍부하다는 이유에서이다. 실은 학생들의 학교 내에서의 움직임은 학교 밖 사회에서 묻어온 것일 가능성이 높은 것이다. 학교에서 가르치는 것과 전혀 반대의 행위를 할 경우에는 더욱.

앞서 언급한 소설가 모 씨의 경우다. 모 씨가 우리 사회에서 차지하고 있는 위상을 놓고 볼 때, 이러한 의구심은 상당히 타당성이 있다고 할 것이다. 소설의 유언비어화는 우리 시대의 트렌드이거나, 그 정도까지는 아니라 하더라도 그에 준하는 양상을 보이고 있는 게 틀림없다.

게다가 소설의 유언비어화는 우리의 SNS 공간에서는 거의 일상처럼 일어나고 반복되는 일이다. SNS 공간에서 일상적으로 반복적으로 일어나는 일이라면, 우리의 실생활에서도 반복적으로 일상적으로 일어나는 일상이라고 보는 게 타당하다. SNS는 이미 우리의 실생활과 떼려야 뗄 수 없는 관계성으로 얽혀들어와 있는 현실이란 거다. 게다가 그 관계성과 연관성은 날로 확장일로에 있는 것이다.

SNS 상에서 일어나는 일이 실생활에 강한 영향력을 미치고 있고 이를 무시하고는 우리의 실생활이 온전하게 존속될 수 없다는 것은 분명하다. 이게 일부 미성숙한 학생들의 잘못된 활용이라고 주장하는 사람들도 SNS의 영향력 확장과 날로 일상화가 증대되어가고 있음에 대하여서는 동의하지 않을 수 없을 것이다. 오늘은 일부 학생들의 예외적 활용이라고 하더라도 내일은 이미 그것이 지배적 활용이 되고 있음을 우리는 쉽사리 보게 되고 경험하고 있는 것이다. 예술가나 소설가들에게서조차도 마찬가지다.

소설가 모 씨의 사례가 이것의 일반화, 일상화되어가고 있음을 보여주는 좋은 사례였다고 할 수가 있을 것이다. 소설가가 SNS 상의 왕따놀이에 참여하여 소설과 유언비어를 무차별화하고 있다는 것은, 이 현상이 사회의 지배적 현상임을 입증하는 일임에 틀림없다.

이렇듯 소설과 유언비어와의 무차별화가 무차별적으로 진행되고 있는 데에는 그 다양한 이유가 있겠지만, 그 핵심은 무엇보다도 소설유용론의 무력화라는 점에서 찾아져야 한다. 소설유용론이 사회적으로 무력화되고 제대로 작동하지 않고 있기 때문이라는 것이다.

소설유용론은 오늘날 우리 사회에서 제대로 작동하지 않는다. 그 제대로 작동하지 않음에 초점을 맞추어보면, 소설유용론은 오늘날 우리 사회에서 더 이상 시대의 적절성을 상실하고 있는 게 아닌가 여겨지게 된다. 여전히 소설이 사회적으로 유용한 것이기를 바라는 소수의 사람들이 존재하는 바이지만, 소설이 유용한 것이 될 수 있는 조건이 사회적으로 상실되고 있어 그 바람이 충족되기는 갈수록 어려워 보인다.

실제로 오늘날 소설유용론은 사회적으로 속화되어 있다. 속화된 소설유용론은 소설무용론이나 소설해악론의 경계에 가 닿게 되는데, 일반적으로 소설해악론의 경계에 가 닿게 된다. 속화된 소설유용론 속에서 소설은 유언비어와 거의 무차별화된다. 소설의 유언비어화 혹은 유언비어의 소설화가 진행된다.

소설유용론이 속화되는 까닭은 소설을 사회적으로 유용한 것으로 만드는 조건, 즉 이념이 속화되는 때문이다. 그 사회를 열고 이끌고 지탱하고 있는 지배적 이념들이 속화되어 제 역할을 하지 못하고 부작용만을 양산하고 있기 때문에, 소설유용론도 제대로 작동하지 않게 되는 것이다. 소설이 사회적으로 유용해지기 위해서는 사회의 지배적인 이념에 포섭되어 이의 지도성 안에서 이의 목적달성을 위한 수단 내지는 보조로 활동하여야 하는데, 그 이념이 속화되고 약화되어 버린다면 소설의 유용성이 경감되고 희미해지는 것은 당연한 바의 일이다.

대체로 현재 우리 사회를 지배하고 있는 주도적 이념이라고 하면 계몽주의, 사회주의, 민족주의 등의 세 가지를 들 수가 있을 것이다. 앞 장들에서 우리가 살펴본 바의 이념들인데, 물론 이에서 더욱 세분하여 볼 수 있는 일이긴 하다. 그러나, 어떤 세분된 이념들도 일반적으로는 넓게 보아 이 세 개의 이념 안으로 포섭되어 분류된다고 볼 수 있다.

헌데, 이 세 개의 이념들 가운데에 우리 사회에서 여전히 시대의 적절성을 유지하거나 획득하면서 강한 장악력을 보여주고 있는 이념은 없다는 것이다. 만일 우리 시대의 주도적인 이들 세 개의 이념들 가운데에서 하나라도 시대의 적절성을 유지하거나 획득하고 있는 이념이 있다면 우리 사회는 근대의 황혼이라고는 불리우지 않게 되고, 또 그래야 할 것이다. 이 세 개의 이념들은 어쨌거나 근대의 기획이었고, 근대를 열고 개척하고 지탱하고 있는 핵심 이념들이기 때문이다.

우리 사회를 주도하고 있는 이러한 이념들의 약화는, 당연한 결과로 소설유용론의 약화를 가져온다. 소설을 사회적으로 유용한 것으로 만드는 그 이념들이 약화되고 속화되었으니 소설유용론도 따라서 약화된다는 것은, 논리적 귀결이다. 여기에 의심스러운 구석은 어디에도 없다.

약화되고 속화된 소설유용론은 소설과 유언비어를 무차별화하고 무차별적으로 소설을 유언비어화하고 유언비어를 소설화한다. 대학 저학년 학생들이 왕따놀이에 몰두하고 몰두한 왕따놀이를 통해서 소설을 유언비어로 활용하거나 유언비어를 소설화하는 것은 이들에게 국한된 국지적, 예외적 현상일 리 없다. 이는 사회 저변에 걸쳐 암묵적으로 혹은 공개적으로 진행되고 있는 소설유용론의 약화와 속화에 대한 재현이요 반영임이 분명하다.

약화되고 속화된 소설유용론은 소설무용론 내지는 소설해악론의 경계에 가 닿게 된다. 소설무용론이나 소설해악론에 그 주도적 자리를 내어주려 하게 된다. 결국, 약화되고 속화된 소설유용론은 사회적으로 소설종말론 내지는 소설추방론을 불러들이게 되고, 이것이 그것의 결말이 된다. 실제로 우리의 현 사회에서 소설종말론은 지배적인 현상이다. 거의 대부분의 논자들이 인정하는 바이고, 이의 대안도 없다는 데에 수긍하고 있는 바이다. 소설 혹은 예술의 불가능성에 대한 논의는 새삼스러운 논의가 아닌 것이다.

소설추방론에 대해서는 물론 논란이 있을 수는 있다. 아무도 이를 대놓고 주장하지는 않는다는 점이다. 그러나 종말론도 넓게 보면 추방론의 한 변형태요 이의 현대적 형태라는 점에서 보면 추방론이 작동하고 있다는 게 사실이다. 게다가 유언비어의 척결은 사회적으로 논란의 여지가 없이 합의되고 있는 사항이라는 점이다. 소설과 유언비어가 무차별적이라면, 유언비어 추방론은 곧 소설추방론인 것이다.

이쯤되면 이 마지막 장의 제목이 왜 '복원'인지 이해가 될 것이다. 물론 여기서의 복원은 '소설(예술)목적론의 복원'을 의미한다.

우리 시대가 근대의 황혼이기 때문이다. 근대의 황혼의 황혼이기 때문이다. 근대의 황혼의 황혼의, 황혼이기 때문이다. 소설유용론이 더는 우리 사회에서 기능하지 않고 기능 정지된 상태인 때문이다. 소설유용론이 이제 우리 사회에서 유의미한 것을 낳지 못하고 소설과 유언비어와의 무차별화만을 낳는 때문이다.

몇 가지 짚고 넘어가야 할 것들이 있다. 근대가 체험하고 인지한 것들에 대해서이다. 앞서의 장들이 이에 대한 논의로 점철되어 있는 것이지만, 여기서 다시 한번 정리해보고 싶다. 왜 소설(예술)목적론의 복원이어야 하는지 그 결론의 타당성을 명징하게 드러내 보여주고 싶어서다.

우선 근대는 상상력을 파악하고 이의 개념을 잡은 시기이다. 예술사에서 이는 무엇보다도 중요한 사항이다. 예술의 기반이 상상력이라는 것을 보여주고 있기 때문이다.

이성은 반드시 상상력의 조력을 필요로 한다. 상상력은 이성의 구현을 위한 동력이요 추진력이요 에너지이다. 어떤 기관이나 기구도 동력 없이 움직일 수는 없는 것이다. 또한 상상력은 단지 이성이 목적하는 바를 구현시키기 위한 동력의 역할만을 하는 것이 아니다. 이성이 구성해내는 이념형성에 있어서도 상상력의 조력과 개입은 필수불가결하다. 어떤 이념도 상상력의 도움 없이는 구성되지 않고, 구성될 수도 없다.

　게다가 상상력은 이성보다 훨씬 더 광범위한 영역을 포괄한다. 프로이트가 인간의 정신을 의식과 무의식이라는 이분법으로 탐구하고 구조화하였는데, 이때 의식이 이성에 상관한다면 무의식은 상상력과 관련된다고 할 수 있다. 무의식은 기본적으로 무한 상상의 세계인 것이다. 헌데, 무의식은 인간 정신의 대부분을 차지하는 영역이다. 의식은 그 광활한 무의식의 영역에서 점처럼 솟아올라 있는 섬에 불과할 뿐이다.

　근대에서의 상상력의 발견은 획기적인 사건이다. 예술이 상상력에 기반한다는 사정을 이해하게 된 것은 더더욱 획기적인 사건이다.

　이에 대한 이해의 과정에서 근대가 치른 대가도 엄청났다고 할 수 있다. 인류 역사상 근대는 상상력의 자율성과 독립성을 인정한 유일한 시대였다. 이는 현실적으로 예술의 자율성과 독립성으로 나타났는데, 매우 의미있는 일이었던 동시에 문제적인 일이기도 했다. 이로 인해 근대가 엄청난 대가를 치러야 했던 탓이다.

　이성의 통제를 벗어난 상상력이란 사실 우리 인간사회가 감당키 어려운 바의 것이다. 개체적으로도 그러하고 집단적으로도 그와 같다. 상상력의 폭주를 보여준다는 아방가르드가 문명파괴를 찬양하며 이에 몰두해 들어가고 말았다는 데에서도 이 감당키 어려움의 위험성이 살펴진다.

이 감당키 어려움에 대한 경험이 근대로 하여금 이에 대한 방비책으로 공상이란 개념을 들고 나오도록끔 하였다. 공상은 한마디로, 순화된 상상력이었다고 할 수 있다. 상상력이긴 하지만 그 폭주성이 현저히 완화된, 폭주하지 않는 상상력.

두 번째로, 근대가 체험한 중요한 사항은 이성에 대한 환멸이다. 좀 더 정확히는, 모든 이념에 대한 환멸이다. 어떤 이념도 천년왕국을 약속하지만, 그 어떤 이념도 인간의 땅에 약속한 천년왕국을 구현할 수는 없다는 사실을 인지하게 되었던 것이다. 어떤 이념도 한번 이 땅에 구현되고 나면 자신의 약속을 배반한다. 이에 대한 예외는 아직까지 없었다.

근대는 이념의 불완전성에 눈을 뜬 시대이며, 이를 깊이 경험하고 인지한 시대이다. 어떤 이념도 이를 경험하고 난 근대인에게는 유보적이며 한계적이다. 근대인을 완벽하게 유혹할 수 있는 이념은 없다. 대신에 근대인을 환멸에 빠뜨리고 말 이념은 널려 있고, 통상적이다. 이념은 이제 사회 내에서 그렇게 밖에는 존재할 수 없다.

위에서 언급한 양자의 경험, 즉 상상력과 이념의 환멸에 대한 근대의 경험은 아주 근본적인 것이어서 이를 되돌이킬 수 있는 것은 없다. 현재로서는. 필시 근대가 끝장나지 않는 한 근대의 이 근본적인 체험은 끊임없이 시대를 따라다니며 무슨 족쇄처럼 근대를 뒤흔들어놓을 게 틀림없다. 오늘날을 근대의 황혼이라 부르는 것도 이 체험에서 비롯된 바의 일이었다고 할 수 있다. 상상력은 들짐승처럼 폭주하고 사회를 이끌어나갈 이념은 희미해져 가는, 이게 근대가 황혼에 이르렀다 하는 이유요 까닭이다.

근대 이후가 근대를 완전 폐기처분시킨 그 위에 형성되는 게 아니라면 인류는 이들 체험, 상상력의 폭주와 이념의 환멸이라는 체험으로부터 자유로울 수 없다. 아니, 근대 이후가 근대를 완전 폐기처분시키고 난, 그 위에 형성되는 것이라 하더라도 인류가 이 근대의 체험으로부터 자유로울 수는 없다. 어쨌든 그것은 인류의 의식 속에서 사라진다 하더라도 무의식 속에서나마 기억되고는 있을 것이기 때문이다.

사정이 이와같다면, 오늘날 소설유용론은 한계적이요 부담일 수밖에 없다. 어떤 의미에서 보자면 그것은 이미 시효가 만료된 과거라고도 할 수 있다.

오늘날 우리 사회는 상상력의 자율성과 독립성을 인정할 수밖에는 없다. 이의 파멸성과 파괴성을 막기 위하여 제한에의 필요성을 갖는다 하더라도 그 제한에의 필요성은 상상력의 자율성과 독립성을 전제한 연후의 일이다.

게다가 소설의 이념에의 결탁도 아주 느슨할 수밖에 없는 일이다. 사전에 이념에 대한 환멸이 체험되고 인지되고 있는 상태이기 때문이다. 이런 상태에서 소설의 이념과의 결탁은 한계적이요 한시적일 수밖에는 없다.

　이러한 조건 하에서 소설유용론에 대한 고착은 소설을 유언비어화할 가능성이 높다. 소설이 유언비어화하면, 소설무용론이나 소설해악론이 고개를 들게 된다. 특별히 소설해악론이 집중적으로 고개를 들게 될 것이다.

　소설(예술)목적론이 왜 복원되어야 하는지에 대한 이유는, 그것이 우리 시대의 소설이 사회에서 있어야 할 정답이기 때문이 아니다.
　소설(예술)목적론은 정답이 아니다. 최선일 뿐이다. 어쩌면 최선조차 아닐는지도 모른다. 차선 정도에 지날 뿐일지도 모른다.
　그러나, 우리 시대가 처한 조건 속에서 소설(예술)목적론 이상의 사회에서의 소설의 위치지움이나 존재의의는 바랄 수 없다. 우리 시대의 조건 속에서 소설이 사회에서 있어야 할 정답이나 최선은 기대할 수 없다. 기대할 수 있다면 그것은 기껏 차선일 뿐이다. 그 차선이 소설(예술)목적론이다. 적어도 소설이 유언비어와 무차별화되어, 소설이 유언비어가 되는 것만큼은 막을 수 있기 때문이다.
　그래서 소설(예술)목적론이요 그것의 복원이 필요로 되어지는 것이다.
　또 한 가지 이유를 밝히자면, 인간목적론이 소설목적론을 요청하고 있기 때문이기도 하다. 인간목적론은 근대가 이룩한 위대한 핵심적 가치인데, 인간목적론이 완성되기 위해서는 필연적으로 예술목적론이 뒤따라야 한다. 인간목적론과 소설(예술)목적론은 동전의 앞뒷면과 같은 것이다. 앞면 없는 동전이 화폐로서 기능할 수 없는 것처럼 뒷면 없는 동전도 화폐로서 기능할 수 없는 것이다.

    소설이 소설(예술)목적론으로 사회에 있는 것 이외에 그 어떤 의론도 근대의 저물녘, 황혼에는 적합하지도 가능하지도 않은 것이다.

역사에서 허구로, 허구에서 역사로, 역사에서 역사로

역사와 소설의 문제는 사실과 허구의 문제이다. 사실과 허구의 문제는 이성과 상상력의 문제이기도 하다. 이성과 상상력의 문제는 또한, 오늘날 의식과 무의식의 문제이기도 하다. 그러나 이는 궁극적으로는 언어의 문제이다.

역사와 소설을 같이 두고 양자를 구별해보라 하면 그 대답은 의외로 간단하다. 역사는 사실의 집적체이고 소설은 허구의 집적물이라는 것이다. 정의가 명확하고 그 정의에 의문의 여지가 없는 듯하므로 양자를 구별하는 것은 어렵지 않고 복잡할 게 없다고 생각할지 모르나, 실제로는 그와 같지 않다. 현실적으로 역사와 소설은 마구 착종되어 있어 양자를 명확히 구별하기 어렵고, 이것은 역사고 저것은 소설이다라고 간단하게 가려내기 어렵다. 역사와 소설은 사실과 허구의 문제이기 때문이고, 모든 허구는 사실이 되고자 하는 강한 욕망을 지니기 때문이다.

다시 말해 모든 허구는 사실과 더불어 그 사실성을 다툰다는 것이다.

　사실이냐 허구냐의 문제가 발생하는 것은 인간이 언어를 지닌 까닭이다. 인간이 언어를 지닌 존재가 아니라면 사실이냐 허구이냐의 문제가 발생하지 않았으리라는 건데, 따라서 사실이냐 허구냐의 복잡한 이분법적 세계를 사는 것은 인간뿐임을 알 수 있다. 언어를 지니지 않은 다른 동물들은 이러한 복잡한 이분법적 현실을 살지 않는다. 이들은 실존적 현실만을 살 뿐인데, 그것은 언어 이전의 현실이다. 언어 이전의 현실에서는 사실이냐 허구냐의 이분법은 발생하지 않는다.

　인간은 언어를 지닌 탓에 언어화된 현실을 사는 유일한 존재가 되었다고 할 수 있다. 헌데, 언어화된 현실은 사실과 허구의 문제를 야기시킨다. 어떤 것은 사실이고 어떤 것은 허구라는 사실과 허구를 변별하며, 양자 사이에 심각한 갈등관계를 발생시킨다. 언어로 인해 사실과 허구가 갈린다는 것은 수긍한다 하더라도 이로 인해 양자 사이에 심각한 갈등이 일어난다는 데에 대해서는 의문을 가질 사람이 있을지 모르겠다. 현실을 있는 그대로 언어화하면 사실이고 이를 변형시키거나 없는 걸 있는 것처럼 언어화하면 허구일 텐데, 여기에 무슨 갈등이고 자시고가 생길 여지가 있느냐 하는 거다. 맞는 얘기이긴 하지만, 언어화된 현실이 그렇게 간단하게 처리되고 말 수만은 없는 근원적 한계를 지니는 것이다.

　언어화된 현실은 참현실이 아닌 것이며, 근원적으로 될 수 없는 것이다. 아무리 있는 현실 그대로를 언어화하고 표현한다 하더라도 언어 이전의 실존적 현실 그 자체가 될 수는 없다. 이는 언어화된 현실의 한계이다. 아무리 철저하게 언어화한다 하더라도 언어화에서 벗어나가는 참현실의 여분이 없을 수 없고, 있을 수밖에 없다.

언어화된 현실이 참현실은 아닌 거라면 언어화된 현실이 보증하는 사실이란 참사실일 수는 없다. 그저 참사실일 가능성이 높은, 즉 사실일 개연성이 높은 사실일 뿐이라고 하는 게 올바른 이해일 것이다. 언어화된 현실 속에서 사실이란 사실일 개연성이 높은 사실일 뿐이라면, 허구란 사실일 개연성이 낮은 사실일 뿐이다. 따라서 허구는 사실과 더불어 그 사실성을 놓고 끊임없이 투쟁하며 갈등할 수밖에 없게 되는데, 이는 당연할 뿐만 아니라 필연적인 일이기도 하다. 왜냐하면 이는 참사실과 참허구의 문제가 아닌 단지 개연성의 문제일 뿐이기 때문이다.

언어화된 현실 속에서 모든 허구는 사실과 다툰다. 모든 허구가 사실이 되고자 하는 강한 욕망을 지니며, 이 욕망을 지니지 않는 허구란 존재할 수 없다. 언어화된 현실과 참현실 사이의 갭 때문이다. 이 갭이야말로 허구의 가능성이요 허구의 영역이며, 상상력의 가능태요 상상력의 영역이며, 무의식의 가능태요 무의식의 영역이며, 어둠의 가능태요 어둠의 영역이다. 허구란 사실이 되고자 하는 욕망을 지니지 않았다면 태어날 리 없는, 그런 존재성을 지닌 그 '무엇'인 것이다.

이 사실과 허구의 심대하고도 치열한 투쟁양상을 조정하고 처리해가는 과정에서 어떤 문화들의 성격이 규정되었다고 한다면 지나친 비약이 될까? 그러나 이는 지나친 비약이 아니다. 실제 세계문화사의 변모과정이 그와 같았다. 사실과 허구의 투쟁양상을 조절하고 처리해가는 과정에서 각 문화들이 그들 나름의 문화적 성찰을 갖게 되고, 독특한 변모과정을 거쳐 형성되어가게 되었던 것이다.

사실과 허구의 투쟁양상을 조정하고 처리하는 과정은 다양한 방식이 있겠지만, 그 큰 줄기는 크게 보아 둘로 나뉜다 할 것이다. 한 가지는 언어화된 현실을 무조건 참현실로 간주하는 것이다. 언어화된 현실과 참현실과의 갭을 인정하지 않는다는 것인데, 언어란 실체의 상징일 뿐만 아니라 언어가 실체요 실체 그 자체로 보는 입장이다. 이 사회, 이 문화 속에서는 언어화된 것은 모두 사실이며 허구가 될 여지가 없다. 언어 자체가 곧 상징인 동시에 참현실, 실체 그것 자체이기 때문이다.

또 한 가지는 언어화된 현실을 조건 없이, 일단은 참현실이 아닌 거짓인 것으로 간주하는 것이다. 언어화된 현실과 참현실과의 갭을 인정하는 것이며, 언어는 단지 참현실 즉 실체의 상징일 뿐으로 실체로부터 멀리 그것도 아주 멀리 떨어져 있어 실체 자체를 알 수는 없다는 입장이라고 할 수 있다. 이렇게 멀리 떨어져 있는 알 수 없는 실체의 상징일 뿐인 언어이므로, 그 언어로 표현된 현실이란 허구일 수밖에 없게 된다. 이 사회, 이 문화 속에서는 언어화된 것은 모두 허구이며 사실일 여지가 없다.

대체로 상형문자, 그림문자, 표의문자를 사용하는 문화가 전자,

즉 언어를 실체의 상징일 뿐만 아니라 실체 자체로 여겼던 반면 표음문자를 사용하는 문화가 언어의 실체에 대한 상징성을 인정하면서도 실체 자체와는 그다지 연관성이 없는 것으로 이해했던 게 아닌가 싶다.

하여간 이 큰 두 줄기는 극단화된 경우를 상정해 본 것이고 실제로는 언어를 실체의 반영물로 보고 언어화된 현실을 참현실로 즉 사실로 간주하는 경향이 두드러진 문화와 언어를 실체의 반영물로 보지 않고 언어화된 허구로 간주하는 경향이 두드러진 문화와 같이, 현실적으로는 경향성이라는 면에서만 존재한다. '언어화된 것은 다 사실이다' 혹은 '언어화된 것은 다 허구다' 라는 식의 극단적인 문화나 사회는 역사적으로도 그렇고 현실적으로도 그렇고 존재하지 않거나, 존재한다 하더라도 매우 특이한 경우일 뿐이다.

대체로 볼 때 고대 동양사회는 전자의 경향성을 보이는 문화라고 볼 수 있고, 고대 그리스 사회는 후자의 경향성을 보이는 문화라고 볼 수 있다. 그러니까 고대 동양사회는 언어화된 것을 대부분 사실로 간주하는 사회였고 고대 그리스 사회는 언어화된 것을 대부분 허구로 간주하는 사회였다고 할 수 있다. 일단은 언어화된 것을 사실로 간주하고 거기서 허구를 추려내는 게 동양사회였다면, 서구 사회는 일단은 언어화된 것을 허구로 간주하고 거기서 사실을 추려내는 과정을 거치는 사회요 문화였다는 것이다. 어느 게 더 낫고 어느 게 더 나쁘다고는 할 수 없는 일이겠지만 오늘날 동양문화와 서양문화의 차이는 큰 부분 여기에서 비롯되며, 사실과 허구를 처리해오는 그 지난한 과정에서의 결과임이 분명하다고 보는 데에는 별 무리가 없다 할 것이다.

1. 역사에서 허구로

고대 동양사회가 언어를 실체와 연관된 것, 즉 실체의 상징이요 실체인 것으로 그 외 언어의 다른 여지를 인정하지 않았기 때문에 언어화된 것은 모두 사실로 간주하였다고 했다. 이는 그럴 수밖에 없는 일이다. 언어가 실체의 반영이요 실체의 반영일 뿐이라면 언어화된 현실이 사실이 아닐 수는 없는 일이기 때문이다.

고대 동양사회가 사용했던 문자인 한자를 통해서 보면 이와 같은 사정을 보다 실감나게 인지할 수 있다. 한사는 오늘날의 문자와는 달리 실체의 모양이나 본성, 본질을 본떠서 만든 문자였다. 누구나 그와 같이 인식하였고, 그와 같은 인식하에서 한자가 개발되고 탄생한 게 사실이다. 다른 문화와는 달리 한자가 독특한 쓰기와 읽기 문화를 발달시킬 수 있었던 게 그 때문이었다고 할 수 있다. 한자는 서예라는 독특한 쓰기문화를 낳았고, 또 토와 운을 달아 읽는 독특한 읽기문화도 탄생시켰다. 과거 서생들이 끊임없이 서예를 갈고 닦고, 한자를 소리 내어 읽었던 것은 그것이 실체와의 접촉이요 교감이었기 때문이지 달리는 설명키 어려운 일이다.

한자는 오늘날에도 부적의 문자로 사용된다. 예전에는 그 사정은 더욱 심했다고 할 수 있다. 한자가 부적의 문자로 사용된다는 것은 한자가 실체의 반영이요 실체와 연관된 의식의 소산물임을 단적으로 보여주는 사례이다. 한자가 실체의 반영물이거나 실체가 아니라면, 귀신을 쫓아낼 힘을 가질 리가 없다. 한자가 실체의 반영물이거나 실체가 아니라면 부적은 힘을 가질 리 없고, 힘이 없는 부적에 어떤 귀신이 있어 두려워하고 저어하며 감히 범접치 못할 리 있겠는가.

고대 동양사회에서 한자라는 문자를 통해 문자화된 모든 것은 사실이었다. 한자라는 문자를 통해 문자화된 어떤 것이 사실이 아니라면, 그건 신성모독이었다. 신성모독은 제거되어야 했으며 실제로 그것은 제거되거나 거세되었다.

한자라는 문자를 통하여 문자화된 모든 것이 사실이라면, 사실로 간주되었다면, 이는 필연적으로 역사이다. 역사는 사실의 집적체이므로, 문자화된 모든 게 사실이라면 이는 역사일 수밖에 없다. 그리고 한자라는 문자를 통하여 문자화된 모든 게 사실이라면, 소설은 불가능하다. 소설은 허구의 집적체이기 때문이다. 만일 문자화된 어떤 것이 소설이 된다면 이는 그 어떤 것이 사실이 아닌 허구라는 얘기이고, 사실이 아닌 허구란 앞서 지적한 대로 이 세계에서는 신성모독이다. 신성모독은 제거되고 거세된다. 이 세계에서 소설은 신성모독이요 신성모독은 제거되기 위하여 존재할 뿐이므로, 소설은 그 존재성이 부정되고 따라서 존재할 수 없다.

역사와 소설은 사실과 허구의 문제이지만, 또 이성과 상상력의 문제이기도 하다. 역사는 이성에 근사하고 소설은 상상력에 근사한다고 보아 좋을 것이다. 대체로 실제에 부합한다. 헌데, 소설이 상상력에 근사한다면 소설을 신성모독이라는 차원에서 제거하거나 거세하는 고대 동양사회는 상상력이 말살되고 있는 사회임을 알 수 있다. 소설에 대한 제거는 곧 상상력에 대한 제거이기 때문이다.

상상력을 신성모독으로 간주하는 고대 동양사회가 상상력에 호의적이지 않고 이를 터부시하고 경계한 것은 사실이지만, 그러나 그렇다고 해서 상상력의 완전한 제거로 나아간 것은 아니었다. 상상력의 완전한 제거란 게 현실적으로 불가능한 탓이겠지만, 역사의 하위범주로서의 소설이란 형태는 인정함으로서 일정 정도의 상상력의 유통은 가능케 했다.

고대 동양사회에서 소설은 신성모독으로서 제거되었어도 역사의 하위범주로서의 소설은 인정되었다. 역사의 하위범주로서의 소설이란 역사로 간주되는 소설, 즉 역사화한 소설을 의미한다. 역사로 간주되는 소설이므로 역사의 하위범주로서의 소설도 역사가 생산되는 방식으로 생산된다. 고대 동양사회에서 역사는 왕에 의하여 엄선된 관직 즉 사관에 의하여 기술되는 것으로 되어 있었는데, 역사의 하위범주로서의 소설도 이의 예를 따랐다. 사관과 같은 역사를 다루는 관직이나 이보다는 등급이 낮은 패관에 의하여 채집되고 기술되고 작성되는 것이 곧 소설이었다. 사관이 대설 즉 큰인물들의 이야기를 채집하고 기술하여 역사화하였다면 패관은 작은 인물 즉 시정잡배의 얘기를 채집하고 기술하고 작성하였다. 해서 이를 소설(작은 이야기)이라 하였던 것이다.

공자의 '술이부작(述而不作)'이라는 표현 속에서 고대 동양사회의 역사와 소설을 보는 관점이나 태도를 엿볼 수 있다. 공자는 '술이 부작(述而不作)' 즉 자신은 '기록하였지 창작하지 아니하였다' 하였는데, 이는 자신은 역사를 기록했지 소설을 짓지 아니하였다는 얘기이다. 공자는 신성모독을 범하지 않았다는 것으로 실체의 세계를 드러내었지 이에 실패하지 않았음을 자신 있게 토로한 것이라 하겠다. 역사를 상위에 두고 소설을 하위에 두는 고대 동양사회의 인식구조를 상징적으로 드러낸 표현이었다고 할 수 있다.

하여간 고대 동양사회에서 소설은, 이의 생산자나 소설 자체나, 신성모독이라는 차원에서 제거되고 또 거세되었지만 역사의 하위범주로서의 소설 즉 역사화한 소설만큼은 그래도 그 유통과 존재성을 인정받았던 것이다. 이 역사의 하위범주로서의 소설이 후대로 내려와 허구의식이 성장하고 소설이 역사로부터 분리되면서 허구로서의 소설 즉 오늘날의 소설로 진화하고 발전해왔다고 볼 수 있다. 물론 동양사회에서 소설이란 서구근대사회의 소설 개념과 만나야 비로소 완성이 되는 것이긴 하지만, 이와 같은 자체 진화과정이 있었던 것도 부인되지 않는 사실이다.

고대 동양사회가 역사와 역사의 하위범주로서의 소설을 나눈 것은 사실과 허구의 문제를 처리하는 고대 동양사회 나름의 방식이었다고 할 수 있다. 그러니까 언어화된 현실 좁게는 문자화된 현실을 일단은 역사 즉 사실로 간주하고 이에서 이의 하위범주로서의 소설, 즉 허구를 인정하는 방식으로 사실과 허구의 문제를 처리했다는 것이다. 문자화된 모든 것은 사실이고 허구는 사실의 하위범주로서의 허구, 즉 사실화된 허구만이 인정된다. 사실화된 허구 아닌 모든 허구는 제거의 운명을 벗어날 수 없다.

이와 같은 고대 동양사회의 사실과 허구의 처리방식은 다른 문화들과 구별되는 동양문화만의 독특한 특징을 형성하게 되었다고 할 수 있다. 동양문화에서 쓰기행위와 읽기행위는 공히 거의 종교행위에 근사한다. 쓰기행위나 읽기행위나 이는 공히 실체와 만나는 혹은 실체의 세계로 들어가는 행위이기 때문이다. 문자화된 모든 것은 실체의 반영이요 실체요 역사이기 때문이다.

그리고 모든 쓰기행위와 모든 읽기행위는 역사가 되기를 지향하고, 역사화를 꿈꾼다. 역사화에 실패한 쓰기행위 혹은 읽기행위는 소설로 떨어지며 소설로 떨어진 쓰기행위 읽기행위는 신성모독이며, 신성모독은 당연히 제거된다. 모든 사회와 마찬가지로 동양사회에서도 신성모독은 용서받을 수 없는 범죄였다.

이렇듯 역사를 소설에 앞세우며, 이성이 상상력을 능가하고, 소설을 신성모독이라 간주하며 상상력을 터부시하는 이게 동양문화의 특징이다. 모든 쓰기행위 읽기행위가 이와 같은 방향을 지향하고 있고, 이런 특징을 드러내는 식으로 구조화되어 있다. 모든 쓰기행위 모든 읽기행위가 역사화를 지향하며 소설을 폄하하고 상상력의 출몰을 저지하는 방향으로 흘러간다면 어떤 문화도 이와 같은 특징을 지닐 수밖에는 없다.

그러나 동양문화가 내내 이와 같은 특징 속에만 고정되어 있은 것은 아니다. 루샤오펑은 송대쯤에 이르면 역사의 하위범주로서의 소설이 그 하위범주성에서 벗어나 독립성을 띠어가게 된다고 한다. 그러다 원·명대에 이르러 중국의 4대 기서(奇書)가 나올 때쯤이면 허구로서의 소설이 어느 정도 자리 잡아갔다고 볼 수 있다고 하는데, 중국의 4대 기서라면『삼국지』『서유기』『수호지』『금병매』를 일컫는 것이다. 루샤오펑은 이런 관점에서 동양문화를 '역사에서 허구로' 나아가는 패턴의 문화라고 보고 있는데, 상당히 수긍이 가는 바의 관점이다.

그러나 동양문화가 '역사에서 허구로' 나아간 문화라고는 해도 여전히 그 경향성은 해소되지 않고 남아 있는 게 아닌가 싶다. 서구 근대문화와의 충분한 접촉이 있고 난 지금에도. 어쩌면 그 때문에 더욱. 그에 대한 반발 때문에 더욱 야기된 일인지는 몰라도, 여전히 역사를 우위에 두고 소설을 역사의 하위범주에 두며 모든 쓰기행위 모든 읽기행위를 역사로 환원시키려는 경향성에서 완전히 벗어나지는 못 하고 있다. 여전히 이 경향성이 강하게 나타난다는 것이다. 소설을, 상상력을 신성모독으로 간주하고 이를 제지하고 거세하려는 무의식적 욕망이 동양문화에 여전하며 요즈음은 외려 이게 더욱 강화되고 있는 게 아닌가 싶을 정도다.

특별히 다른 여타 동양문화 속에서보다 오늘날의 한국문화로 넘어오면 이런 경향성이 매우 맹렬해지고 있음을 살필 수 있다. 다른 여타 동양문화에서보다 오늘날의 한국문화 속에서 이런 경향성이 더욱 맹렬해지고 있다는 것은 한국문화를 소비하고 있는 한 사람으로서 심각하게 심사숙고해 보아야 할 일이 아닌가 한다.

2. 허구에서 역사로

고대 동양사회가 언어화된 현실 좁게는 문자화된 현실을 일단은 사실로 간주하고 이에서 허구를 가려내는 방식을 취했다면, 고대 그리스 사회는 반대로 언어화된 현실을 일단은 허구로 간주하고 이에서 사실을 추려내는 방식의 사회였다고 할 수 있다. 고대 그리스 사회가 고대 동양사회와는 전혀 다른 방식의 사실과 허구를 처리하는 양태를 보인 것은 사고체계의 차이 때문이겠지만, 각 사회가 개발하고 구성해낸 문자의 차이도 중요한 몫을 차지했다고 보는 게 아마도 타당할 것이다.

앞서 본 것처럼 한자가 실체의 모양의 반영이거나 실체의 본성 본질의 반영이었던 반면 그리스 사회의 문자는 페니키아인이 사용했던 상업문자에서 유래된 것으로, 실체와는 연관이 없는 소리나는 방식대로 적는 표음문자였다. 상업적 편리성에 의하여 발전되었을 뿐인, 실체와 연관이 없는 문자가 실체의 전언이라는 권위를 지닐 수는 없는 일이다. 그리스 사회에서 자신들의 문자로 문자화된 현실이란, 실체와 하등의 연관이 없는 것으로서 이의 반영인지 아닌지가 늘 의심스러울 수밖에 없는 그런 것이었다.

문자가 실체의 반영이거나 실체와 연관된 것, 혹은 실체 자체가 아닌 거라면 이런 문자로 문자화된 것이 사실이 되기는 어렵다. 사실이 될 수 없다면, 그것은 허구다. 그리스 사회에서 문자화된 것은 매우 의심스러운 것으로서, 일단은 허구였지 사실이 아니었다. 하여간 고대 그리스 사회의 이와 같은 사정을 가장 잘 드러내고 있는 게 플라톤의 '시인 추방론'이다.

　플라톤은 자신의 국가론에서 시인 넓게는 예술가들을 추방해야 한다고 하였는데, 이들이 언어 좁게는 문자를 가지고 작업하는 자들이어서였다. 왜 언어를 가지고 작업하기 때문에 그의 완벽(철인) 국가에서는 시인들을 추방해야 한다고 주장하였느냐 하면, 언어가 이데아 즉 실체를 가린다고 보았기 때문이었다.

　플라톤은 예술을 모방 즉 실체모방이라고 보았다. 그 가운데에서도 최하질의 세 번째의 3차 모방으로 보았다. 플라톤은 우리가 사는 현상계도 일종의 모방의 구조물로 보았고, 실체계를 모방한 것으로서 이를 제1차 모방으로 인식했다. 2차 모방은 인간들이 현상계에 지어놓은 각종 건물 도로 수로 등의 인공물을 일컬었고, 예술가들의 예술품을 3차 모방으로 인식했다.

　헌데, 플라톤은 실체계를 모방할 때마다 그 모방품들이 실체계를 가려 사람들로 하여금 실체계에 대한 시각이나 감각 사고를 잃게 한다고 보았다. 그래서 실체계로부터 사람들을 멀어지게 하는 모방계는 나쁜 것이며, 이렇게 볼 때 2차 모방은 1차 모방보다 나쁘며 3차 모방은 2차 모방보다 나쁘다는 것이다. 실체계로부터 사람들의 눈을 가리고 이들을 실체계로부터 아주 멀어지게 한다는 점에서 3차 모방이야말로 비난받아 마땅한 것이 된다.

　3차 모방이란 시인 넓게는 예술가들에 의하여 행해지는 모방인데, 이때 예술가들이 사용하는 도구가 언어이다. 플라톤의 입장에서 볼 때, 언어로 구축된 세계란 실체계로부터 가장 멀리 떨어진 세계이며 가짜의 세계이며 실체계를 가려 보이지 않게 하는 그 가림의 농도가 너무 짙은 세계이다. 다시 말해, 언어로 구축된 세계란 실체계를 방해할 뿐인 허구의 세계라는 것이다.

이 정도면 고대 그리스 사회가 언어화된 현실, 좁게는 문자화된 현실을 얼마나 허구의 세계로 보았는지 그 농도를 느낄 수 있다. 이는 아예 실체계와는 동떨어진, 가장 멀리 떨어져 있는 세계로 실체계에 접근하기 위해서는 기필코 추방되어져야 할 것으로 고대 그리스 사회에서는 인식되고 있었다고 볼 수 있다. 고대 그리스 사회에서는 언어화된 현실은 사실일 수 없고, 허구로서만 겨우 존재할 수 있었다고 할 수 있다.

고대 그리스 사회를 풍미했던 소피스트들의 존재를 통해서도 살필 수 있는 일이다. 어떤 현실이든 일단 언어화되면 그 현실은 자신의 현실성을 주장할 수는 있어도 입증할 수는 없다. 객관적 진리성을 입증할 수 없다는 것으로, 이로 인하여 수많은 소피스트들이 동일한 현실을 가지고 수많은 언어화된 현실을 직조해내고 서로 다투었다. 언어화된 현실의 수많은 다수성으로 인한 이런 진리성의 상실을 우려하여, 언어화된 현실을 참현실에 일치시켜 언어화된 현실의 진리성을 찾고자 한 게 다름 아닌 소크라테스였다.

그러나 소크라테스의 이와 같은 노력은 고대 그리스 사회에서 벽에 부딪히고 실패한다. 소크라테스는 그리스 시민들의 손에 의하여 사약이라는 형벌을 받고 죽음의 길로 사그라지고 만다. 소크라테스의 언어화된 현실의 진리성을 찾고자 하는 노력이 이렇게 실패했다는 것은 그만큼 고대 그리스 사회가 언어화된 현실을 허구로 인식하고 간주하는 그 인식의 뿌리가 깊었음을 방증하는 사례라고 볼 수 있다.

소크라테스를 죽음으로 인도할 정도로 언어화된 현실을 허구로 간주하는 고대 그리스 사회의 인식의 뿌리가 강하고 깊었기 때문에 아리스토텔레스의 사실주의(리얼리즘) 규범이 나왔다고 할 수 있다. 플라톤처럼 시인을 추방하는 형식을 통해 아예 언어 자체를 추방해버리자는 극단적인 주장도 있긴 하였지만, 현실적으로 이는 불가능한 일이었다. 일종의 퇴행이기도 했다. 소크라테스가 바란 일도 아니었을 것이다.

어쨌거나 아리스토텔레스의 사실주의 규범에 이르러서야 언어화된 현실을 허구로 간주하는 고대 그리스 사회의 인식이 사실과 허구를 처리하는 균형점에 도달했다고 보여진다.

일찍이 아리스토텔레스가 무어라 하였느냐 하면, "예술은 자연의 모방이(어야 한)다."라고 했다. 여기서 예술은 언어화된 현실을 의미하고 자연은 실체 즉 진실, 사실을 의미한다. 고대 그리스 사회에서 언어화된 현실은 허구를 의미하므로 예술이란 곧 허구이며, 따라서 "예술은 자연의 모방이(어야 한)다"는 것은 곧 허구는 진실 즉 사실의 모방이어야 한다는 것이다. 이는 언어화된 현실은 실체에 대한 3차 모방이라는 플라톤의 모방론과 결국 동일한 얘기이지만, 그러나 그 함의는 다르다.

　아리스토텔레스는 동일한 모방론이기는 하지만 플라톤과는 달리 모방된 것이 실체와 무관한 것이 아니라 모방된 것 속에 실체가 또한 와서 깃든다는 입장을 취한다. 실체의 본성상 실체는 유비쿼터스적인 것이어서, 고정된 것이 아니고 어디에나 머무는 것이어서 모방된다고 해서 그 영역이 축소되거나 가려지는 게 아니고 오히려 모방된 것 속에도 들어가 그 영역을 넓혀간다는 것이다.

　아리스토텔레스 입장에서 보면 언어화된 현실은 그것이 참현실의 모방인 한, 참현실은 아니라 하더라도 참현실에 근사한 것으로서 사실로 간주할 수 있다고 한다. 언어를 추방하는 일 없이 언어화된 것이 허구로 간주되는 세계 속에서 언어화된 것이 사실일 수 있고 사실로 받아들일 수도 있음을 살려낸 경우라고 할 수 있겠다.

　위에서 본 것처럼 고대 그리스 사회는 소설이 우선이고 역사는 이의 하위범주임을 알 수 있다. 소설의 하위범주로서의 역사란, 역사가 소설로서 간주되는 것 즉 소설화한 역사를 의미한다. 역사가 소설로서 즉 허구로서 간주된다는 게 동양적 시각으로는 이해하기 어려운 일이지만, 언어화된 현실을 일단은 허구로 간주했던 고대 그리스의 사고형태를 사전 인지하고 나면 충분히 수긍이 가는 바의 얘기가 된다. 그나마 고대 그리스 사회에서 역사가 완전한 소설로 떨어지지 않고 소설의 하위범주로서만이라도 생존할 수 있었던 것은 아리스토텔레스의 사실주의 규범 덕분이었다고 할 수 있다. 아리스토텔레스의 이 사실주의 규범을 통하여 언어화된 현실이 조건

없이 허구가 되는 고대 그리스 사회에서 조건성이 붙게 되고 그 조건성하에서는 언어화된 현실도 사실로서 인정될 길이 열리게 되었다고 할 것이다.

역사가 소설의 하위범주라는 것은, 사실이 허구의 하위범주라는 의미이다. 또 이것은 사실이 상상력의 하위범주라는 의미이며, 상상력이 독립변수요 이성이 이의 종속변수라는 의미이다. 다시 말해 상상력이 이성에 앞선다는 것으로, 고대 그리스 사회가 매우 상상력이 강화된 사회요 창의적인 사회였음을 추론케 한다. 고대 그리스 사회의 예술의 황금기는 바로 이런 바탕에서 이룩되었다고 할 수 있을 것이다.

그러나 상상력 우위의 사회가 능사인 것만은 아니다. 상상력은 어디로 튈지 모르는 것이며, 언어화된 모든 것이 허구로 떨어지는 사회란 불안한 사회이며, 실존적 위기가 항상적인 사회이다. 이런 정도의 문명의 스트레스를 인간이 얼마나 오래 버텨낼 수 있을까는 사실 의문이다.

하여간 고대 그리스 사회는 역사보다는 소설이 더 가능한 사회였다. 모든 텍스트를 일단은 소설로 읽었고, 또 모든 텍스트를 일단은 소설로 간주하고 작성했다. 모든 쓰기행위와 모든 읽기행위가 일단은 소설로 수렴했다는 것으로, 역사는 사실주의 규범을 엄격히 지켰을 때에라야 가능한 것이었다. 그러나 그렇게 해서 가능해진 역사도 이는 예술의 일부, 즉 소설의 하위범주로서의 역사였다.

고대 그리스인들은 이렇게 말하고 싶은 건지 모르겠다. 저 '역사의 아버지'는 동시에 '거짓말의 아버지' 라고. 그래서 헤로도투스는 '역사의 아버지'인 동시에 '거짓말의 아버지'이기도 한 것이다.

서구사회는 고대 그리스 문화를 그 기원으로 받아들여 성립한 사회이다. 그러나 서구사회는 고대 그리스 문명 말고 또 하나의 문화도 받아들였다. 기독교 문화다. 기독교 문화는 고대 그리스 문화와는 달리 역사가 소설을 압도하는 문화였다고 볼 수 있다. 고대 동양사회의 그것과 유사했다고 볼 수 있겠는데, 그 강도에 있어서는 차이가 있을지 몰라도 경향성에 있어서는 같았다고 볼 수 있다. 서구의 중세사회가, 기독교 문화가 고대 그리스 문화를 압도하고 주도권을 잡았던 시대였다고 할 것이다. 그래서 역사가 소설을 압도하고, 상상력이 강력한 이성의 통제를 받고 창의성이 무뎌진 시대가 되어버렸다고 할 수 있다. 중세가 암흑시대가 된 이유일 것이다.

이게 역전되는 게 르네상스기를 거치면서였다. 르네상스기를 거치면서 서구사회는 고대 그리스 문화가 복원되고 이것이 기독교 문화를 압도해가는 형국을 보이게 된다. 이런 과정이 근세를 거쳐 근대의 문을 여는 시점에 이르러 최절정에 이르게 된다. 현실사에서는 프랑스 대혁명으로 나타나고 이론화는 칸트의 유희론 속에서 정점에 이르게 된다.

칸트는 '유희론'을 통해서 고대 그리스 사회에서 언어화된 현실을 허구로 간주하는 인식구조를 복원시켰다. 그것도 아주 철저하게 복원시켰다. 아리스토텔레스의 사실주의 규범을 무력화시킴으로서, 진공화함으로서 그렇게 했다. 아리스토텔레스의 사실주의 규범이 무력화된 상태에서의 고대 그리스 사회의 언어화된 현실을 허구로 간주하는 사고체계의 복원은, 오로지 허구만을 가능케 한다. 오로지 소설만을 가능케 한다. 오로지 상상력만을 가능케 하고, 이성을 철저하게 배제하게 된다. 일종의 허구지상주의요 소설지상주의요 상상력지상주의요 예술지상주의라고 할 수 있겠는데, 실제로 칸트 이후 서구사회는 예술지상주의로 흘러간다. 아방가르드 예술에 이르면 세상은 이미 소설이며, 예술이며, 예술을 위해 존재할 뿐으로 그렇지 않은 세상이란 존재의 의미가 없게 된다.

칸트가 어떻게 아리스토텔레스의 사실주의 규범을 무력화시켜 진공상태로 보내버렸느냐 하면, '실체 그 자체'는 알 수 없다고 함으로서 그와같이 했다. 실체 그 자체는 우리가 알 수 없고, 지각할 수 없고, 감각할 수 없고, 살필 수 없다는 것이다. 그와같이 알 수 없고, 지각할 수 없고, 감각할 수 없고, 살필 수 없는데 모방할 수 없다는 것이다. 그러므로 예술은 모방이 아닌 그저 유희, 즉 놀음이라는 것이다.

언어화된 현실은 참현실을 모방할 수 없다. 참현실은 우리가 알 수 없기 때문이다. 언어화된 현실은 허구일 뿐이다. 세상이란 허구인 것이다. 다시 말해 세상이란 소설인 것이다. 세상이란 소설로서 존재하는 것이지, 역사로서 존재하는 게 아닌 것이다.

물론 서구사회는 세상을 소설로서 오래 놓아두지는 않는다. 소설화된 세계란 불안정한 사회이며 실존적 위기가 상래화된 사회일

터이므로 이의 극복이 요청되어지는 것은 자연스러운 일이다. 또 서구사회의 또 다른 한 축인 기독교 전통이 이의 안티로서 작동하지 않을 수 없는 일이기도 하다.

서구사회는 역사 우위, 소설 하위범주가 되는 세계관 혹은 세계를 곧 회복하는데, 맑스주의가 그것이다. 맑스주의는 기독교적, 그 가운데에서도 중세적 전통을 이은 게 분명하다. 언어화된 현실을 일단은 모두 사실로 간주하는, 허구는 차후의 문제로 처리해야 할 것으로 여기는 그런 전통 말이다.

하여간 서구사회는 동양사회와는 달리 모든 텍스트를 소설로 읽는 경향이 농후하며 강하다. 동양사회의 모든 텍스트를 역사로 읽고자 하는 태도와는 차별화되고 대조적이다. 다른 문화전통과 인식체계의 영향 때문이라고 할 수 있겠고, 어느 것이 더 낫다고 할 수는 없는 문제이다. 그러나 고대 그리스 사회와 고대 동양사회의 정치체제를 감안하면 텍스트를 역사로 읽고자 하는 태도보다는 텍스트를 일단은 소설로 읽고자 하는 태도가 더 낫지 않은가 싶기는 하다. 민주주의가 그래도 전제왕조보다는 낫지 않는가 싶어서다.

사실과 허구를 다루는 태도, 즉 역사와 소설, 이성과 상상력을 처리하고 다루는 방식이 정치체제를 형성하는 요인은 아니라 하더라도 깊게 연관이 있는 것만큼은 분명해 보인다.

3. 역사에서 역사로

한국사회에 대한 얘기이다. 그것도 작금의 한국사회에 대한 애기이다. 그래서 매우 민감한 얘기이며, 누군가는 마음에 들어 할 거고 누군가는 마음에 들어 하지 않을 거다. 또한 누군가는 그럴 듯하다고 여길 거고 누군가는 전혀 그럴 듯하지 않다고 여길 것이다. 그러나 마음에 들든 들지 않든, 그럴 듯하든 그럴 듯하지 않든 이게 작금의 한국사회의 현상의 핵실점 진실을 얘기하고 있음만큼은 분명하다. 혹은, 핵심적 진실을 얘기하려 하고 있는 것만큼은 분명하다.

 한국사회는 동양사회의 일원이므로 사실과 허구를 다루는 동양사회의 전통적 인식체계를 당연히 공유한다. 언어화된 현실 좁게는 문자화된 현실을 모두 사실로 간주하고, 허구는 사실의 하위범주 즉 사실화한 허구로서만 그 존재가 인정된다. 다시 말해 문자화된 현실은 모두 역사이며, 소설은 역사화한 소설로서만 즉 역사의 하위범주로서만 그 존재가 인정된다.

 물론 동양사회의 이러한 전통도 진화하고 변모해왔다. 한국사회도 이 진화와 변모의 자장권 안에 있다. 『금오신화』라든가 『홍길동전』, 근세의 판소리계 소설 등이 이와 같은 진화와 변모의 과정을 반영한다. 그러나 동양사회가 근대로 넘어와 서구문명에 노출되기 전까지 이러한 전통에서 완전히 벗어나지 못했고, 유지되어 왔던 것과 마찬가지로 한국사회도 그와 같았다. 소설이 역사의 하위범주에서 벗어나 그 독립성을 갖게 되는 것은 서구문명과의 접촉을 통해서 비로소 형성되는 것이며, 그 이전에는 전통의 자장권 안에서 벗어나지 못하고 있었던 게 사실이다.

 동양사회 전체의 일반적 현상이므로 한국사회만 특별한 것은 아니다. 그러나 한국사회가 경험하고 받아들인 근대는 특별하고도, 특이한 점이 있다. 서구근대문명의 유입이 서구에 의하여 이루어진 것이 아니고 이의 대행자로서의 동양의 일제, 일본 제국주의에 의하여 이루어졌다 하는 것이다. 한국사회가 일제의 식민지로 전락된 상태에서 근대가 유입되었다는 점, 그 근대도 일본이라는 동양적 시각에 의하여 굴절된 형태로 들어왔다는 점에서 한국사회가 받아들이고 경험한 근대는 몹시 왜곡되고도 구부러진 것이었다. 이는 한국사회에 근대를 부정적인 것으로 인식하게 만드는 뿌리 깊은 작용을 하게 된다.

한국사회는 끊임없이 근대 이전으로 되돌아가고자 하는 욕망을 내면화한다. 이게 식민지 근대를 경험한 한국사회의 숨겨진 내면의 욕망이었다고 할 수 있는데, 당연했다. 왜냐하면 서구근대가 일본이라는 동양적 시각에 의하여 몹시 왜곡되고 굴절된 형태로, 다시 말하자면 동양화된 근대로 유입되고 경험된 탓이다.

해방 이후 이와 같은 사정은 해소되었느냐 하면, 그와 같지 않다. 근대 이전의 세계로 돌아가고자 하는 한국사회에 이미 발화된 그 숨겨진 내면의 욕망은 결코 해소되지 않았고, 해방 이후 오히려 강화되는 양상마저 띠게 되었다. 국가가 근대 이념의 향배에 따라 두 개로 분할되고, 그 분할된 두 개의 국가 사이에 심중하고도 치유될 수 없는 전쟁을 겪고 난 한국사회는 그 자체가 환멸이었고, 그 자체가 부정덩어리였다. 근대 이전의 세계로 돌아가고자 하는 한국사회의 내면의 욕망이 해방 이후 더욱 강화된 것은, 근대 이념의 향배에 따라 국가가 둘로 쪼개지고 그 두 개의 나라 사이에 전쟁마저 치른 마당에서, 어쩌면 이미 예견된 바의 일이었는지도 모른다.

작금 한국사회는 사실과 허구, 역사와 소설, 이성과 상상력을 다루고 처리하는 방식에 있어 두 개의 길항하는 양상을 동시에 보여주고 있다. 하나는 전통적인 동양사회의 처리방식이다. 소설의 존재성을 부정하고 모든 텍스트를 역사화하고 역사로 쓰고 역사로 읽으면서, 소설을 역사의 하위범주로서만 그 존재성을 인정하는 것이다. 소설이 역사로서 간주될 때, 역사화했을 때 그때에야만 그 존재성이 인정되고 그 외의 경우에는 존재성이 인정되지 않는다.

다른 하나는 서구 근대의 영향을 받아 형성된 처리방식이다. 소설을 역사의 하위범주로서 간주하는 것이 아니라, 그 하위범주성에서 벗어나 소설의 독립성을 인정하는 것이다. 이 경우 소설은 역사와 별개로 존재하며, 역사화에 실패한다 하더라도 그 존재성이 부정되지 않는다. 더 나아가면 소설과 역사와의 관계가 역전되어 오히려 소설이 독립변수가 되고 역사가 소설의 하위범주로 존재하는 양상이 나타날 수도 있다. 그러나 한국사회에서 소설이 독립변수로 존재하고 역사가 소설의 하위범주로 존재하게 되는 그런 경우는 발생하지 않으며, 발생한다 하더라도 아주 이례적일 뿐이다. 그 이례성으로 볼 때 역사가 소설의 하위범주로 되는 경우란 한국사회에서 없다고 보아도 무방하다.

역사와 소설을 다루는 전통적인 동양사회의 방식과 서구근대로부터 유입되어 형성된 방식 가운데 어느 쪽이 한국사회에서 더 막강한가? 양자는 한국사회에서 세력균형을 이루고 있는가? 아님, 세력균형이 깨어져 있는가? 만일 세력균형이 깨어져 있다면 그 깨어짐의 정도는 어느 정도인가?

결론부터 말하자면, 한국사화에서 양자 사이의 세력균형은 한 번도 이룩된 적이 없고 언제나 전자 즉 전통적인 동양사회의 처리방식이 우위를 점해 왔고 그와 같은 사정은 지금도 여전히 현재진행형이다. 오히려 최근으로 올라올수록 그와 같은 경향이 더욱 짙어지고 있는 게 사실이다. 물질적 풍요도와는 전혀 정반대로 그러하다. 오늘날 한국사회에서 서구근대로부터 유입된 역사와 소설을 처리하는 방식은 그 세가 지극히 미미하다. 그러므로 세력균형의 그 깨어짐의 정도는 몹시 심각하고도 심대한 것이라고 볼 수 있다.

근대를 부정으로 경험하고 근대 이전의 세계로 되돌아가고자 하는 욕망을 내면화시켜왔다는 점에서 볼 때, 한국사회가 오늘날 이와 같은 양상을 보이는 것은 결코 놀라운 일은 아니다. 게다가 이러한 부정적 경험과 내면적 욕망이 내재적발전론이라는 이론적 형태로 정립까지 되고 있다는 점에서 이는 필연적인 결과였다고 하는 게 타당하다. 한국사회가 역사와 소설의 문제를 전통적인 동양사회의 처리방식으로 처리하는 게 당연하지, 서구근대에서 유입된 방식으로 처리하는 게 주가 되었다면 오히려 이상한 일이었다는 것이다. 그러니까, 우리가 가시적으로 보는 한국사회와 그 내면의 한국사회는 전혀 다르다고 하는 것이다. 한국사회는 가시적으로는 많은 발전이 있었고 풍요로워진 게 사실이지만, 그 내면은 구한말 사회에서 거의 움직이지 않았고 거기에 남아 있을 가능성이 높다는 것이다.

이제 잠정적이긴 하지만 이 소론의 결론이 가능하다. 한국사회는 역사에서 역사로 나아온 사회이다. 역사에서 허구로 나아온 사회가 아니며, 허구에서 역사로 나아온 사회도 아니다. 역사에서 허구로 나아온 동양사회의 일반적 진행경로를 따르는 듯하였지만, 이 일반적 경로에서 몸을 빼 역사로 되돌아가 역사에서 역사로 나아간 경우가 된 게 한국사회이다. 적어도 한국문학이 나아간 결론은 그와 같다. 내재적발전론이 이를, 역사에서 역사로의 진행과정을 입증한다.

한국사회의 역사에서 역사로의 진행은 매우 독특한 것이었다고 할 만하다. 한국사회의 옆동네인 북한사회를 제외하고는 세상 그 어디에도 없는 것이기 때문이다. 그리고 보면 한국사회의 내면과 북한사회의 현실적 양상은 상당한 유사성을 지닌다고 해도 무방할지 모르겠다. 이런 동질성이란 그저 야만의 동질성에 불과한 것이겠지만. 하여간 같은 동양사회의 진행과정과도 이것은 크게 변별된다. 이게 한국사회만의 독특한 진행과정이었다는 점에서 이는 누가 뭐래도 내재적발전이라고 할 수는 있을 것 같다.

(이에 대한 가치판단은 여기서는 보류하기로 한다. 이런 과정을 통해 나타날 그 결국이 몹시 우려되는 바이긴 하지만 그 우려에 대한 판단은 이 소론의 범위를 넘어선다.)

아방가르드 선언

　1990년대 한국문학을 어떻게 보아야 할지는 보는 독자들에 따라 의견이 다양한 일이겠지만, 필자가 보기에는 1990년대의 한국문학은 한국문학의 방향상실기가 아니었던가 생각된다. 한국문학을 이끄는 지도이성이라는 측면에서 볼 때 그와 같다. 1990년대 한국문학은 그동안 한국문학을 이끌어오던 그 지도이성을 상실했거나 현격히 위축된 문학이었다.
　필자의 견해로는 한국문학이 지도이성을 상실했거나 이의 현격한 위축을 경험한 것이 결코 나쁘다고는 생각지 않는다. 필자는 문학은 이성이기보다는 아무래도 상상력이라는 견해를 지니고 있다. 그래서, 지도이성의 상실이나 위축은 외려 상상력을 키우고 이를 강화하는 측면이 농후하여 나쁘지 않다고 본다.
　이런 입장에서 보면 지도이성의 상실이나 위축은 한국문학에 플러스가 되면 플러스가 됐지 마이너스가 될 일은 아니었다. 플러스가 되었다는 점에서 이는 차라리 한국문학의 정상화였다고도 할 수 있을지 모른다.

허면, 왜 이를 갖고 1990년대 한국문학의 방향상실기라고 하느냐 하고 강한 의구심을 드러낼지 모르겠다. 이는 한국문학의 주류적 시각이 그와 같다는 의미이다. 즉 전통적으로나 근대로 넘어와서나 지도이성이 상상력을 이끄는 구조를 지녀왔던 한국문학은, 1990년대의 지도이성의 상실이나 위축을 한국문학의 방향상실로 본다는 것이다. 이는 당연한 일이다. 상상력이 지도이성에 예속되어 항상적인 상상력의 위축에 시달려온 한국문학으로서는 지도이성의 상실 내지는 위축은 큰일 날 일이었고 한국문학의 방향상실로밖에는 인식될 수 없는 것이었다.

1990년대 한국문학이 지도이성의 상실이나 심각한 위축을 경험하게 되었다고 하였는데, 그럼 그동안 한국문학을 실질적으로 이끌어온 그 지도이성이 무엇이었느냐 하는 호기심이 자연스럽게 우러난다. 어떤 이성이었길래 그게 상실되었거나 심각한 타격을 입었다고 하냐는 거다.

한국문학에 관심이 있어 온 독자라면 대강 눈치를 챘겠지만, 그간 한국문학을 이끌어온 지도이성은 소위 NL파(민족해방파)와 PD파(계급해방파)로 불리우는 사회주의이성이었다. 1920~30년대 한국문학사의 주류였던 카프문학의 사회주의이성과도 연관된, 이것과 깊은 관련이 있는 것으로 보아도 좋다. 한국문학 자신이 스스로의 정통성을 이에서, 카프문학에서 찾고 있는 까닭이다. 한국문학이 카프문학을 자신의 정통으로 간주한다면, 카프문학의 지도이성인 사회주의이성을 자신의 지도이성으로 계승했다고 보는 것은 필연적으로 타당하다.

1990년대라면 한국문학의 지도이성인 이 사회주의이성이 전지구적으로 무력화되는 시기이다. 사회주의 종주국인 소련이 붕되됐고, 이의 위성국인 동구권의 공산주의 국가들도 마찬가지로 도미노식으로 붕괴되었다. 사회주의 국가들이 모두 붕괴된 마당에 사회주의이성이란 더 이상 현실적합성을 지닐 수 없었다. 이렇게 현실적합성을 상실한 사회주의이성은 사실상 영혼 없는 껍데기요 좀비에 지나지 않았다. 세계 사회주의이성의 몰락은 당연히 한국문학의 지도이성인 사회주의이성에도 영향을 미쳤고 이를 무력화시키는, 무력화까지는 아니라 하더라도 치명적으로 위축시키는 결과를 낳았다. 한국문학의 사회주의이성은 세계 사회주의이성과 변별되는 독특한 자기만의 색깔이 있었다 하더라도 — 특히 NL계열이 그러했다 할 수 있다 — 세계 사회주의이성의 몰락은 그 독특성과는 별개로 한국문학의 사회주의이성에도 심각한 타격을 주고 패닉이라고 할 정도의 공황상태를 가져온 게 사실이다.

한국문학의 지도이성인 사회주의이성이 거의 무력화되거나 치명적으로 위축되었으므로 1990년대 한국문학은 방향상실기인 게 맞다. 이 방향상실기에서 벗어나와 한국문학의 지도이성인 사회주의이성이 복원되는 게 2000년대에 들어와서야 비로소였다. 한국문학의 지도이성인 사회주의이성의 세계 사회주의이성과의 차별성 즉 그 독특성에 주안점이 맞춰지고 부각되면서 가능해지게 된 일이다. 원래 PD계는 계급문제에 NL계는 민족문제에 치중하고 있었는데, 세계 사회주의이성의 몰락으로 PD계는 몰락하지만 민족문제에 치중했던 NL계는 세계 사회주의이성과의 차별성 덕분에 이의 몰락에도 여전히 현실적합성을 상실하지 않고 계속성을 지니고 있었던 것이다. 한국문학의 사회주의이성은 이 NL계열의 현실적합성과 계속성을 통해서(여기에는 중국공산당과의 연계도 큰 힘이 되었다고 본다.) 2000년대에 들어와 복원될 수 있었고, 따라서 복원된 한국문학의 사회주의이성은 세계 사회주의이성과는 또 다른 독특하고도 특수적인 한국적인 것으로서의 사회주의이성이었다고 할 수 있다.

하여간 치명적으로 위축된 한국문학의 이 이성성의 그 틈새를 뚫고 들어온 게, 상상력이다. 이는 자연스러운 일이었다. 그간 한국문학 속에서 상상력은 지도이성에 강하게 속박되어 제 기지개를 펴지 못하고 있었다. 그렇다고 상상력이 완전히 추방당해 있었던 것은 아니지만 밑에 가라앉아 찬밥신세로 지내고 있었던 것은 사실이다. 그러던 것이 그 지도이성이 위축되면서 그 틈을 타 중심으로 튀어 올라왔던 것인데, 사물의 본성에 충실한 일이었지 싶다.

지도이성 측면에서 보면 1990년대 한국문학은 방향상실기가 맞으나 상상력 측면에서 보면 1990년대의 한국문학은, 오히려 한국문학의 르네상스기이다. 지도이성 측면에서 보면 1990년대 한국문학은 저주와 험담의 언사로 가득 뒤덮여야 할 부정적인 양상의 문학이지만, 상상력 측면에서 보면 1990년대 한국문학이야말로 문학의 본연적 모습에 적합한, 창의성과 새로운 시도로 가득 찬 긍정적 양상의 문학이었다. 상상력이 이성을 압도하는 양태에 익숙하지 않아서 그렇지 아니, 익숙하지 않다기보다 처음 겪는 초유의 사태라서 그렇지 한국문학이 이에 익숙했다면 이렇게까지 이를 부정적으로 보고 저주와 험담의 언사로 도배하지는 않았을 것이다. 창의성에 바탕한 실험정신은 다른 어디에서보다 문학에서 필요로 되고 또 쓰여져야 할 일인 것이니까.

필자의 견해로는 상상력이 이성을 압도하는 것이야말로 문학의 정상적인 상태이다. 문학이 예술인 한 그렇다는 것으로, 예술이란 상상력이 이성을 압도하는 경우이기 때문이다. 이성이 상상력을 압도하는 한국문학의 항상적인 양상은 오히려 비정상적인 것이며, 문학을 예술로 보지 않거나 예술로 인정하지 않는다는 의미를 함축한다. 한국문학이 상상력이 이성을 압도한 양태에 대해 참을성을 상실하고 온갖 저주와 험담의 언사로 이를 깔아뭉개려 하는 것은 한국문학 스스로가 한국문학을 예술의 영역에서 끌어내와 다른 어떤 구석, 영역에 처박고 감금해놓는 행태이다. 한국문학이 왜 이런 어처구니없는 짓을 저지르고 있는지 하는 그 '왜'에 대해서는 말하기 껄끄럽다. 그러나 나타난 현상만에 근거해서 이런 정도의 언급은 가능하지 싶다. 이성이 상상력을 압도하는 상태가 항상화되어 버리면 이런 비정상성이 정상성으로 인정받고 수시로 상상력에 대한 유폐화 감금화 나락화가 발생한다고 하는 거다.

어쨌거나 상상력이 이성을 압도하는 게 문학의 정상적 상태라면, 1990년대 한국문학은 주류적 시각과는 달리 한국문학에서 유일하게 정상적인 시기였다고 할 일이다.

상상력이 이성을 압도하는 양상이 극단화되면, 이것이 곧 아방가르드이다. 1990년대 한국문학이 아방가르드에까지 이르렀느냐 하면 그렇다고 보는 게 타당하다고 본다. 1990년대 한국문학의 지도이성인 사회주의이성의 무력화가 아주 치명적이었고 돌이킬 수 없을 정도로 결정적이었다는 걸 감안하면, 그렇다는 것을 충분히 짐작할 수 있다. 이성의 무너짐이 치명적이었다면, 상상력의 출몰도 치명적이었다고 보는 게 합리적이다. 헌데, 상상력의 치명성이란 그러니까 치명적인 상상력이란, 아방가르드이다. 아방가르드를 빼놓고는 치명적인 상상력을 논할 수 없다. 1990년대 한국문학에 출몰한 상상력이 치명적인 거라면 이는 아방가르드이고 아방가르드라고 불릴 만한 것임에 틀림없다. 적어도 한국문학의 토양 속에서는 그렇게 감수되어진다고 본다.

실제로 1990년대 한국문학에 출현한 상상력은 아방가르드적 상상력에 가깝고, 따라서 1990년대 한국문학이 도달한 지점은 아방가르드 문학이었다고 할 수 있다. 이를 입증할 만한 몇 가지 사례들이 있다. 일단은 앞서 언급한 대로 1990년대 한국문학에 지도이성으로서의 사회주의 이성의 붕괴가 아주 치명적이었다는 점이다. 그럼으로써 이에 대한 반작용으로 치명적 상상력이 출몰하였을 거라는 것으로, 작용 반작용의 관점에서 볼 때 합리적 추론이다. 치명적 상상력이라면 다름 아닌 아방가르드이다.

그리고 두 번째는, 기형도를 필두로 해서 윤대녕 장정일 김영하로 이어지는 문학이 아방가르드성이 농후하다는 것이다. 장정일의 소설은 매번 외설 시비를 불러일으킬 만큼 사회적 파장성이 아주 높았고, 김영하의 『나는 나를 파괴할 권리가 있다』는 일종의 아방가르드 선언이었다고 할 만한 작품이었다.

그리고 마지막으로 1930년대 이상 문학에 대한 이해가 1990년대에 들어와서야 일정 정도 가능하게 되었다는 것이다. 그 전까지 이상의 문학은 현실이 없는 부르주아의 자기 궤변의 문학으로서 평가되고 그렇게 부정적인 시각으로만 접근되는 게 통상적이었다. 1990년대에 들어와서야 이상 문학의 아방가르드성이 파악되고 이를 긍정적으로 들여다볼 수 있는 시각의 확장이 열리게 되었던 것이다.

이제 눈치 챘겠지만, 1990년대 한국문학이 왜 한국문학에 있어 아방가르드의 선언인가를 밝히고자 하는 게 이 소론의 목적이다. 이 목적을 위한 논의로 들어가기에 앞서 우선, 개념을 명확히 하기 위한 차원에서 이 소론이 이해하고 있는 아방가르드가 어떤 것인지 어떤 수준에서 다루어지고 있는 것인지를 명쾌히 하고 넘어가기로 하겠다.

1. 이 소론이 이해하고 있는 아방가르드의 수준

문예사적으로 볼 때 아방가르드는 19세기 말에서 20세기 초에 이르기까지 유럽사회를 풍미한 예술경향 혹은 예술분파이다. 역사적으로는 19세기 말에서 20세기 초라고 특정되지만, 사실 경향이라는 측면에서 보면 아방가르드는 어떤 시기 어떤 지역에 특정되는 게 아니고 그 조건만 갖추어지면 언제 어디서든 출현할 수 있는 그런 예술 경향이라고 보는 게 타당하다. 따라서 아방가르드는 현재진행형이며, 문예사에서 이미 완결된 것으로서 완료형이나 과거형으로 존재하는 게 아니다.

아방가르드에는 다양한 분파가 존재하고, 그 다양한 분파마다 저마다의 특색이 있는 게 사실이므로 아방가르드를 한 마디로 정의하고 설명하기는 거의 불가능에 가깝다. 아방가르드 자체가 규정이나 정의와 같은 이성적 행위와 친숙하지 않으며 이로부터 벗어나려고 하는 경향을 지니고 있어서이기도 하다. 그러므로 다양한 스펙트럼을 지니는 아방가르드를 한데 묶어 하나의 일관된 설명을 하려한다는 게 애초부터 부질없는 일일 수 있다.

그러나 아방가르드가 다양한 스펙트럼을 지니고 정의화하려는 이성(理性)과 친숙하지 않기는 하지만, 그것들 가운데 공통적이라고 할 만한 특성들이 없는 것은 아니다. 그 공통성에 초점을 맞춘다면 미비한 대로나마 아방가르드에 대한 일반화가 전혀 불가능한 것은 아니다. 헌데, 그 공통적 특질 가운데 가장 두드러지고 핵심적인 것이 '상상력의 폭발'이다.

아방가르드란 한 마디로 말하자면 '상상력으로만 살기'라고 할 수 있다. '이성' 없이 말이다. '이성 없이 상상력으로만 생을 살기'

란 게 가능한지는 모르겠지만 이게 아방가르드의 추구하는 입장이고 아방가르드의 실체였다고 하는 것은 타당하다. 이성 없이 상상력으로만 생을 사는 게 불가능한 것이라면 아방가르드란 불가능의 탐색자요 추구자들이었고, 불가능의 탐색자요 추구자들이었다는 점에서 사회적으로 볼 때 몹시 위험스런 자들이었다고 할 수 있다.

아방가르드를 달리 '예술을 위한 인생'을 추구한 분파라고도 하는데, 같은 얘기이다. 예술을 위한 인생을 추구한다는 것은, 인생을 예술의 하위범주 내지는 보조로 둔다는 것으로 예술을 위해서는 어떤 인생을 살아도 무방하다는 것이다. 예술을 위해서는 어떤 인생을 살아도 무방하다는 것은, 인생의 절멸, 자기 인생의 절멸뿐만 아니라 타인 인생의 절멸까지도 무방하다는 의미로 귀착된다.

모든 인생의 절멸이야말로 아방가르드의 결국이요 목표라고 할 수 있다. 모든 인생의 절멸 속에서 만나게 되는 것, 그것이야말로 참다운 예술이라고 보는 것이 아방가르드인 것이다.

이성의 통제를 받지 않는 상상력이란 사실 위험하기 짝이 없는 것이다. 이성을 규범이라고 할 때, 이성의 통제를 받지 않는 상상력이란 규범 없는 어떤 것이라고 할 수 있다. 규범 없는 상상력은 짐승의 수성(獸性)과 구별하기 어려우며, 실제로 이런 규범의 작동을 거부하는 규범 없는 상상력은 결국 수성화하고 수성으로 떨어져버리게 된다. 수성화한 상상력은 반드시 파괴로 나아간다. 자기 파괴로부터 타인파괴에 이르기까지. 파괴야말로 아방가르드의 내용이요 형식이다.

아방가르드란 유럽사회에서 르네상스 이후부터 풀어헤쳐놓기 시작한 상상력의 최고점이라고 할 수 있다. 르네상스 이후 자유를 얻기 시작한 상상력이 그 최고점의 자유에 도달한 시점이요 그 시점의 현시라고 하는 것이다. 달리 말하자면, 아방가르드란 상상력이 모든 통제로부터 벗어나 완전자유의 지점에 도달한 그 시점의 현시이다.

완전자유에 도달한 상상력은, 인생을 예술화한다. 예술이 된 인생은 실제가 아닌 허구이다. 인생이 허구가 되어버리면, 인생의 장인 이 세상도 당연히 허구화한다. 허구로서의 세상은 파괴라는 형식에 의존하게 되는데, 허구로서의 세상이란 파괴되는 게 마땅하며 그것이 유일한 정답이요 정당함이다. 허구가 파괴되지 않는다면, 진실의 의의란 무엇이란 말인가.

아방가르드가 '상상력의 폭발'이요 '이성 없이 상상력으로만 살기'라고 한다면, 이리 된 데에는 물론 전작이 있는 일이다. '이성에 대한 환멸'이라는 경험을 거쳐 온 그 결과적 양태이다.

르네상스 이후 풀려난 예술적 상상력이 계몽이성과 만나 만들어낸 합작품이 '대혁명'이었다고 할 수 있다. 그러니까 계몽이성이 지도성으로 작용하고 예술적 상상력이 이의 지도성을 받아들이면서 상상력이라는 에네르기를 제공하여 양자의 조합으로 달성해낸 걸작품이 '대혁명'이었다는 것이다. 그러나 '대혁명' 이후 예술적 상상력은 계몽이성에 곧 실망하게 된다. 계몽이성의 타락상 때문이다.

'대혁명' 이후 계몽이성은 귀족사회이성을 대체하여 시민사회이성으로 전환하지만, 이 시민사회이성이 예술적 상상력의 눈에 몹시 불순한 것으로 비쳐지게 된다. 이 시민사회이성이 예술적 상상력의 안전에 '고리대금업자의 이성' 내지는 '수전노의 이성'으로 비쳐지게 되었던 것이다. '고리대금업자의 이성' 내지는 '수전노의 이성' 앞에서 예술적 상상력은 절망하여 시민사회의 이성과 결별하고, '상상력의 폭발' 혹은 '이성 없이 상상력으로만 살기'라는 고립적 양상으로 나아가게 된다. 예술적 자아의 분열상이다.

시민사회의 이성에 대한 환멸로 인하여 '이성 없이 상상력으로만 살기'로 나아가기는 하였으나, 그러나 아방가르드가 모든 이성과의 결별을 의미하는 것은 아니다. 아방가르드가 환멸을 갖고 결별한 것은 시민사회의 이성이었지 여타의 다른 이성은 아니었다는 사실을 명심할 필요가 있다. 아방가르드가 비록 '이성 없이 상상력으로만 살기'라는 삶의 형식을 암묵적으로 전제하고 있었다고는 하더라도, 역사적으로 볼 때 그 이성은 단지 시민사회의 이성이었을 뿐이었다. 아방가르드가 '상상력의 폭발'이요 '상상력으로만 살기'라고 하였더라도 모든 이성과의 결별을 꿈꾼 것은 아니고, 시민사회의 이성 이외의 이성과의 결탁 내지는 이의 지도성을 받아들일 가능성은 배제하지 않고 열어놓고 있었다고 보아야 한다. 실제의 역사적 전개과정이 그러했다.

실제 문예사에서 아방가르드의 이와 같은 가능성이 입증된다. 시민사회의 이성을 대체하고자 하는 사회주의이성이 출현했을 때 아방가르드가 보여준 태도에서다. 아방가르드는 대거 사회주의이성과 결탁하여 이의 지도성과 이끎을 받아들이며 기꺼이 새로운 혁명을 위한 에네르기 내지는 동력이 되고자 하는 양태를 보여준다.

물론 아방가르드는 사회주의이성과의 결탁에 대해서도 후회하며 절망하게 된다. 계몽이성이 '고리대금업자의 이성' 내지는 '수전노의 이성'으로 귀착되어 절망하였듯이, 사회주의이성이 '수용소 이성'으로 전락하였을 때 그랬다. 결국 아방가르드는 예술적 상상력이 계몽이성에 절망하여 결별하였듯이 마찬가지로 사회주의이성에 절망하여 결별하게 된다. 아방가르드가 사회주의이성에 절망하여 결별하면 이의 상상력은 공상으로 내려앉게 된다. 아무 위험성이 없는 그런 것. 타고 남은 재의 형국이었다고나 할까.

공상화한 상상력은 더 이상 아방가르드가 아니다. 공상화한 상상력은 아방가르드가 되기에는 턱없는 미달사태다. 그 동력성에서, 그 에네르기성에서 그와 같다. 공상화한 상상력은 전복성이 없으며, 전복성이 없는 상상력은 이미 아방가르드의 상상력은 아닐 것이다.

상상력이 공상화하였다고 해서 아방가르드가 종결되었다는 것을 의미하는 것은 아니다. 역사란 일방향으로 일률적으로만 진행되는 게 아니고 반복되는 것이며, 한 지역에서 종결되었다고 해서 다른 지역에서도 종결되었다고 할 수 있는 것도 아니다. 경제사적으로 후발 후후발의 개발 상태가 통상적이라면 예술사적으로도 그와 같다고 보는 게 타당하다. 그리고 상상력이 공상화되었다고는 하지만, 모든 상상력이 공상화된 것은 아니라는 점이다. 동양적 상상력은 서양적 상상력과 다르며, 아프리카적 상상력은 또 이것들과 다르며, 각 나라별로도 상상력의 존재양태는 차이가 나게 되어 있고 똑같을 수 없는 것이다.

공상화된 상상력보다 어쩌면 공상화되지 않고 여전히 날것으로 남아 있는 상상력이 훨씬 더 많을는지도 모른다. 근자에 들어 서구사회가 예술에 있어 동양이나 아프리카 같은 제 삼세계권을 탐색하고 있는 게 그래서일 수 있다. 형해화된 재로 남은 공상 대신 폭등하는 상상력이 숨쉬는 그런 예술의 상태를 찾기 위하여. 서구 예술이 잃어버린 그것 말이다.

2. 위선과 위악의 90년대 한국문학

1990년대 한국문학은 후일담문학과 아방가르드 문학으로 크게 이대별된다고 볼 수 있다. 후일담문학을 자기긍정의 문학으로 보고 아방가르드문학을 자기부정, 자기파괴의 문학으로 볼 수 있다면 1990년대 한국문학은 자기긍정과 자기파괴의 양극단을 오간, 몹시 기형적인 것이었다고 할 수 있다. 그러나 극단적인 자기긍정과 극단적인 자기부정의 문학이었지만, 양 극단 사이에 공통점도 존재했다. 한국문학의 지도이성인 사회주의이성의 몰락이라는 전 사회적인 트라우마적 경험에서 비롯된 일이었다는 점에서는 공통적이었다. 이렇듯 그 빠져나온 구멍이 같다는 점에서는 자기긍정과 자기부정은 동전의 양면이었다고 할 수 있다.

후일담문학은 그 명칭에서도 드러나는 것처럼 세계 사회주의이성의 몰락에 대한 얘기이다. 세계 사회주의이성의 진행과정에 적극 동참한 사람들로서 세계 사회주의이성의 몰락은 충격적이지 않을 수 없는 일이었고, 현재의 방향상실이라는 현실로 다가들 수밖에는 없는 일이었다. 그 현재의 방향상실은 과거의 영광의 나날들을 필연적으로 되돌아보게끔 했고, 그럼으로써 현재의 의미를 되찾고 미래에 대한 전망을 복원시키려 하는 것이었다. 그러나 미래에 대한 전망은 복원되지 않았다. 세계 사회주의이성의 몰락은 결정적인 것이었고 이의 재생은 불가능한 일이었기 때문이다. 그래서 후일담문학은 현재에 대한 연민과 과거의 영광에 대한 회한과 미래에 대한 절망이라는, 전망부재의 출구 없는 문학이었다.

전망부재의 문학이 오래갈 수는 없다. 후일담문학이 그와 같았다. 그리고 후일담문학은 그 전까지 한국문학이 천착해왔던 거대서사의 몰락을 의미하는 것이기도 했다. 한국문학은 1990년대 이전까지 사회주의리얼리즘 혹은 민족 사회주의리얼리즘에 천착해 왔었는데, 이는 필연적으로 거대서사를 소환하지만 세계 사회주의이성이 몰락한 마당에 이와 같은 거대서사는 이제 창작방법론상의 보편성을 상실한다.

그러나 후일담문학은 독자들에게 아름다움을 선사하기는 했다. 모든 사라져가는 것들, 모든 스러져가는 것들, 과거가 되어 더 이상 현재가 될 수 없는 것들은 사람들로 하여금 애잔한 감정, 다시 말해 연민을 불러일으키며 이 연민은 사라져가는 혹은 사라져간 대상에 대하여 아름답게 느끼도록 유도한다. 이건 아주 보편적인 감정이어서, 거부하기 힘든 감정이다. 후일담문학도 그와 같은 아름다움을 선사했다. 영화이긴 하지만 후일담문학의 연장이랄 수 있는 영화 『박하사탕』이 그토록 독자들로부터 사랑을 받을 수 있었던 게, 이와 같은 연민으로부터 생성되어 나오는 아름다움 때문이었다고 볼 수 있다.

후일담문학은 현재의 방향 상실한 자신에게 의미를 부여하기 위하여 과거를 소환하고 복원하는 문학이라는 점에서, 자기긍정의 문학이었다. 헌데, 자기긍정의 문학이라는 이 자기긍정성에 문제가 있었다는 것이다. 후일담문학에 참여한 작가들은 대체로 쁘띠부르주아들인데, 이들이 과거 세계 사회주의이성의 요청에 얼마나 충실하게 반응하였겠는가 하는 것이다. 80년대적 사명의식이 90년대로 넘어와 부채의식으로 전환되고 소시민적 양심이라는 알레고리를 형성한다면, 이러한 자기긍정은 위선적일 수밖에 없다. 특별히 공지영의 경우가 그러한데 쁘띠부르주아에서 부르주아 대부르주아로 진화해가면서 이와 같은 진화과정(정확히는 타락과정)의 자신을 긍정하기 위하여 과거를 소환하고 복원시키는 것은 상당히 위선적이며 조금은 염치없는 짓이다.

후일담문학은 '자신을 영웅 만들기' 그 이상도 그 이하도 아니었던 것이다. 현실 정치로 나아가기 위해서는 유용했을지 몰라도 문학을 위해서는 무의미한 것이었다.

후일담문학이 1990년대 한국문학의 주요한 축을 담당하고 있는 게 맞다면, 1990년대 한국문학은 이 라인상에서는 대단히 위선적인 문학이었다고 해야 한다. 그 대표가 공지영이었다고 한다면 문학에 대한 모욕이 될지 모르겠지만, 위선이란 측면에서 공지영이 단연 앞서 있다는 것은 명백하다.

그러나 1990년대 한국문학의 진정한 본색은 아방가르드성, 다시 말해 그 아방가르드문학에 있는 것이다. 후일담문학이 전망부재의 문학으로 그저 애틋하여 아름다울 뿐인 문학이라면 아방가르드문학은 어쨌거나 전망부재의 출구 없는 문학은 아니었다. 아방가르드문학은 한국문학에 있어 새로운 것의 도래를 알리는 신호탄과도 같은 것이었고, 새로운 것의 도래라는 측면에서 이것은 전망유재(前望有在)의 문학이라고 보는 게 옳다. 여기서 새로운 것이란 다름 아닌, 상상력이요 상상력의 발현이다.

아방가르드문학은 대체로 위악적인 문학이다. 그럴 수밖에는 없다. 아방가르드문학은 자기모멸 자기환멸 자기부정 자기파괴라는 정서를 기반으로 하는 문학이기 때문이다. 자기모멸이 극단화되어 자기파멸로 나아갈 수밖에 없는 경우라면, 이는 위악적이라고 할 밖에 없다. 1990년대 한국문학이 후일담문학과 아방가르드문학으로 크게 이대별된다면, 1990년대 한국문학은 '위선과 위악의 문학'이라고 하는 게 타당하다.

1990년대 이전까지 한국문학은 아방가르드를 제대로 이해하지 못했다고 할 수 있다. 황지우 정도가 어느 정도의 아방가르드에 대한 이해를 지녔었다고 할 수 있지 싶을 뿐이다. 그 외에는 전무했다고 하겠는데, 아방가르드의 자본주의에 대한 전복성, 파괴성을 이해하고 활용할 줄 몰랐다는 데에서 그 증거를 찾을 수 있다. 그러나 황지우의 아방가르드에 대한 이해도 한계가 있었다. 이를 단순히 모더니즘의 한 분파로 보았던 까닭이다. 실은 아방가르드는 모더니즘의 핵상이요 모더니즘의 필연적인 귀결점이요 모더니즘 그 자체였다.

이렇듯 한국문학은 아방가르드를 단지 퇴폐적, 세기말적, 자기환멸적 부르주아지의 자기 넋두리쯤으로만 이해하고 있었는데, 이러한 이해가 극복되는 게 1990년대에 들어오면서이다. 자본주의이성이나 사회주의이성이나 아방가르드에 대해서는 이를 경계하고 적대시했다는 것을 역사적으로 살필 수가 있다. 이는 당연한 일이었다. 자본주의이성이든 사회주의이성이든 그것이 이성인 한, 이성을 압도하는 상상력을 호의적으로 볼 리 없는 탓이다.

1990년대로 넘어와 한국문학의 지도이성이 세계 사회주의이성의 몰락으로 붕괴에 가까운 무력화의 나락으로 떨어져가지 않았다면 한국문학에서 아방가르드가 주류로 떠올라오며 상상력이 이성을 압도하는 경우란 생겨날 리 없었다. 1990년대 아방가르드문학이 이러한 연유로 전통적 이성문학의 강한 비판과 저주와 험담을 받는 바이지만, 한국문학으로서는 1990년대의 이 아방가르드문학이 좋은 경험이었고 큰 자산이 될 만한 경험이었던 게 틀림없다. 아방가르드문학이 현 기존체제에 얼마나 위협적이며 전복적이며 파괴적일 수 있는가를 경험을 통해 인지하는 계기가 되었기 때문이다.

이러한 경험은 현 세계 자본주의체제에 강하게 맞섦을 지향하고 있는 한국문학으로서는 대단히 소중하고도 유용한 경험이었다고 할 만하다. 나중에 한국문학의 지도이성이 복원되거나 재생되면 무엇보다도 소중하게 써먹을 수 있는 방편으로서의 경험이었던 탓이다. 실제로 2000년대로 넘어와 NL계 이성을 중심으로 하는 사회주의이성이 복원되면서 아방가르드문학은 한국문학 속에서 자본주의 이성을 뒤흔드는 가장 효과적인 창작방법론으로서 톡톡히 활용되어지게 된다.

90년대 한국문학의 아방가르드성을 살피기 위해서는 아마도 기형도에서부터 출발해야 한다. 기형도는 시기상으로는 80년대에 시작업을 한 게 분명하지만, 그의 시들은 80년대의 결과는 상당히 차이를 보이는 게 사실이다. 김현이 그의 시를 '그로테스크 리얼리즘'이라고 하면서 80년대의 리얼리즘의 틀 안에 넣으면서도 그로테스크라는 수식어를 첨가해 이의 변형성을 인정하고 있는 게 그 때문이었다고 볼 수 있다. 게다가 기형도의 시가 각광을 받으면서 크게 소비되기 시작한 게 90년대에 들어서이며 그의 감수성이 90년대 문학의 독자들에게 강하게 호응하고 있었다는 것이다. 이런 점에서 기형도는 아무래도 90년대 작가로 해독하는 게 타당하다고 본다.

기형도 시의 그로테스크성은 그의 시에서 이성이 파괴되고 제 기능을 못하고 있음을 입증한다. 80년대 한국문학의 지도이성이 사회주의이성이었다는 점에서, 이는 사회주의 이성의 결락을 의미한다. 그렇다고 해서 기형도의 시가 자본주의이성과 결탁하고 있다는 것은 아니다. 기형도의 시는 어떤 이성과도 결탁하고 있지 않는 이성의 부재성 혹은 이성의 결락성을 보여준다. 이것이 기형도의 시를 그로테스크로 몰고 가는 이유라고 할 수 있는데, 이 그로테스크야말로 상상력의 발현이었다고 할 수 있다.

    기형도는 한국문학의 지도이성이 깨어진 자기 시의 구조를 두려워하고 있었던 것 같다. 그 두려움을 통해서 기형도가 이성을 압도하는 상상력의 상태에서 이성의 지도를 받는 상상력의 상태로 돌아가고 싶어 했음을 추정해 볼 수 있다. 그러나 무슨 이유에서인지는 몰라도 그는 돌아가지 못했고, 그 이유는 여전히 미스테리이다. 그의 지병이었던 백혈병 때문이라고도 하고 그가 동성애자였기 때문이라고도 하는데, 어쩌면 이런 여러 이유들의 복합체일 수도 있다. 어쨌든 기형도는 상상력이 이성을 훨씬 압도하는 자신의 시 구조에 두려움을 강하게 느꼈고 이 두려움이 그의 시를 어둡고 그로테스크한 막다른 곳으로 몰아넣었다고 추정해 볼 수 있다.

    기형도는 자신의 시에서 수시로 자신은 '인생을 증오한다'고 말하고 있는데 '인생에 대한 증오', 이것이야말로 기형도 시의 핵심이라고 할 만하다. 우리네 인생은 이성과 감정과 정서의 집적체이지만 이 중 중요한 게 이성이라고 한다면, 전체적으로는 자본주의이성 아니면 사회주의이성의 지배와 지도를 받고 이의 인도에 따라간다고 할 수 있다. 양대 이성의 여럿 조합 형태들이 존재할 수 있는 일이겠지만, 어쨌거나 현금 우리를 주도하는 기본 이성은 이 자본주의이성과 사회주의이성이다.

기형도가 그의 시에서 끊임없이 읊조렸던 '나는 인생을 증오한다'에서 일단은 자본주의이성에 의하여 인도되는 현실의 인생을 증오한다는 의미를 읽어낼 수 있다. 그러나 기형도의 '인생에 대한 증오'는 여기에서 머무르는 것 같지 않다. 그렇다면, 현실을 떠나 사회주의이성의 지도를 받고 문학 속에서 구원을 찾았어야 할 텐데, 기형도는 문학 속에서마저도 구원을 찾지 못하였던 듯하다. 기형도 시의 그 그로테스크성이, 그 끊임없는 두려워함의 양상이 이를 증거한다. 그리고 그의 자살이다. 그의 자살에 대해 의심하는 사람들도 많긴 하지만, 인생을 증오하면서 인생 밖의 문학을 통한 구원마저도 믿지 못하겠다면 유일한 길은 자살뿐이라는 것은 어쩌면 필연적 결국이 아닌가.

기형도의 문학은 상상력이 이성을 압도한 문학이다. 상상력이 이성을 압도하는 상태를 시인 본인은 두려워했고, 그 두려움이 결국 시인 자신을 자살이라는 자기파괴로 내어몬다. 상상력이 이성을 압도한 문학이라는 점에서 그리고 자기파괴라는 막다른 골목까지 간 문학이라는 점에서 기형도의 문학은 아방가르드문학이다. 이 점에서 기형도의 문학은 80년대적이기보다는 90년대적임이 분명하다. 그리고 한국문학의 지도이성인 사회주의이성이 깨어질 가능성을 시인의 직관으로 본능적으로 예감하고 있었다는 점에서, 그것이 그로테스크의 형식으로 나타나고 있다는 점에서도 역시, 기형도는 90년대 작가이고 그의 시는 90년대의 시에 속한다고 보는 게 타당하다.

기형도와 호형호제(呼兄呼弟)하며 친하게 지냈던 것으로 알려진 장정일도 기형도와 유사한 형태를 보여준다. 그러나 장정일은 기형도와 같은 그로테스크성 인생을 증오하는 양상까지는 보여주지 않는데, 예감과 실제 체험과의 차이 때문이 아니었던가 싶다. 사회주의이성의 몰락을 예감하며 이를 미래형으로 산다는 것과 실제 체험하고 과거형으로 산다는 것은 아주 다른 것일 수 있다. 전자가 두려움의 감정을 상례화한다면, 후자는 오히려 낙관적이게 할 수도 있다. 체념이나 아니면 다른 깨우침을 통해서. 미래는 두려움일 수 있어도 과거는 결코 두려움일 수 없는 것이다.

어찌 보면 장정일은 아방가르드적이기보다는 포스트모던적이라고 하는 게 맞을지 모르겠다. 역사적으로 볼 때 아방가르드는 자본주의이성만을 악으로 간주하고 이에 전복적일 뿐인 반면, 포스트모던은 모든 이성을 악으로 간주하며 모든 이성에 대하여서 전복적이다. 장정일의 문학은 모든 이성에 의하여 친연적이어 보이지 않는다. 80년대에는 『햄버거에 대한 명상』과 같은 시에서처럼 분명 자본주의이성에 대한 적대성이 농후한 작품이 주였던 게 사실이지만, 90년대로 들어오면 장르를 시에서 소설로 바꾸면서 자본주의이성뿐만 아니라 사회주의이성조차도 거부하는 듯한 양상을 보여준다. 세계 사회주의이성의 몰락이 아무래도 이러한 경향변이에 영향을 미쳤던 것으로 보이는데, 하여튼 모든 이성을 악으로 간주하고 모든 이성으로부터 결별한 장정일의 소설은 가히 상상력의 폭발을 보여준다.

『너에게 나를 보낸다』『너희가 재즈를 아느냐』『내게 거짓말을 해봐』에 이르기까지 장정일의 삼부작이라 할 수 있는 이 작품들은 어느 것 하나 사회적 파장을 일으키지 않은 게 없는데, 모두가 이성의 파기라는 신성모독 혹은 인성모독적인 면모를 추구하고 있다. 독특한 상상력의 폭증, 성적 금기의 파기, 문법의 파괴, 이야기 구조의 뒤흔들기 등등과 같은 파격적인 형식과 파격적인 내용을 담고 있었다. 이들 소설들이 출간될 때마다 외설 시비를 불러일으켰던 것은 당대의 사회 분위기로 보아서 당연한 일이었을 것이다. 모든 이성을 파기하고 상상력으로만 존재하려는 문학은 그것 자체가 이미 외설인 것이니.

헌데, 모든 이성으로부터 자유롭다는 것은 어떤 이성과도 결부될 수 있다는 것을 의미한다. 그 어떤 이성은 상품판매사회에서는 상업주의가 될 가능성이 높다. 상품판매사회에서 가장 활성화된 이성이 상업주의이기 때문이다. 포스트모던 문학이 흔히 상업주의적이라고 비난받는 게 이와 같은 연유에서라고 보여진다. 장정일의 소설들도 외설 시비에 휩싸이면서 베스트셀러의 반열에 올랐고 자연스럽게 상업주의와 결탁했다는 혐의를 받게 된다. 그러나 이는 장정일의 의도였다고는 할 수 없다.

장정일의 문학은 한국문학이라는 틀 안에서만 놓고 보면 진정한 방향상실의 문학이었다고 할 수 있다. 그것은 반동문학조차도 안

되는데, 자본주의이성과 결탁하고 있는 것도 아니기 때문이다. 어떤 의미에서 보면 장정일의 소설이야말로 아방가르드의 함의에 가장 잘 들어맞는 문학일 수 있다. 역사적으로 볼 때 아방가르드는 자본주의이성에 대한 환멸을 통해 싹튼 물결이긴 하지만, 그 진정한 본의는 이성을 배제한 상상력으로만 살기, 생의 속됨을 파기하고 이 모든 것을 예술화하기, 이것이 이의 진정한 본의이기 때문이다. 그런 측면에서 볼 때 모든 이성을 배제하고 상상력으로만 남으려고 한 장정일의 소설이야말로 진정한 아방가르드문학이 아닐까 한다.

장정일의 소설이 흔히 상업주의 소설이라고 비난받지만, 이는 실제 그의 소설이 상업주의라서 그러한 비난을 뒤집어쓰는 게 아닐 것이다. 우군이 없기 때문에 뒤집어 쓸 뿐인 것이다. 장정일의 소설은 자본주의이성에 친연적이지 않기 때문에 불온하거나 외설적인 것으로 비난받고, 사회주의이성의 지도성을 거부하기 때문에 상업주의라고 비난받는다. 장정일의 소설이 외설이요 때로는 상업주의라고 비난받는 것은 자본주의이성과 사회주의이성 양자에 대하여 동시적으로 해체적인 까닭이다. 장정일의 소설은 이 지구상 어디에서도 환영받을 수 없는 소설이다.

90년대 아방가르드 문학을 논하면서 윤대녕도 빼놓기 어렵다.
90년대 초반 윤대녕은 한국문학의 새로운 감수성이라는 찬사를 받으면서 작품활동을 하게 되는데, 그 새로운 감수성이 상상력의 증폭이다. 이는 세계 사회주의이성의 몰락을 반영하는 양상으로 이러한 상상력의 증폭은 당시 한국문학에서는 새로웠던 게 사실이고 새로운 감수성으로 독해되기에 충분한 것이었다.

그러나 윤대녕의 새로운 감수성은 곧 벽에 부딪히고 상상력의 폭증이라고 할 만한 양태로까지 상승해나가지를 못한다. 그의 작품이 상업주의 논란에 휩싸이면서 힘이 빠지고 만 까닭이다. 상상력의 방기라는 측면에서 보면 윤대녕의 소설은 피다 만 꽃이라고 할 수 있다. 이는 윤대녕이 상업주의 논란에 휩싸이면서 한국문학의 정통적 입장, 즉 지도이성의 인도를 받는 그 상태를 복원하거나 그 상태로 돌아가고자 한 연유로 보여진다.

세계 사회주의이성의 몰락이 곧 한국문학의 지도이성의 몰락을 의미한다면, 이를 인정할 수 없는 한국문학으로서는 이와 같은 양상을 보이는 문학들을 상업주의로 몰아갈 수밖에 없었을 것이다. 즉 자본주의이성과 결탁한 것으로 몰아갈 수밖에 없고, 윤대녕의 소설이 세계 사회주의이성의 몰락을 반영하는 것이라면 상업주의라는 혐의를 받아야 하는 것은 논리 필연적인 귀결이었다. 이 때문에 결국 윤대녕은 한국문학의 지도이성의 복원을 욕망하게 되었던 것 같고, 실제로 이의 복원을 위한 길을 떠났다. 그러나 그 복원은 그다지 여의치는 않았던 것으로 보여진다.

윤대녕의 소설은 상상력이 주도하는 새로운 감수성의 문학을 충분히 꽃피우지 못하고 그렇다고 한국문학의 지도이성을 복원하는 데에도 여의치 못한, 어정쩡한 상태로 그만 머물고 만 게 아닌가 싶다. 윤대녕 자신의 역량 부족 때문이었다고 하기보다는 90년대 초반이라는 시대적 상황이 그런 어정쩡한 상태 이상의 것을 이해할 만한 수준에 도달하지 못했기 때문이라고 보인다. 하여튼 윤대녕의 문학은 90년대 아방가르드문학을 여는 그 기미를 보여주기는 하지만 이의 충분한 성숙에는 도달치 못한 문학이라고 보는 게 타당하다 하겠다.

한국문학의 진정한 아방가르드 선언은 90년대 후반부터 왕성한 활동을 시작한 김영하에 이르러서야 비로소 시작된다고 보아야 한다. 그 중에서도 97년도에 나온 『나는 나를 파괴할 권리가 있다』가 중요하다. 이 작품은 내용은 차치하고라도 그 제목부터가 아방가르드적이다. 프랑스의 작가 사강이 대마초를 피다 걸렸을 때 자신을 변명하기 위해 내어뱉은 말이라고 하지만, 김영하가 『나는 나를 파괴할 권리가 있다』는 이 말을 자신의 소설 제목으로 가져온 데에는 문학상의 분명한 의도가 있었던 일임에 틀림없다.

소설의 주인공 '나'는 자살도우미이다. 자신의 자살을 도와달라고 찾아온 타인들을 도와 실질적으로 이들을 살해하는 직업을 지닌 자인데, '나'는 이들의 자살을 도우면서도 자책감이나 가책 같은 것이 없다. 단지 이의 필요성만을 느낄 뿐인데, 이렇듯 자살과 이의 방조, 실질적인 살해행각에 나서면서도 후회나 두려움 없이 이의 필요성만을 느낀다는 것은 무척 아방가르드적이다.

자살이라는 죽음의 형식이 자기파괴이며, 자기파괴란 아방가르드의 본원적 양식이다. 아방가르드의 주체는 쁘띠부르주아들이 대부분이라고 할 수 있는데 부르주아이면서도 부르주아사회에 환멸을 느끼고 있다는 게 아방가르드의 기본 정서이다. 이 환멸이 극단에까지 이르러 부르주아 사회를 파기하겠다는 자기파괴에까지 도달하게 되면, 아방가르드 예술의 탄생이요 아방가르드 운동의 시작이다.

자살이 왜 아방가르드의 본원적 양식인지는 이것이 기본적인 자기파괴의 양상이라는 점에서 의문의 여지가 없다. 그리고 아방가르드의 전개가 부르주아이성 즉 자본주의이성의 파기에 방향성이 맞추어져 있음을 알 수 있다. 자본주의이성의 파괴 이후의 세계에 대해서는, 그러나 아방가르드는 알고 있지 않다. 아방가르드의 한계다. 예술화된 삶, 이성 없는 상상력만으로 살기를 추구하는 아방가르드는 미래에 대해서는 구성해낼 이성을 지니고 있지 않고 알려고도 하지 않는다. 그것은 이것의 몫이 아니다.

소설에 등장하는, 이야기 흐름에 중요한 모티브와 상징성을 제공해주는 클림트의 그림들도 아방가르드적 냄새를 물씬 풍긴다. 클림트 자신이 아방가르드 화가였고, 그의 그림들이 이의 구현을 보여주는 작품들이다. 자살과 클림트와 그의 그림들. 그리고 자살의 상징인 『나는 나를 파괴할 권리가 있다』는 인식.

그러나 이것은 단순히 개인의 자살이라는 차원만을 상징하는 것은 아니다. 이것은 좀 더 넓은 함의와 차원을 지니는 것이다. '나'란 자본주의 주체를 의미하는 것으로 보면, 이는 자본주의 주체의 파괴요 해체를 의미하는 것이 된다. 소설의 주인공이나 등장인물들이 쁘띠부르주아라는 점에서, 그리고 작가인 김영하도 그와 같다는 점에서 여기서의 '나'는 자본주의 주체로 해석될 여지가 농후하며 그렇게 보면, "나는 나를 파괴할 권리가 있다"는 것은 곧 자본주의 주체 자신이 자본주의 주체를 파괴할, 해체할 권리가 있다는 얘기가 된다. 자본주의 주체가 자본주의 주체를 파괴하기로 하는 데에는, 물론 자본주의 주체에 대한 환멸 때문이다. 다시 말해, 자본주의이성에 대한 환멸 때문이다.

김영하의 소설은 아방가르드에 대한 명쾌한 이해를 바탕으로 해서 쓰여진 작품들임을 알 수 있다. 역사적으로 아방가르드가 문학사에서 어떤 위치를 차지하며 어떤 의미를 지니는지, 명확한 이해의 지점에서부터 출발하여 이를 자신의 소설 속에서 활용하고 있는 것으로 보인다.

아방가르드야말로 자본주의이성을 붕괴시키고 파괴하고 해체시키는 매우 유효한 창작방법론임을 이해하고 있다는 것이다. 자본주의이성에 대항하는 세계 사회주의이성이 몰락한 상태에서는 더욱 그러하고 어쩌면 거의 유일한 방편일 거라는 걸 이해하고 있다는 것이다. 이런 점에서 김영하는 아주 지능적인 작가였다고 할 수 있을 것이다.

분명 김영하는 이와 같은 사정을 알고 있었고 그런 점에서 다른 동류의 작가들을 앞섰다고 보인다. 그래서 명징한 의도 하에 전략적으로 자신의 소설 속에 아방가르드를 가지고 들어왔던 게 틀림없다.

 만일 위의 분석이 그르지 않다면, 김영하의 문학이야말로 한국문학에 있어서의 아방가르드 선언이었다고 할 만하다. 그리고 이후의 모든 한국문학은 이의 자장권 안에 놓인다고 말해질 수 있다. 실제가 그와 같아서 김영하 자신의 문학에서 뿐만 아니라, 이후에 나오는 한국문학은 이와 같은 톤의 아방가르드 문학의 자장권 안에 놓인다.

 2000년대 이후에 등단하여 세인들의 각광을 받고 있는 박민규, 김애란 등등의 작품 속에서 이와 같은 경향이 농후하게 살펴진다. 2000년대의 이 새로운 작가군들을 통하여 김영하 류의 그런 한국적 아방가르드 선언은 이미 깊게 영향을 미치고 자리잡고 있다는 사정을 살필 수 있게 된다. 그러나 여기서는 2000년대 작가들에 대해서는 분석을 약(略)한다. 그것은 이 소론의 범위를 벗어나는 일이다. 이에 대한 이야기는 다음 기회로 미루기로 한다.

근대의 추방과 전통주의로의 회귀

1. 들어가며

한국문학은 다양한 특성을 지니는 것으로서 한마디로 특정하여 정의 내리기 어렵다. 한국문학의 현장은, 그 창작면에서 볼 때 거의 절대적인 자유가 보장되며 현금 존재하는 거의 모든 장르의 문학이 생산되어지고 있다고 할 수 있다. 이런 창작상의 다양성을 놓고 볼 때 한국문학의 특성을 '이것이다' 라고 지칭해서 한정짓기는 사실 불가능한 일이라고 보는 게 타당하다.

그러나 창작의 자유성을 떠나, 문학의 독서행위라는 측면에서 볼 때 한국문학이 일정한 방향으로 구조화되어 있는 것은 사실이다. 다양한 장르의 문학작품들이 생산되어 나오지만, 그 다양한 장르의 작품들이 문학으로 인정되고 독해되는 경우는 한정되어 있고 한정되어 있는 양상에 포커스를 맞출 경우 한국문학의 정체성이라고 할 만한 게 눈에 띄는 게 사실이다.

허면, 한국문학은 어떤 작품을 문학으로 독해하고 어떤 작품을 문학으로 독해하지 않는가.

일단 한국문학은 근대문학과 매우 불편한 관계에 놓여 있다는 사정이다. 임화의 '이식문학론' 입장에서 볼 때 이 사정은 자명하며, 내재적발전론 입장에서 볼 때도 이 사정은 그다지 매끄럽게 해소되지 않는다. 한국문학이 조선문학을 거쳐 근대문학의 문학관에 맞춤하는 근대문학으로 내재적으로 발전하였는지는 여전히 애매모호한 까닭이다. 내재적발전론 입장을 취할 경우 한국문학은 오히려 조선문학의 문학관 속으로 퇴행하여 되돌아간 것이 아닌가 하는 의구심이 여전히 해소되지 않는다.

초기 한국문학은 일제로부터 이식된 근대문학을 배우려고 애를 쓴 게 사실이다. 1920년대 동인지문학의 존재가 이를 여지없이 입증한다. 한국문학의 이와 같은 근대문학 학습이 성공했는지 실패했는지 하는 건 차치하고라도, 이 학습과정이 지난한 어려움의 과정이었음은 주지하는 바의 사실이다. 이 학습과정의 어려움을 놓고 볼 때, 한국문학과 근대문학은 불편한 관계 속에서 관계 맺음될 수밖에 없는 관계였다고 보는 게 타당하다 할 것이다.

근대문학을 학습해야 했다는 점에서 한국문학은 창적성보다는 지도성이 강한 문학이었다고 할 수 있다. 근대문학은 이런 것이다 라는 정의 내림 속에서 창작을 이 정의 내림에 따라서 껴맞추듯이 접근해야 한 탓이었다. 이는 부자연스러운 창작행위임에 틀림없다. 이 부자연스러움을 놓고 볼 때도 한국문학과 근대문학은 불편한 관계의 관계망 속으로 해소될 수밖에는 없던 것으로 보인다.

전통적으로 한국문학은 '문이재도(文以載道)'로서의 문학이었다고 할 수 있다. 도를 싣는 도구로서의 문학을 문학으로 간주하였다는 것으로, 시쳇말로 바꾸어 얘기하자면 이성의 하위범주로서의 상상력, 즉 이성의 도구로서의 상상력만이 인정되었지 상상력의 이성으로부터의 독립성, 상상력의 자율성이 인정되지 않았거나 이를 몰랐다고 하는 것이다. 헌데, 근대문학은 한국문학의 전통적인 이런 문학관과는 판이하다. 이를 거꾸로 세워놓은 것이었다고 할 수 있다. 상상력의 이성으로부터의 독립, 즉 상상력의 자율성을 인정하고 거기서부터 출발한다는 것이다.

도(道) 즉 이성의 하위범주로서의 상상력 이외의 상상력을 모르는 한국문학으로서 이성으로부터 독립된 상상력, 자율성을 지닌 상상력을 이해하기란 어려운 일이었음에 틀림없다. 근대문학이 창작성에 바탕하지 않고 지도성에 바탕해 유입되었다는 점에서 이 어려움은 더욱 컸다고 할 수 있다. 머리로는 그렇다는 것을 알아도 심장은, 가슴은, 정서는 이를 도무지 이해하지 못했다는 것이다. 머리로만 아는 근대문학은 레떼르는 근대문학이었다 하더라도 문이재도로서의 전통적인 한국문학과 별반 차이가 없거나, 그렇게 전통문학으로 되돌아간 경우임에 다름 아니다. 한국문학은 근대문학을 머리로서 배우고 이해하는 데에는 성공했다고 볼 수 있다. 그러나 근대문학을 가슴으로, 심장으로, 정서로서 이해하고 배우는 데에는 실패했던 것으로 보인다. 한국문학 속에 근대문학이 유입되어 들어오는 지난 일 세기 정도의 과정을 꼼꼼히 살펴보면 이러한 사정의 경향성을 발견할 수 있고 인정할 수 있다.

이식문학론 입장을 취하든 내재적발전론 입장을 취하든 이 결론에는 별반 차별화가 없다. 이는 한국문학의 정체성이라고 할 만한 것을 형성하는, 핵심 키워드이다.

본 소고는 다음 세 가지 면에서 이를 살펴보고자 한다. 근대문학을 적극적으로 수용하려 하였으나 실패한 경우 — 동인지문학시대, 근대문학의 수용에 큰 성과가 있었으나 이에 참여한 작가들에 의하여 능동적으로 부정된 경우 — 구인회 문학시대, 그리고 마지막으로 근대문학을 배우고 학습되어야 할 게 아닌 추방되어야 할 악한 것으로 인식하고 실제로 배척했던 경우 — 1970년대 민족문학담론 시기, 이 세 가지이다.

2. 1920년대 동인지문학의 경우

1910년대 후반부터 1920년대 초반까지 활동한 동인지문학은 다양한 스펙트럼을 갖는 것이긴 하지만, 서구 근대문학을 적극적으로 도입하려 한 시도였다는 점에서 이들 사이에 명확한 공통점을 찾을 수 있다. 이 활동이 성공적이었느냐 실패적이었느냐 혹은 긍정적이었느냐 부정적이었느냐 하는 것은 일단 제껴둔다 하더라도 이 활동은 그 활동 자체만으로도 유의미한 것이었다고 할 수 있다. 대체로 1920년대 동인지문학활동은 한국문학사에서 실패적인 것으로, 그리고 부정적이었던 것으로 인식된다. 그러나 근대문학을 계몽으로

만 받아들이던 수준에서 계몽 이상의 예술로서 받아들이려 했고, 받아들일 필요성을 인식했다는 점에서 이는 초기 한국문학사에서 하나의 진일보였다고 보는 게 타당하다.

1920년대 동인지문학은 상당수의 동인지문학이 있었으나 그 대표적인 몇 개만을 간추리자면 『태서문예신보』『백조』『폐허』『장미촌』『창조』 등을 들 수 있다. 김억이 주도했던 『태서문예신보』는 근대문학으로서 프랑스의 상징주의를 받아들이려 했고, 『백조』는 낭만주의, 『폐허』나 『장미촌』은 데까당스가 가미된 세기말적 낭만주의, 김동인이 이끌었던 『창조』는 자연주의를 받아들이려 애썼다.

이렇듯 각 동인지문학이 근대문학으로서 인지하고 받아들이려고 한 문학이 상징주의, 후기 낭만주의, 데까당스, 자연주의처럼 차이가 있기는 하지만 그렇다고 각 동인지문학이 전혀 성격을 달리하는 것은 아니다. 이 모두가 근대문학이라는 전체를 형성하는 분화된 지류들이었기 때문이다. 그 지류들은 결국 하나의 본류로 모여 전체를 형성하게 되는데, 그 본류가 모더니즘이었다. 상상력의 이성으로부터의 독립성을 인정한다는 넓은 의미의 모더니즘 말이다.

그러나 1920년대 동인지문학에 모더니즘이라고 하는 통괄적 인식지평은 없었던 것으로 보인다. 서구 근대를 받아들인다는 조급성은 있었을지 몰라도. 근대문학을 모더니즘으로 통괄적으로 이해하는 인식지평을 갖게 되는 것은 1930년대 구인회문학에 들어와서야 비로소 가능해진 것이다.

동인지문학은 다양한 사조로서 존재하는 근대문학을 받아들이는 데에는 유용한 방법론이었다고 할 수 있다. 모더니즘이라는 통괄적 인식지평이 없는 상태에서는 더욱 그와 같았다고 할 수 있다.

허면, 1920년대 동인지문학의 근대문학 수용과정은 성공적이었던가.

앞서 얼핏 지적한 것처럼 동인지문학의 활동이 유의미했던 것은 분명하나, 그 근대문학 수용과정이 성공적이었느냐 하는 데에는 상당히 회의적인 게 사실이다. 여러가지 이유가 있겠지만 그 가장 중요한 이유로 이를 이해할 만한 판, 즉 조건이 아직 한국문학 내에 성숙되어 있지 않았다는 게 될 것이다. 다시 말하자면, 머리로는 이를 이해했는데 가슴으로는 이를 이해할 수 없었다는 것이다.

가슴으로 이해하기 위해서는 근대문학을 태동시킨 서구사회의 제반 여건들이 한국사회에도 형성되어 있어야만 한다. 그러나 1920년대 한국사회는 근대문학을 태동시킨 서구사회의 제반 여건과는 많이 다른, 미성숙한 여건의 상태였다. 이 진실이 동인지문학의 그 강한 의욕과 의도와는 애석하게도 다른 결과를 도출하도록 유인했다고 볼 수 있다.

일단 김억이 주도한 『태서문예신보』를 통해서 이와같은 사정을 살펴보기로 하자.

김억이 주도한 『태서문예신보』는 프랑스의 상징주의를 도입하려 한 시도였다. 근대시의 핵심이 자유시에 있다면 상징주의는 이에 가장 충실하게 값하는 사조였다고 할 수 있다. 김억이 상징주의를 근대시의 핵심적 형태로 보고 이를 도입하려 한 데에는 근대시에 대한 그만한 이해가 있었던 일이었다고 보아야 할 것이다.

그러나 김억이 주도한 『태서문예신보』의 상징주의 도입은 성공적이었다고 보기 어렵다. 몇몇 문학적 선각자들에 의하여 근대시란 이런 것이다라는 이해가 있었다 하더라도, 이게 대중들의 이해를 담보할 수 있는 것은 아니었다. 몇몇 동인들만이 이해하고 수용하고 소비하는 문학이 오래갈 수는 없는 일이었다. 독자들을 확보하고 자신들의 문학담론 내로 독자들을 끌어들이지 못하는 문학창작, 문학이론은 어떤 장소 어떤 시대에나 벽에 부딪히고 급기야는 소멸할 수밖에는 없다. 김억이 주도한 『태서문예신보』의 상징주의 도입 노력이 그와 같았고, 그 벽을 앞에 놓고 가장 극적인 전환을 보이는 게 다른 누구 아닌 김억 자신이었던 것이다.

『태서문예신보』의 상징주의 도입 노력이 실패한 몇 가지 이유들이 있었다. 그 중 가장 큰 것은 첫째로, 대중적 독자층을 확보하는 데에 실패했다는 데에 있다고 할 수 있다. 대중적 독자층 확보라는 데에 실패한 문학이란, 사실상 문학이 되기 어렵다. 아마츄어의 자기 놀이, 자기 도취에 머물 가능성이 높다. 그리고 둘째로는, 상징주의를 도입하려 한 김억을 위시한 『태서문예신보』의 동인들 역시 상징주의에 대한 이해 정도가 피상적이었다는 것이다. 실제로 이들의 상징주의에 대한 이해는 조악한 수준이어서 상징주의를 도입한다고는 하였지만 이런 수준에서 이에 성공키는 거의 불가능한 일이었다고 보인다.

이렇게 상징주의 도입에 실패한 몇 가지 이유들이 있고, 또 이렇게 실패한 원인들에는 이들을 가로지르는 공통적인 문제점도 있었다. 그 중 가장 중요한 것이, 바로 '근대적 자아'의 형성 문제이다. 독자 쪽에서나 창작자 쪽에서나 상징주의를 받아들이는 데에 아직 준비가 되어 있지 않고 실패하고 마는데, 그리 된 데에는 '근대적 자아'의 형성이라는 문제가 공통적으로 가로놓여 있는 것이다.

1920년대 조선사회의 '근대적 자아'의 형성 수준은 극히 초보단계였다고 할 수 있다. '근대적 자아'의 단초라고 할 만한 게 형성되어 있었고 이를 기반으로 해서 근대국민국가를 열망하는 3·1운동이 일어나기도 하였지만, 그러나 성숙했다고 할 만큼 '근대적 자아'가 성숙단계에 진입했던 것은 아니다. 3·1운동의 실패가 또한 '근대적 자아'가 초보단계에서 성숙단계로 진입하는 것을 지연시키는 데에 일조한 측면도 있을 것이다.

문학적 현상에 국한해서 보면, 근대문학 도입의 필요성을 느낄 정도의 '근대적 자아'는 어쨌거나 1920년대 조선사회 내에도 형성은 되어 있었다고 보여진다. 그러나 상징주의와 같은 근대문학사조를 도입하는 실행 측면에 들어가서 보면 벽에 부딪힐 수밖에 없었을 것이다. 상징주의와 같은 근대문학사조는 '근대적 자아'의 성숙단계에서나 이해될 수 있는 것이었기 때문이다. 도입의 필요성에 의하여 도입하려 하지만, 막상 도입하려 하면 이를 이해하고 수용할 만한 여건이 아직 조선사회 내에 성숙되어 있지 않았다는 것.

『태서문예신보』의 상징주의 도입 노력의 실패는 기본적으로 현실적인 독자나 창작자의 문제겠지만, 보다 근본적인 문제도 있었다고 보아야 할 것 같다. 보다 근본적인 사회구조적 문제에 의하여 야기된 것으로, 1920년대 조선사회는 아직 이를 이해하고 수용할 만한 '근대적 자아'의 성숙단계에 진입해 있지 못하였기 때문이라는 것이다. 이런 단계에선 진정한 근대문학의 창작자 독자는 나올 수 없었을 것이다.

이는 『태서문예신보』의 상징주의에만 해당되는 얘기가 아니고, 자연주의를 받아들이려 한 『창조』, 낭만주의에 빠진 『백조』, 데카당스에 심취된 『폐허』 등등의 1920년대 동인지문학 전반에 해당되는 얘기이다. 이들 1920년대 동인지문학의 근대문학 수용 노력이 실패적으로 끝날 수밖에 없었던 데에는 이들 자체의 한계보다는 사회구조적인 한계가 더 큰 역할을 한 일이었다고 보아야 한다. 게다가 '근대적 자아'는 분열적 자아라는 점이다. '지킬박사와 하이드씨' '속된 자아와 예술적 자아'에서처럼 상징적인 구도로 설명되어지고 있는 경우가 흔하기는 하지만, 이는 실증적으로 입증되고 있는 바의 사실이다. 정신분석학이라는 과학을 통해서 '근대적 자아'의 불모성, 분열성이 세상에 아주 잘 설명되고 알려져 있는 것이다. '근대적 자아'는 기본적으로 자기분열적이며, 자기환멸적이며, 자기파괴적인 것이다. 초보단계에서 황금시대의 회복에 대한 기대와 희망과 예감으로 가득 찬 근대적 자아이지만, 초보단계를 벗어나면 이미 근대적 자아는 심각한 분열상을 보이고 나타내기 시작한다. 초기 낭만주의가 곧 그 발랄성과 예감성을 상실하고 분열성과 어둠성으로 나아가는 이유이다.

　1920년대 초반의 조선사회가 이런 분열적 자아를 이해하고 수용할 수는 없는 일이었다. 근대국민국가를 태동시켜 시민사회를 형성해야 할 역사적 시점에 놓인 조선사회가 근대국민국가를 태동시키기도 전에 분열적 자아에 함몰된다는 건 바람직하지도 있을 수도 없는 일이었다. 초기 낭만주의의 기대와 희망과 예감으로 가득 찬 자아는 필요하고 적극 구성될 필요가 있었지만, 이미 환멸을 느끼고 자기분열로 나아간 자아는 1920년대 조선사회에 있어서는 불필요한 잉여였다.

　문학 내적 논리로 볼 때, 1920년대 조선사회는 근대문학을 수용할 필요성이 있는 사회였지만 그 필요성은 사회구조적으로 충족되기 어려운 것이었다. 오히려 그 필요성은 의도하지 않은 결과만을 초래한다. 1920년대 초반 조선사회에서 '근대적 자아'의 분열성이 통합성으로 그리고 그 개성성은 집단성으로 해소되는 기이한 결과를 낳고 만다.

　1920년대 초반의 동인지문학은 1920년대 중후반으로 들어서면 그 출구 없음이 명확해지고, 그 출구 없음 속에서 두 개의 새롭게 제시되어 나오는 대안적 길로 녹아 흡수되거나 해소되게 된다. 1920년대 중반 결성되어 사실상 한국문학의 주류를 형성하게 되는 카프계열의 사회주의 문학과, 민족정서를 복원하고자 했던 그리하여 민족적 형식을 탐구했던 국민문학파가 그것이다. 박영희 이상화 등의 『백조』 동인들이 대체로 전자로 나아갔다면 김억이나 『창조』의 김동인 염상섭 등은 후자의 길로 나아갔다고 할 수 있다. 이는 '근대적 자아'의 분열성이 통합성으로 해소된 경우라고 볼 수 있다. 그리고 또한 이는, '근대적 자아'의 개성성이 집단성으로 해소된 경우라고도 할 수 있다. 이는 '근대적 자아'의 자기분열성, 자기환멸성, 자기파괴성을 도저히 이해하고 수용할 수 없었던 1920년대 조선사회 자체의 반작용이었던 것이다.

동인지문학은 1920년대 조선사회에 필요한 문학이 무엇인지를 입증해 보여주었다는 점에서 문학사적 의의가 있다. 그것도 아주 역설적으로. 그럼으로써 더욱 극적으로 입증해 보여줄 수 있었다는 점에서 그와 같다.

동인지문학은 개성성과 분열성에 함몰된 '근대적 자아'의 문학을 받아들이려 함으로써 오히려 1920년대 조선사회에서의 이의 수용불가능성, 이해불가능성을 역설적으로 입증해 보여주었고 그럼으로써 오히려 1920년대 조선사회에 필요한 것이 분열성이 아닌 통합성이요 개성성이 아닌 집단성임을 알려주었다. 동인지문학의 시도는 비록 실패로 돌아갔지만, 이런 점에서 그 시도는 무의미한 것이 아니었으며 값진 것이었다. 동인지문학의 시도와 실패는 '실패를 통해서 배운다'는 격언에 값하는, 문학사 내에서나 그 외곽에서나 중요한 의미를 지닐 수밖에 없는 과정이었다고 할 수 있다.

이쯤에서 김소월의 문학을 살펴볼 필요가 있다.

동인지문학의 조선사회에서의 불가능성과 그 해소과정에서 가장 중요한 인물이 김소월이다. 김소월이야말로 동인지문학의 불가능성과 그 탈출구를 동시에 보여주는 사례요 인물이기 때문이다.

흔히 김소월은 김억이 상징주의의 불가능성 벽에 부딪히고 이의 타개책으로 발굴해낸 시인이라고 하지만, 김소월은 훨씬 그 이상의 함의를 지니는 시인이다. 불가능성을 보여주지만, 그 반대로 이의 가능성을 보여주는 시인이기도 해서다.

김소월은 흔히 보편적인 민족의 정서를 자신의 시에 성공적으로 담아낸 위대한 민족시인이라고 평가되는데, 김억이 상징주의의 벽에 부딪히고 나서 찾아나선 게 민족적 정서를 담을 수 있는 민족시의 형식이었다는 점에서 이는 어쩌면 당연한 귀결이었다고 할 수 있다. 어쨌든 김소월에 대한 이러한 평가는 그에 대한 적합한 찬사요 평가요 명예임에 틀림없다.

김소월은 분명 분열성에 대한 통합성이요 개성성에 대한 집단성이요, 이의 상징이다.

김소월은 진정 민족시인인 것이다. 그러나 김소월이라는 천재적 시인에게 붙여져야 할 명함이란 이게 전부는 아니다.

김소월은 김억이 발굴해낸 시인이라는 점에서도 드러나는 바이지만 상징주의에 깊은 영향을 받은 시인이고, 그의 죽음도 자살이라는 형식을 취하고 있다는 점에서 예사롭게 넘어가지 않는 내용이 있다. 지극히 개인적이고 분열적인 자아의 형상이 엿보인다고 하는 것이다. 그의 시의 지나치게 여성적인 정조도 그의 죽음과 연계시켜 놓고 보면 극히 개인적인 것으로 해소될 수 있고, 이 점에서 보면 김소월도 통합성이기보다는 분열성이고 집단성이기보다는 개성성으로 읽히기도 한다는 것이다.

분명 김소월은 통합성이요 집단성이다. 그러나 김소월은 분열성으로 개성성으로 해소될 여지 또한 배제하지 않고 풍부히 남겨놓고 있다는 것도 진실이다.

김소월은 민족시인인 동시에 이상이 가졌던 것과 같은 그런 면모를 또한 갖고 있었다는 것. 1920년대에 말이다.

김소월은 분열성인가 아님 통합성인가.

이런 양가성이 김소월 시의 위대성이라고 한다면, 지나치게 자의적인 판단일까. 그렇지 않을 것이다. 양가성이야말로 위대한 시인들의 본성인 것이니까.

동인지문학의 귀결점이 김소월이었다면 동인지문학은 비록 실패적이었다고는 하더라도 무의미한 시도였다고는 하기 어려운 일이다.

동인지문학은 한국문학의 통합성에 분열성을 가져온 문학이며, 한국문학의 집단성에 개성성을 가져온 문학이다. 동인지문학이 흔히 욕을 먹어야 하는 이유이며, 또한 실패했으되 유의미한 이유이기도 하다.

3. 1930년대 구인회문학

1920년대 초반 동인지문학 이후 한국문학은 1924년 결성된 카프계열의 사회주의문학에 의하여 주도되고 활성화되었다고 할 수 있다. 이와 주도권을 다투는 민족문학계열의 문학활동이 없지 않았으나, 조직화된 수준은 아니었다. 그 조직적 면모가 몹시 미미하여 사회적 영향력 면에서 카프계열의 문학이 주도권을 잡고 민족문학계열이 이의 주변부에서 활동해가는 형국이었다고 할 수 있다.

카프계열의 문학과 민족문학계열의 문학은 그 지향하는 문학적 목표나 관점, 문학적 형식, 세계관 면에서 상당한 차이가 있었다. 민족문학계열의 문학이 민족적 형식을 탐색하면서 민족문학의 정립에 심혈을 기울였다면, 카프계열은 보다 이념적이고 내용중심적이었으며 민족문제보다는 세계 사회주의 사회의 도래를 지향하는 관점에 주안점이 흘러가 있었다. 형식 면에서 민족문학계열이 민족적 형식의 탐색이라는 점에서 전통적 시가나 서사형식의 복원 내지는 실험적 양상을 보인 반면, 카프계열의 문학은 다소 불안정한 양상을 띠었다고 할 수 있다. 아직 '사회주의리얼리즘'이 확정되어 구체화되지 않았고, 민족문제와 계급문제가 그 우선성에 있어 갈등을 일으키기도 하면서 형식에의 확정이 어려운 측면이 있었던 탓이다.

이와같이 카프계열의 문학이나 민족문학계열의 문학이 그 노선이나 세계관, 지향하는 바의 것에서 거의 대척적이라 할 만한 상이함을 보여주고 있었으나, 그러나 양자는 간과할 수 없는 공통점을 지니고 있었던 것도 사실이다. 그 공통점 면에서 보면 양자의 차이점은 부수적이고 오히려 양자의 문학을 동일한 것의 다른 양상으로, 같은 부류의 문학으로 분류해낼 수도 있는 게 아닌가 싶기도 하다. 양자의 차이점의 가장 큰 것은 내용적 측면인데, 그 내용적 측면을 사상하고 형식적 측면에서만 살피면 양자는 서로가 서로에게 아주 근접거리에까지 수렴한다.

　카프문학계열과 민족문학계열의 문학은 우선 양자 공히 계몽주의적이라는 데에서 공통점을 지닌다. 동인지문학 시대를 거치면서 계몽성에 대한 비판이 있었고 그럼으로써 한국문학에 있어 계몽성의 양상이 현저히 저감된 게 사실이지만 동인지문학의 좌절과 더불어 계몽성은 외려 한국문학에 있어 어느 정도의 선까지 다시 복원되었다고 할 수 있다. 실제로 1920년대 카프계열의 문학과 민족문학계열의 문학은 계몽의 필요성에서, 계몽성의 복원이 당대 조선사회에서 필요했기 때문에 탄생된 문학이었다고 할 수 있다. 1920년대 조선사회는 근대든 근대 이후든 여전히 어느 정도의 계몽성에 의하여 깨우쳐지고 촉발될 필요가 있는 사회였다. 지도성이 창작성을 압도할 수밖에 없는 사회였다는 것으로, 동인지문학이 좌절할 수밖에 없었던 한 원인이며 카프계열의 문학과 민족문학계열의 문학이 서로 분화되어 성장할 수밖에 없던 한 배경이기도 하다.

　두 번째 공통점은 양자 공히 개성성보다는 집단성을 추구한 문학이라는 점이다. 카프계열의 문학은 계급갈등의 시현에 치중한 문학이다. 계급갈등은 계급자아에 의하여 표출되고 구현되게 되어 있는데, 그 계급자아가 그 계급의 전체를 상징하는 집단자아이다. 카프문학이 계급갈등을 기본으로 하는 한, 그 문학은 집단주의문학일 수밖에는 없다. 민족문학계열의 문학 역시도 집단주의문학이다.

그것이 민족자아의 구현 탐색 확립에 치중하기 때문이다. 민족자아란 한 민족 전체를 상징하는 자아이므로 필연적으로 집단자아이다.

셋째로 카프계열의 문학과 민족문학계열의 문학은 분열성을 통합성으로 해소하려 한다는 점에서 공통적이다. 카프계문학이나 민족계문학이나 '근대적 자아'의 분열성에 대하여 부정적으로 인식하기는 마찬가지이다. 카프계문학이 이를 부르주아의 타락한 도덕성, 부르주아 미래의 출구 없음으로 보는 반면 민족계문학은 이를 근대인의 자기분열, 자기환멸, 자기부정으로 본다는 차이점만이 있을 뿐 부정적으로 본다는 데에는 같다. 그리고 카프계문학이 계급적 연대를 통한 분열성의 극복을 민족계문학이 민족연대를 통한 분열성의 극복을 모색하고 있다는 차이점이 있으나, '근대적 자아'의 분열성을 부정성으로 보고 통합성으로 이를 해소하려 하는 데에 있어서는 양자가 공히 동일한 것이다.

계몽성, 집단성, 통합성이라는 측면에서 보면 카프계문학과 민족계문학은 오히려 차이적이기보다는 공통적이다. 이 공통점이 어쩌면 차이점보다 더 중요하며, 근본적인 것으로 고려돼야 할 것인지도 모른다. 적어도 문학의 역사, 문학의 입장에서는 말이다. 현실의 역사에서는 노선의 차이, 세계관의 차이, 당파의 차이, 지향하는 바의 내용적 측면이 중요한 것이겠지만 문학의 역사에서는 이보다 계몽성 집단성 통합성과 같은 형태적 측면 혹은 성질적 측면이 더 중요하게 여겨질 수밖에 없다.

1930년대로 넘어오면 카프계문학이나 민족계문학이나 그 위상이 현저히 축소되며 문학사 내에서 주변으로 밀려나는 경험에 직면하게 된다. 이들 문학이 시대적 적응력을 상실하고 그 자리를 대신하여 새로운 성향의 문학이 나타나기 시작한다. 문학도 다른 여타의 예술과 마찬가지로 변화하고 진화해가는 게 바람직한 거라면, 이는 분명 긍정적으로 볼 만한 일이었다고 하겠다.

  1930년대에 접어들어 이러한 변화를 맞이하게 된 데에는 몇 가지 이유가 있다고 하겠다. 일단은 1930년대 조선사회가 이미 계몽의 시대는 아니었다는, 계몽의 시대는 벗어나고 있었다는 것이다. 근대성이 조선사회에 어느 정도는 자리를 잡았고, '근대적 자아'의 초보적 단계는 넘어서고 있었다는 것이다. 문학적인 표현을 빌려 언급하자면, 창작성이 더 이상 지도성의 지도에만 이끌려 다닐 수만은 없을 만큼 성숙하고 난만해졌다는 것이다. 다시 말해, 창작성의 에네르기가 지도성의 지도를 압도하게 되었다는 것이다. 이리 되면 계몽성은 이미 무용지물이 될 수밖에는 없게 되는 것이다.

  그리고 카프계문학과 민족계문학에 대한 일제의 탄압이 극심해졌다는 점이다. 1930년대에 들어서면서 일제는 만주사변을 일으키고 후기로 들어가면 중일전쟁마저 일으키게 되는데, 이 와중에서 더욱 군국주의화하고 본토민이나 식민지민이나 모두에 대하여 탄압을 가중시킨다. 이 탄압의 결과로 1934년 카프조직은 와해되어 해산이 돼버렸고, 민족계문학은 더이상 민족자아를 탐색하고 구현하고 확립하는 게 어려워지게 되었다. 한 마디로 통합성이 깨어지고 분열성으로 나아갈 수밖에 없었다는 것으로, 강제된 분열성이긴 하였지만 이 분열성이 민족자아 계급자아에서 개적 자아로 눈을 돌리게 한 측면이 있었다고 볼 수 있다.

1930년대의 조선사회는 위에서 살펴본 것처럼 여건상 한정된 의미에서이기는 하지만, 반계몽성, 분열성, 개성성의 시기였다고 할 수 있다. 1920년대의 조선사회와 비교해서 그와 같다는 것이다. 일반대중들은 아니었다 하더라도 적어도 문학 창작자들에 있어서는 그 전 시기의 창작자들에 비하면 분명 반계몽성, 분열성, 개성성에 깊이 침윤되고 이를 받아들이고 수용한 경우였다고 볼 수 있다. 역사란 항상 과거와 비교될 수밖에 없는 것이므로, 1930년대를 현재라는 시점에 놓고 보았을 때 1930년대가 반계몽성, 분열성, 개성성의 시대라고 하는 것은 십분 타당한 언급이다.

1930년대의 이 반계몽성 분열성 개성성을 반영하고 있는 게, 바로 구인회문학이다. 1930년대 중반 이후 새롭게 등장한 유파의 문학들이 대부분 이와 같은 양상을 띠고 있다. 여기서는 다 사상하고 구인회문학만을 대표로 호명하고 있다. 이런 설정에 독자들 가운데에 거부감이 있을 수 있다. 그러나 여기에는 그만한 이유가 있다.

1930년대 이후 새롭게 등장한 문학들이 대부분의 경우 반계몽성 분열성 개성성의 양상을 띠고 있지만, 그것의 원본은 구인회문학에 기반하고 있는 것으로 보인다는 것이다. 거개의 경우가 다 구인회의 자장권, 이의 영향권 안에 들어 있다. 『시인부락』의 김동리 서정주의 경우가 그렇고 박용철의 『시문학파』, 최재서의 『주지주의』

『청록파』와 『생명파』, 모두가 그와 같다. 1930년대에 들어와서 새로이 나타나기 시작한 경향, 반계몽성 분열성 개성성을 논하기 위해서는 무엇보다도 구인회 문학을 논하지 않고서는 불가능한 일이 되는 것이다.

구인회는 조직이라고 하기보다는 비슷한 문학적 성향을 지닌 문학가들의 사랑방 모임 같은 것이었다고 보는 게 옳다. 카프문학에 대한 대타의식을 지녔던 것은 분명한 듯하나, 이는 카프문학의 내용 위주의 문학에 대한 반감에서 비롯된 것이었을 뿐 카프라는 문학적 조직을 대체할 의사는 애시당초 이들에게 없었던 것으로 보여진다. 구인회문학은 카프계문학이 보여주고 있는 내용중시의 문학, 이념성 위주의 문학과는 결별한 문학이다. 내용보다는 형식, 이념성보다는 상상적인 것에 치중한 문학이다. 이런 점에서 구인회문학은 모더니즘문학으로 해소될 여지가 다분하다고 할 수 있다. 서구 모더니즘문학은 반계몽성 분열성 개성성에 깊게 함몰된 문학이고, 이러한 성향이 다양한 형식실험을 통하여 표출되고 진행된 문학이었다. 구인회문학이 이와 유사한 양태를 보여준다.

구인회문학은 카프계문학의 내용중심을 강하게 비판하며 형식 중심의 길로 들어서는데, 실제로 다양한 형식실험의 양상을 작품 속에서 시현해 보여준다. 시의 정지용 이상이 그러하고 소설의 이태준 박태원 김유정이 또한 그러하다. 구인회문학의 작가들은 가히 스타일리스트라고 할 수 있는데, 그 스타일리스트로서의 면모가 결코 단순하거나 소박한 것이 아니다. 당대 분분한 논쟁의 대상이 되었던 점에서 볼 때 구인회문학의 형식실험은 전통적 형식을 전복할 정도의 그런 의미의 강력한 것이었다고 보는 게 합당하다.

잘 알려져 있는 것처럼, 특별히 이상의 경우가 급진적이었다고 할 수 있다. 이상은 정지용과 이태준에 의하여 천재성으로서 발굴된 시인이지만, 1930년대 조선사회의 대중들은 결코 이상의 시들을 이해하지 못했다. 그만큼 이상의 시들이 당대, 1930년대의 스타일이나 감수성 정서를 뛰어넘는 전복적인 것이었다는 것으로 이상의 시들이 1930년대 대중들과 불편한 관계에 놓일 수밖에 없던 것은 필연적인 일이었던 듯하다.

실제 이상의 시들은 조선중앙일보에 몇 회 연재되다 독자들의 거센 항의에 부딪히고 더이상 연재가 불가능하여 중단되게 된다. 이상은 시 연재 중단의 변을 통해서 이때의 자신의 심경을 밝히고 있는데, 미래의 독자들의 몫으로 자기 시의 이해를 돌리고 있다.

이상에 포커스를 맞추어 보면 구인회문학의 형식실험이 결코 만만한 것이 아니었음을 알 수 있다. 구인회문학의 전통 형식에 대한 전복성 그 파괴성이 몹시 급진적이며, 에네르기가 충만한 것임을 인정할 수 있게 된다. 그것은 단지 카프계문학 민족계문학에만 한정되는 것이 아닌, 보다 더 본원적인 전통적 형식에 대한 전복성이요 파괴성으로서 계몽성에 대한 전복성이요 파괴성이다. 조선의 전통 문학관을 계몽성에서 찾는다면, 이를 일률적으로 그렇다 하는 데에는 무리가 있을지 몰라도 대강적으로 그러한 경향성을 지니고 있다고 하는 데에는 별 이의가 없으리라고 본다. 구인회문학은 바로 이 계몽성에 대한 반계몽성의 들이댐이요 이성에 대한 상상력의 독립 내지는 우위 선언이라고 할 수 있던 것이었다.

구인회문학이 모더니즘문학으로 해소되기 위해서는 반계몽성, 분열성, 개성성의 양상을 십분 구현해 보여주어야 한다. 서구 모더니즘문학이 이와 같은 세 가지의 속성을 근본적 속성으로 하고 있기 때문이다. 다시 말해, 모더니즘문학 즉 근대문학은 '근대적 자아'의 자기서사요 자기표출이요 자기표현인데, '근대적 자아'가 다름 아닌 이 세가지의 속성, 반계몽성 분열성 개성성의 양상을 띠고 있는 것이다.

구인회문학이 반계몽성을 띠고 있는 것은 분명하다. 구인회문학이 내용중심의 문학에서 형식중시의 문학으로 문학의 중심성을 방향전환했다는 점에서 이는 확연해지는 바의 사실이다. 형식중심으로의 방향선회는 계몽성에 등을 돌리는 것이며, 계몽성보다는 반계몽성에, 이념적인 것보다는 상상적인 것에 주안점을 두는 행태이기 때문이다.

구인회 문학이 '개성'에 치중한 것은 분명하다. 문학의 형식이라는 게 작가의 개성을 떠나서 생각되기 어려운 것이고, 실제로 구인회문학은 작가의 '개성'을 아주 중시여겼다. 구인회문학이야말로 한국문학에 있어서 '개성'이 눈을 뜨고 이를 중시여긴 최초의 문학이고, 이의 지향을 문학으로 여긴 문학이었다.

분열성의 경우에는 논란의 여지가 있을 수 있다. 1930년대 조선사회의 '근대적 자아'가 분열적인 양상을 보일 만큼 그렇게 복잡한 자아였느냐 하는 것이다. 그러나 1930년대 조선사회의 '근대적 자아'가 분열성이라고 할 만큼 복잡한 양상을 보일 정도는 아니었다 하더라도, 그 단초는 보여주고 있다고 인정할 수 있다. 특히 이상의 경우를 살펴보면 그렇다고 할 수 있다.

1930년대 조선사회의 대중들은 '근대적 자아'의 분열성을 이해할 만큼 분열적이지는 않았다 하더라도 작가들은 이 분열성을 이해할 만큼 분열적이었고, 필요한 만큼은 충분히 이를 경험하고 있었다고 보는 게 타당하다. 이상 문학이 보여주는 당대 대중 독자들과의 심적 불편성의 관계 설정이 이를 입증한다고 할 수 있다.

이런 점에서 볼 때 이태준의 일련의 단편소설들, 정지용의 일련의 시들을 한국문학사에 있어서의 근대 단편소설의 완성태요, 근대시의 완성태라고 하는 데에는 그다지 과장이 있는 언사는 아니다. 서구의 근대문학, 모더니즘으로 표방되는 서구의 근대문학은 구인회문학에 이르러서야 비로소 이해되고 한국문학사에 수용되고 정착된 것이기 때문이다. 구인회문학은 모더니즘문학으로 해소될 수 있고 근대문학의 수용에 비로소 성공한, 1920년대 동인지문학처럼 의욕은 강했으나 좌절한 경우와는 다른, 그리하여 한국문학의 위상을 그 이전과 그 이후가 같은 것일 수 없는, 확연히 바꿔놓는 계기로서의 문학의 경우가 된다.

이제 이태준을 필두로 하는 구인회 작가들을 통해서, 본장의 주제를 살펴보기로 하자. 한국문학 속에서 근대문학이 추방되어가는 그 과정 말이다.

이태준은 구인회의 멤버이고, 그 중에서도 좌장격의 인물이었다는 것은 잘 알려진 사실이다. 아마도 이태준이 조선중앙일보의 문화부기자였고, 발표지면을 확보하고 있었다는 점에서 자연스럽게 멤버 가운데의 좌장격이 되었으리라고 추측해 볼 수 있다. 구인회문학의 좌장격인, 이런 이태준이 해방 이후 구인회문학이 이룩한 업적인 근대문학의 수용과 정립이라는 그의 업적을 스스로 부정하고 한국문학 속에서 이를 추방하는 방향으로 나아갔다는 것은 상당히 아이러니한 일이고 의외의 일이긴 하지만, 문학사적 사실이다.

해방 후 이태준은 자신이 천착해왔던 구인회문학과는 다른 문학관의 노선을 지향하고 걷게 된다. 해방 후 강제해산되었던 카프가 재결성되는데, 이태준은 임화와 손을 잡고 카프계문학을 추구하는 조선프롤레타리아작가동맹의 결성에 참여하게 된다. 다시 말해 이태준은 구인회문학의 반계몽성 분열성 개성성을 철회하고 반계몽성에서 계몽성으로 분열성에서 통합성으로 개성성에서 집단성으로 나아가게 된다.

왜 이태준이 해방과 더불어 문학노선에서의 코페르니쿠스적인 급선회를 보였는지는, 그 이유가 명쾌히 해명되고 있지는 않다. 어쩌면 이태준의 평소 정치적 성향이 사회주의적이었는데 일제의 강압에 의하여 표출되지 못하고 잠재되어 있다가 해방과 더불어 비로소 표출되어 나오게 된 탓일 수 있다. 혹은 해방과 더불어 나라의

되찾음에 값할 만한 문학적 진화의 필요성을 느꼈던 이태준이 자기 문학의 진화적 양태를 카프계문학의 복원에서 찾게 되었기 때문일 수도 있다. 또 혹은, 이 양자의 복합적 관계하에서 나타난 양상일 수도 있고. 하여간 이태준은 해방을 맞이하면서 '근대적 자아'의 자기 서사를 극복해야 할 부정성으로 인식하게 된 듯하고, 부정성으로서의 '근대적 자아'를 넘어서는 탈근대자아 내지는 초근대자아, 혹은 현대적 자아의 재구성의 필요성을 느꼈던 게 틀림없는 것 같다.

이태준이 어떤 이유에서 문학관의 전변을 맞이하고 문학노선의 변이를 가져왔는지는 알 수 없다 하더라도, 이것이 그가 자기 문학 속에서 근대문학을 추방한 경우임에는 분명하다. 근대문학의 반계몽성 분열성 개성성에서 나와 계몽성 통합성 집단성으로 옮겨가고 있기 때문이다.

이태준은 1947년을 전후해서 임화 등과 함께 북한으로 적을 옮겼고 한국전쟁 이후 1950년대 중후반에 종파주의자 아니면 분열주의자 아니면 부르주아 문화의 대변자라는 명목하에 숙청당한다. 숙청 이후 이태준의 소식을 명확히 알고 있는 사람은 없다. 지방의 소도시로 강제추방되어 그곳에서 구두수선공이 되어 자연사할 때까지 그렇게 살았다는 얘기도 있고, 숙청 당시 형장의 이슬로 사라졌다는 얘기도 있다.

이태준만이 아니다. 박태원도 이태준과 마찬가지로 문학관의 전변을 감행하며, 형식중심의 문학에서 내용중심 이념중심 계몽중심의 문학으로 급선회한다. 이태준보다 그 시기가 다소 늦기는 하지만 마찬가지로 남한을 포기하고 북한으로 넘어가며, '근대적 자아'의 반계몽성 분열성 개성성을 부정성(否定性)으로서 부정한다. 한때 숙청당하는 수모를 겪기도 하였으나, 복권되어 남한에도 잘 알려진 몇 편의 대작을 집필하기 시작한다.

미완의 『갑오농민전쟁』과 『계명산천은 밝아오느냐』가 그것인데, 사회주의리얼리즘 계열의 백미라고 알려지고 있는 작품들이다.

시인 정지용은 이태준이나 박태원처럼 극적이지는 않다 — 이들보다 훨씬 애매모호하다 —. 정지용이 그의 시관, 문학관을 수정했다는 증거는 보이지 않는다. 정지용이 이들처럼 북으로 갔다는 얘기는 있긴 한데, 만일 정지용이 북으로 갔다면 이는 납북된 것이지 자발적 발걸음은 아니었다고 보는 게 여러 정황상, 올바르다.

그러나 정지용은 해방 이후 과거 구인회문학으로 수렴되는 자신의 문학관에 상당 정도의 갈등을 일으켰던 것은 사실이었던 것으로 나타난다. 해방과 더불어 '근대적 자아'의 자기서사가 이제 그 적합성을 상실한 게 아닌가 하는, 그런 갈등이 내면 속에 자리잡고 있었다는 것이다. 그 갈등이 '근대적 자아'를 부정하는 단계로까지 나아가고 있지는 않은 듯하지만, 그럴 개연성을 언제든 열어놓고 있었다는 것만은 분명해 보인다.

그리고 역시, 가장 문제적인 인물은 이상이다. 이상은 주지하다시피 심장병으로 일찍 요절했는데, 해방 훨씬 이전이다. 그러나 해방 훨씬 이전에 요절한 이상이 해방 이후에나 이태준이나 박태원에게서 나타나는 문학관의 전변과 같은 유사한 양상을 보여주고 있다는 것이다. 단정적으로 그렇다고 할 수는 없더라도 그런 늬앙스를 풍기는 사례가 목격되는 것은 사실이다.

이상은 말년에 보다 응축되고 농밀한 근대성의 경험을 위하여 동경으로 넘어간다. 그러나 동경은 이상의 숨통을 틔여주는 곳은 되지 못했다. 동경의 근대성 속에서 이상이 발견하게 되었던 것은 허위와 부정과 환멸이었다. 보다 응축되고 농밀한 동경의 근대성 속에서 이상은 허위와 환멸과 부정을 보고, 보다 깊은 절망의 나락으로 떨어지게 된다. 이상이 꿈꾸었던 동경행은 아니었다. 하여간 그 반작용이었을 텐데, 이상은 이로 인해 오히려 조선사회의 건강성을 깨닫게 된다. 이상이 동경에서 최종적으로 도달한 지점이 '근대적 자아'의 부정성이었다는 것. 그리고는 오히려 조선을 동경하게 되었다는 것. 그리고 이상은 얼마 안 가 지병인 결핵으로 목숨을 잃게 된다.

'근대적 자아'의 부정성에 도달한 마지막 이상의 이미지 속에서 반계몽성에서 계몽성으로 분열성에서 통합성으로 개성성에서 집단성으로 나아갈지도 모른다는 가능성을 보게 되는 것은 결코 넌센스만은 아닐 것이다.

4. 1970년대 민족문학담론의 경우

해방 후 한국문학은 2인 문단시대로 재진입하게 되었다고 할 수 있다. 문인협회 초대 이사장을 지낸 김동리와 서정주 양인에 의하여 사실상 지도되고 재편되는 과정을 거치게 되었다는 의미다. 이는 1910년대 한국문학이 이광수 최남선 양인에 의하여 지도되었던 것과 비견될 만한 일이었다고 볼 수 있다. 이리 된 데에는 해방 후 나라가 남과 북으로 이분되면서 지명도가 높은 대부분의 문인들이 북을 선택하고 북한으로 넘어간 탓이 컸다고 할 수 있다. 남한에 남겨진 지도급 문인은 김동리와 서정주 염상섭 정도였는데, 자연히 이들이 남한 문학의 헤게모니를 잡을 수밖에 없게 되었던 것이다.

남한문학의 초창기 형성과정에서 중요한 인물은 김동리이다. 김동리가 남한문학의 이론적 토대를 정립해가는 이데올로그의 역할을 자임하고 있어서다. 김동리는 '순수문학'을 남한문학의 지향할 문학으로 제시하는데, 그 순수문학의 핵심은 초근대 내지는 탈근대, 즉 근대성을 탈각하는 것으로 요약될 수 있다. 김동리는 자기 이론의 실천을 위하여 작품을 통하여 민족의 집단무의식을 탐색하며 이를 형상화해내는데, 김동리가 언급한 초근대 내지는 탈근대란 민족의 집단무의식으로 돌아가 이를 재구성하여내는데 있는 것임을 추론해 볼 수 있다. 이것이 김동리가 주장한 '순수문학'의 본질이다. 즉, 어떤 형식이든 그 형식 속에 그 집단의 본원적 무의식을 담아내고 형상화해내는 것, 그게 순수문학이었던 것이다. 일각에서 김동리의 '순수문학'을 우익 민족문학으로 정의하는데, 이런 점에서 — 민족의 집단무의식을 탐색하는 문학이었다는 점에서 — 이는 틀린 지적은 아니라고 할 수 있다.

민족문학이라면 민족적 형식에 민족적 내용을 담지하는 게 온전한 형태의 민족문학이라 할 것이다. 그러나 김동리는 민족적 형식에 있어서의 자율성은 인정했던 것으로 보인다. 이러한 점에서 김동리의 '순수문학'은 이게 민족문학으로 해소되어진다면, 반쪽짜리 민족문학이라고 하는 게 맞다. 그러나 김동리가 개성성보다는 집단성을 더 중시했던 것만큼은 사실이었던 것 같다. 집단성을 더 중시하고 있었다는 점에서 김동리의 '순수문학'도 민족문학의 자장권 안에서 자유롭지 않다는 것은 분명하다.

김동리가 순수문학을 이론화하고 이것이 초창기 한국문학 형성 과정의 주류담론이 되었다고 하였다. 그러나, 김동리가 '순수문학'을 이론화하는데 근거한 정신적 토양은 실은 제2차세계대전 후 서구사회를 풍미한 실존주의였다. 남한문학은 김동리의 '순수문학'에서 보여지는 바이지만 실존주의로부터 지대한 영향을 받았고, 어떤 의미에서 보자면 이로부터 출발하고 있다고 하여도 과언이 아니다. 60년대 한국문학의 정체성과 헤게모니를 가르는 주요 논쟁이었던 순수-참여논쟁의 근저에도 이 실존주의의 영향이 강하게 가로놓여 있다.

실존주의에서 '실존은 본질에 앞선다'고 하는데, 제2차세계대전이 끝나고 폐허만 남은 세상이 실제 그와 같았다고 할 수 있다. 실존만 남고 본질은 완전 무너졌거나 사라지고 공허만 남아 있었다는 것. 여기서 본질은, 이 세계가 근대사회라는 점에서 근대성일 수밖에는 없다. 세계대전이 끝나고 폐허만 남은 세계 속에서 '실존이 본질에 앞서는' 경험을 하며 새롭게 본질을 세워야 하는 실존적 상황 가운데에 놓여 있었다고 하는 것은 대다수 한국사회의 일반적 경험이었다고 할 수 있다. 그런데, 폐허 위에 새롭게 세워야 할 그 본질은 근대성일 수는 없었다. 이는 세계에, 세계의 누구에게나 자명한 일이었다. 근대성이라는 본질이야말로 이 세계의 폐허를 야기한 원인, 세계대전이었기 때문이다. 초근대 내지는 탈근대는 폐허를 경험한 세계에는 당연한 요구사항이었다.

흔히 김동리의 초근대 내지는 탈근대 주장을 두고서 일제의 대동아공영권이 내세운 탈근대와 동일한 것으로 해소하려는 경향이 있다. 김동리의 초근대 내지는 탈근대가 대동아공영권의 탈근대와 동일한 것이며, 김동리의 '순수문학'을 일제이 대동아공영권을 정당화하는 이의 아류문학이라는 것이다.

그러나 김동리의 초근대 내지는 탈근대는 세계대전 이후 새롭게 본질을 세워야 했던 세계가 직면한 그 필요성의 반영에서 나온 주장이라고 보는 게 타당하지, 이를 일제의 대동아공영권에 편승한 주장이라고 보는 데에는 지나치게 정치적인 의도가 깔린 것처럼 보인다. 김동리 역시 세계가 직면한 새로운 본질 세우기라는 필요성에서 자유로울 수 없었고, 김동리에게서만 특별히 불순한 의도를 읽어낼 여지가 없고 오히려 그런 색안경을 낀 접근이 불순한 의도를 드러내는 것이란 판단이다.

해방 후 지명도 높은 문인들이 대거 북한으로 넘어간 이유도 근대 넘어서기의 필요성의 결과요 반영이지, 이에서 자유로운 게 아니라고 본다. 북으로 넘어간 문인들이나 남한에 남은 김동리나 그 필요성을 느끼기는 마찬가지였다는 것으로 즉 동일한 문제의식을 지니고 있었다는 것으로, 김동리의 초근대 내지는 탈근대 논의도 이런 측면에서 접근해야지 남을 버리고 북으로 가는 모험을 감행하지 않았다고 해서 그를 대동아공영권자로 몰아세우는 것은 불합리한 처사요 지나치게 당파적인 정치적 판단임에 틀림이 없다.

북으로 간 문인들이 세계대전의 폐허 위에 남은 실존의 세계 위에 새로이 씌여질 본질로서 공산주의를 원했다면, 김동리는 이와는 다른 것을 원했다고 하는 게 차이점일 뿐이다. 김동리가 근대성이 아닌 세계 위에 세워질 본질로서 무엇을 원했는지는 사실 모호하기는 하다. 그러나, 공산주의가 아니었던 것만큼은 분명하다. 이렇듯 김동리가 추구했던 본질이 공산주의가 아니라고 해서 이를 곧바로 일제의 대동아공영권론과 연결시키는 것은 지나친 음해요 자의다. 김동리는 이를 자기만의 언사로 '제3휴머니즘'이라고 하는데, 이것은 오히려 서구의 인간중심주의 즉 인본주의나 인문주의에 더 가깝게 접근하는 것이었다.

김동리가 필요성에 응하여 내세운 새로운 본질은 어떤 면에서 상당히 문학적이요, 개성적이기도 하다. 그러나 그것은 내용이 없는 수사에 불과한 측면이 강한 것도 사실이다. 또한 인문주의 즉 휴머니즘은 근대성의 본원적 속성 가운데의 하나라는 것이다. 초근대 내지는 탈근대를 언급하면서 여전히 그 자리에 근대성을 들이미는 격이야말로 김동리의 한계요 그의 치명적 약점이었다고 할 것이다.

1960년대 순수-참여논쟁은 김동리의 초근대 내지는 탈근대의 내용 없음 혹은 애매모호함에서 야기된 자연스러운 추이과정이었다고 보여진다. 다시 말해, 김동리의 초근대 내지는 탈근대의 내용 없음, 모호성에서 필연적으로 야기될 수밖에 없던 논쟁이요 결론이었다는 것이다.

이 논쟁의 결론은 애초부터 예견된 바의 것이었다고 할 수 있다. 김동리의 초근대 내지는 탈근대의 내용 없음에 내용을 채우는 것이었으므로, 순수-참여논쟁의 결과는 '참여'의 승리로 끝날 수밖에 없는 것이었다. 당대의 순수문학이란 김동리의 내용 없는 초근대 내지는 탈근대에 기반하고 있는 것이었기 때문이다.

그런데, 60년대의 순수-참여논쟁도 실은 실존주의의 영향을 받은 것이었다. 실존주의의 '앙가쥬망'이 참여문학이라는 형태로 한국 사회에 도입된 그 결과로서 야기된 현상이었던 탓이다. 주지하다시피 실존주의에서 '앙가쥬망'의 대표적 인물은 싸르뜨르이다. 참여문학을 제창한 인물이 장자크 싸르뜨르이며 싸르뜨르는 이를 제창하면서 사회주의 세력과 결탁하게 되는데, 싸르뜨르 자신은 사회주의자가 아니었다 하더라도 그가 폐허 위에 세워야 할 본질로서 — 근대성을 대체할 본질로서 — 사회주의를 그 대안으로 염두에 두고 있었음은 분명해 보인다.

한국문학사의 참여문학도 싸르뜨르가 지향했던 바의 것처럼 폐허 위에 세워야 할 본질로서, 근대라는 폐허 위에 세워야 할 본질로서 사회주의를 염두에 두었을까. 이에 대한 물음은 아주 자연스러운 것이 된다. 6·25라는 전쟁을 겪고 난 이후 반공이 국시가 되어 버리는 바람에 이에 대한 논의가 자유롭게 되지 못한 측면 때문에 이 물음이 무의식 속에 묻혀지고 말았지만, 실제 물어야 할 물음은 그것이었음에 틀림없다. 세계사의 흐름이 그와 같았기 때문이다.

그러나 그에 대한 물음은 물어지지 않았고 따라서 이 논쟁의 답변은 명확하지 않게 된다. 순수–참여논쟁에 참여한 논자들의 정신적 스탠스가 아주 다양해서 '이것이다'라고 하나의 내용성을 꼭 집어서 얘기하기 어려운 까닭도 있었다. 실제로 이어령, 김우종 등은 참여문학을 옹호하고 있지만 사회주의를 긍정하고 있지는 않다. 그리고 당시 60년대가 사회주의를 금기시하는 풍조가 너무 강해, 이를 문학적으로나 사회적으로나 대놓고 의식화하는 게 거의 불가능한 일이었다는 점이다.

참여문학이 지향하는 이 내용성, 이념성, 혹은 그 본질성이 명확해지는 것은 1970년대에 들어와서야 비로소이다. 이 명확해진 내용성을 가지고 하나의 문학담론이 형성되게 되는데, 이것이 민족문학담론이다. 민족문학담론은 참여문학이 막연하게만, 무의식적으로만 감지하고 있던 것을 의식화하여 명확히 한 경우라고 할 수 있다. 순수문학의 그 내용 없는 초근대 내지는 탈근대에 진정한 내용을 부여하고 본질성을 부여한 것은 참여문학이 아닌 민족문학담론이라고 하는 게 맞다. 말하자면, 참여문학이 세례 요한이었다면 구세주는 민족문학담론이었던 것이다.

민족문학담론은 근대라는 폐허 위에 세워져야 할 새로운 본질이 무엇인지에 대한 명확한 의식성을 지니고 있었다. 다시 말해, 명확한 내용성을 지니고 있었다. 근대성은 폐허이고 새로운 본질을 세워야 하는 게 시대적 요청이라면, 이 요청에 부응할 수 있는 한국문학은 민족문학담론에 이르러서야 비로소 가능해진 일이다. 이런 점에서 70년대의 민족문학담론은 김동리의 순수문학의 초근대성 내지는 탈근대성이 결국 도달하지 않으면 안 되었을 귀결점이었다고도 할 수 있다.

민족문학담론이 '이런 것이다'라고 한 마디로 정의 내리기는 사실 불가능한 일이다. 60년대의 순수-참여논쟁에서 언유하며, 김윤식의 내재적발전론을 주요 이론적 근간으로 하고, 또 백낙청의 '가장 민족적인 게 세계적인 것'이라는 변증법도 내재화하고 있다. 말하자면, 다양한 층위의 이론적 틀, 이론적 다층성을 지닌다. 이런 이론적 다층성을 무시하고, 이를 몇 마디 언사로 가두어두려 하는 것은 민족문학담론의 실상을 오도할 가능성이 있는 게 농후하다.

그러나, 그렇다고는 하더라도 민족문학담론을 '이런 것이다'라고 한정적으로 정의 내릴 수 없는 것은 전혀 아니다. 오도의 위험성을 감수하고서라도 논의의 전개상 절대적으로 필요한 일일 수도 있다. 논의의 필요성을 위해서는 때론 한정적 정의가 주는 위험성도 감수하는 게 맞다고 할 수 있다.

민족문학담론은 '민족적 형식에 민족적 내용을 담는 문학'쯤으로 일단 정의 내려보면 좋지 않을까 싶다. 문학이라면 크게 형식적 측면과 내용적 측면으로 나눌 수 있는데, 민족문학이라 하면 형식면에서 민족적인 것을 내용면에서도 민족적인 것을 찾는 것이어야 민족문학이라고 할 수 있을 것이다. 실제로 민족문학담론은 이와 같아서 형식면에서 민족적인 것을 추구하고 내용면에서도 민족적인 것을 추구한다.

순수문학도 민족적 형식을 추구하지만, 순수문학의 민족적 형식 추구는 민족문학담론의 민족적 형식 추구와 차별된다. 순수문학은 민족적 형식을 추구하지만, 민족적 형식 자체의 자율성은 인정한다. 민족적 형식이란 게 고정된 것이 아니고 다양한 형식실험 내지는 발굴을 통하여 재발견되고 재구성되고 재인식될 수 있다고 본다. 반면, 민족문학담론에 있어서의 민족적 형식은 그와 같지 않다. 민족문학담론에 있어서의 민족적 형식은 대체로 고정되어 있다. 민족적 형식의 자율성을 인정하지 않는다는 것이다. 형식의 자율성이 인정되면 이미 그것은 민족적 형식성을 상실한다고 본다.

그러나 순수문학과 민족문학담론을 가르는 그 진정한 경계선은 민족적 내용에 있어서이다. 민족문학담론이 순수문학을 대체하는 파괴력을 지니는 것은 그 내용, 즉 그 민족적 내용에 있어서다. 순수문학의 그 내용 없는, 텅 빈 초근대 내지는 탈근대에 민족적 내용이라는 내용을 부여하고 꽉 채우는 게 민족문학담론인 것이다. 순수문학도 민족적 내용을 추구하고 담으려고 하기는 한다. 그러나 그 민족적 내용은 흔히 공허하거나 텅 빈 무주공산으로 떨어지고 만다. 초근대 탈근대를 지향한다고 하면서도 담는 내용이란 고작, 늘상 근대성의 주변부이거나 그 일부에 지나지 않는다. 근대라는 폐허 위에 새로운 본질을 세워야 한다는 그 시대적 요청에, 한 번도 제대로 부응한 적이 없다.

그러나 민족문학담론은 다르다. 그것은 내용 없는 초근대 탈근대가 아니다. 민족문학담론은 반근대성을 명확히 함으로써 한국문학이 근대성의 주변부 혹은 한 일부가 되는 것을 거부하고, 이를 살려낸다. 김동리의 그 내용 없는, 텅 빈 초근대 내지는 탈근대에 내용을 부여하고 실질적으로 초근대 탈근대를 달성한다. 폐허 위에 새로이 본질을 세워야 한다는 그 시대적 요청에 부응하고, 본질성을 획득한다.

그럼, 민족문학담론이 획득하는 그 본질성의 내용은 무엇인가. 첫째는, 반근대성이다. 이는 민족문학담론의 친일문학 논의에서 명쾌히 드러나는데 순수문학에 대한 입장, 구인회문학에 대한 입장, 동인지문학에 대한 입장, 2인문단시대의 2인문학에 대한 입장에서도 그 흔적의 단초들을 엿볼 수 있다. 민족문학담론은 김동리의 순수문학을 친일문학의 일종, 일제의 대동아공영권에 아부 부역한 문학으로 간주한다. 김동리의 순수문학이 꿈꾸는 초근대 내지는 탈근대를 일제의 대동아공영권이 주창하는 초근대 탈근대와 동일한 것으로 간주함으로써 그렇게 한다.

구인회문학에 대해서는 퇴폐성, 출구 없음, 불건강성, 공허함 등등의 혐의를 덧씌움으로써 이를 부정한다. 대표적인 경우가 고은의

『이상론』이라고 할 수 있다. 고은은 이상의 천재성을 인정하면서도 이상의 출구 없는 분열성, 그 형식중심 문학의 난해함, 그 개인성에 함몰된 개성성의 폭발을 한국문학이 배격해야 할 불건강성으로 간주한다. 일제의 엄혹한 식민지 지배를 받는 상황에서 이러한 언어적 유희를 일삼는 문학이 가하냐 하는 윤리적 잣대를 들이댐으로써 이상 문학의 무용성, 역사적 사회적 책임 방기성을 문제 삼는다. 고은의 이상에 대한 이러한 시각은 구인회문학에 대한 민족문학담론의 일반적 시각으로 고착화된다고 할 수 있다.

1920년대 동인지문학에 대한 민족문학담론의 시각은, 구인회문학에 대한 민족문학담론의 입장과 유사하다. 시대 적합성 내지는 시대적 요청을 무시한 일부 문학 엘리트 혹은 문학 애호가들만의 사치스러운 지적 내지는 정서적 유희였다는 것이다. 1920년대 동인지문학이 구인회문학이 달성한 근대성의 수준 만큼의 수준도 달성하지 못하고 있다는 점에서 민족문학담론의 동인지문학에 대한 비판은 더욱 설득력이 있고, 일반사람들에게 어필한다고 할 수 있다. 그리고 동인지문학에 가담한 상당수 문학적 엘리트들이 자체 반성과 좌절을 통하여 이를 비판하고, 후에 카프문학에 적극 가담하고 있다는 점에서도 이러한 비판은 몹시 타당성이 있고 동인지문학 스스로가 이를 입증한다고도 볼 수 있다.

그러나 민족문학담론의 가장 신랄한 비판의 대상이 되고 있는 것은 뭐니뭐니 해도 이광수와 최남선이다. 이광수와 최남선은 한국문학에 서구의 근대문학을 도입하여 접목한 실질적인 양인인데, 이들 양인에 대한 민족문학담론의 비판은 이들이 들이민 근대성의 반동성 반민족성을 유감없이 드러내보여준다. 이 양인에 대한 민족문학담론의 비판이 문학성보다는 이들의 이념성에 집중되어 있다는 것을 알 수 있게 하는 대목이다. 이광수와 최남선은 서구 근대문학을 한국문학에 도입하여 이식시킨 실질적인 공로자들이지만, 분명 이들이 도입한 근대문학에는 많은 제약성이 있는 것도 사실이다. 이들은 민족계도라는 시대적 절실성에서 문학을 통한 계몽에 집중했는데, 계몽문학이란 실은 근대문학의 본령에서 보면 극복되어져야 할 과도기적인, 어찌 보면 함량 미달의 것이었다.

그러나 민족문학담론은 정작 이광수나 최남선의 계몽주의문학에 대해서는 문제 삼지 않는다. 아마도 민족문학담론 역시 계몽주의문학에 치중한 까닭으로 보여지는데, 계몽주의라는 틀의 관점에서 보면 이광수 최남선의 문학은 실은 민족문학담론과 밀접한 공통점을 지니는 것이다. 민족문학담론이 이들 양인의 문학에 대하여 문제 삼는 것은, 이들 양인이 지닌 계몽성의 내용에 대해서이다. 잘 알려져 있다시피 이광수나 최남선이나 자유주의적인 사상을 지닌 분들이다. 이게 싫고 못마땅한 민족문학담론은 이 자유주의담론을 문제 삼고 이를 비판하고 있는 것이다. 사실 근대세계의 주도적인 사상은 자유주의사상이다. 사회주의니 공산주의니 하는 것은 당대에는 근대 이후, 탈근대인 현대의 것으로 인식되어지고 있었다. 민족주의담론 입장에서 볼 때 이광수와 최남선의 자유주의적인 면모는 시대 적합성을 상실한 깨부수어야 할 것으로 인식됐지 계승되어야 할 것으로 인식되지 않았다. 하여간 이분들의 자유주의적 면모를 들여다 보면 이들이 접근하고 도입하려 한 근대성의 정도가 어느 정도의 수준이었던가를 살필 수 있다.

　이광수와 최남선의 자유주의가 결국 일제의 제국주의로 귀착하는지는 의문의 여지가 있는 일이다. 민족문학담론은 말년의 이들 양인의 친일행각을 통해 이와 같은 결론에 도달하고 있지만, 이는 이들이 받은 일제의 탄압을 감안하지 않은 결론이다. 이광수나 최남선이 보인 자유주의적인 면모가 일제의 탄압이 없었어도 제국주의에 가 닿았으리라고 보는 것은 무리이며, 편견일 가능성이 높다. 자유주의의 부정적 측면 가운데 그러한 측면이 있는 것은 사실이더라도, 자유주의는 또한 제국주의에 대한 강한 비판적 시각, 양상이 오히려 이의 본령인 것이다. 일본 제국주의를 무너뜨린 것이 다름 아닌 자유주의였다는 사실을 잊지 말고 상기할 필요가 있을 것이다.

　자유주의 역시 다른 이념과 마찬가지로 긍정성과 부정성의 양면성을 지니는 것이다. 이광수와 최남선의 말년의 친일행각을 통하여 자유주의는 필연적으로 제국주의에 귀착한다는 결론을 도출하는 것은, 그 결론과 그 결론을 도출하는 근거에 있어 연관성이 없다.

　하여간 민족문학담론은 친일문학론을 통하여 이광수와 최남선의 자유주의적 면모가 일제의 제국주의를 옹호하는 친일행각으로 귀착된다는 상당히 견강부회적인 결론에 도달함으로써, 자유주의가 곧 제국주의라는 반근대성을 완성한다. 민족문학담론은 근대성의 부정적 측면만을 극대화해서 이를 절대악 내지는 절대적 부정성으로 해소하는 잘못을 저지르고 있음을 살필 수 있다. 이의 긍정적 측면을 전혀 고려하지 않는다는 것으로 문학적 접근이기보다는 정치적 접근이라는 의구심을 들게 한다.

민족문학담론은 근대문학을 추방하거나 아니면 극복해야만 한다는 문제의식을 지니고 있는데, 그게 선한 문학의 도리이기 때문이라고 한다. 민족문학담론은 매우 선한 문학이라고 할 수 있고, 선한 문학의 소명의식을 지닌 문학이라고 볼 수 있다. 이게 민족문학담론이 자체적으로 선전하는 자신들의 문학적 입지라고 요약할 수 있다.

이렇게 보면, 민족문학담론은 미적 근대성과 사회적 근대성의 차별성을 인정하지 않거나 이를 이해하지 못하는 게 아닌가 싶어진다. 미적 근대성의 사회적 근대성으로부터의 독립성이나 자율성을 이해하지 못하니 당연히 이를 인정하지도 못한다는 것이다. 대체로 미적 근대성은 사회적 근대성으로부터 독립하여 있고, 이와 충돌한다고 알려져 있다. 사회적 근대성이 지나친 물질주의로 나아가 물신주의 혹은 반휴머니즘 반환경적 양상을 보일 때, 미적 근대성이 창의성과 에네르기를 부여함으로써 이를 휴머니즘 친환경 정서성으로 돌려놓는 힘을 발휘한다는 것이다. 따라서 미적 근대성은 사회적 근대성과 필연적으로 충돌하며 사회적 근대성의 부정성과 반창의성 기계적 차가움을 막는, 사회적 근대성의 안티라고 볼 수 있다.

그러나 민족문학담론은 미적 근대성을 사회적 근대성의 하위범주이거나 이의 종속변수로 간주한다. 미적 근대성은 사회적 근대성을 위해 봉사할 때 의미가 있는 것이며 이로부터 독립되어 자율성을 누릴 때는 퇴폐, 자기만족, 자기파괴, 불건강성으로 흐를 뿐인, 무의미한 것으로 간주한다. 민족문학담론이 동인지문학 구인회문학 등등의 미적 근대성을 담지하기 위한 노력을 무의미한 것으로 돌리며 결국 이를 친일문학으로 해소하는 것을 보면, 당연히 떠오르는 발상이다.

그러나 미적 근대성은 사회적 근대성의 하위범주이거나 이에 종속된 종속변수가 아니다. 사회적 근대성이 일본제국주의에 의하여 지도되고 있다고 해서 미적 근대성 역시 일본제국주의에 의하여 주도되고 있다고 보는 것은 잘못된 시각, 편집증적 시각이다. 오히려 이는 그 반대일 가능성이 높다. 민족문학담론이 사회적 근대성뿐만 아니라 미적 근대성을 주도한 세력, 문학인 혹은 예술인들까지 '친일문학론'이라는 입장에서 모두 부정하는 것은 근대성 전체를 부정하는 몹시 철저한 반근대성이다. 민족문학담론의 미적 근대성에 대한 추방은 부분적이거나 일면적인 것이 아닌, 전면적이며 그리고 아주 절대적이다.

두 번째로, 민족문학담론이 담고 있는 그 본질성의 내용이 다름 아닌 사회주의이다.

민족문학담론이 민족문학의 내용으로 사회주의를 고려하고 있다는 것은 어렵지않게 캐치되는 바의 일이다. 일단은 민족문학담론이 한국문학의 정통을 '카프문학'에서 보고 있다는 점이다. 카프문학이야말로 한국문학의 정통으로 인정되며, 그리하여 민족문학담론이 이를 계승하려 하고 있다는 것이다. 헌데, 주지하다시피 카프문학은 공식적으로 세계 사회주의 건설을 표방하고 이의 도래를 위해 공헌코자 하는 문학이었다. 문학적 형식에 있어서는 사회주의 리얼리즘을 구현하는 것이었으며, 문학적 내용에 있어서는 사회주의 사상을 담고 고취시키는 것이었다. 카프문학을 한국문학의 정통으로 하고 이의 계승을 표방한 민족문학담론이 민족적 형식으로 사회주의리얼리즘을 고정화하고 민족적 내용으로 사회주의 사상을 담고 전파하려 하였음은 당연한 논리적 귀결이있다고 할 수 있다.

사회주의리얼리즘과 관련하여, 1970년대 초중반에 눈에 띄는 문학사의 논쟁이 있었음을 살펴볼 수 있다. 당시 원로 작가였던 김동리와 젊은 평론가들 사이에서 진행되었던 '사회주의리얼리즘 논쟁'인데, 민족문학담론이 표방했던 민족적 형식이 사회주의리얼리즘이었음을 혼란스러운 형태로나마 드러내보여주는 사례였다고 할 수 있다. 김동리는 당시 젊은 평론가들이 주장하는 민족적 형식으로서의 리얼리즘이 사회주의리얼리즘이라고 못 박고 이를 경계하는 양태를 보이는데, 젊은 평론가들은 이에 강하게 반론을 제기하며 김동리에게 맞선다. 그러나 진실은 김동리에게 있었다고 하는 게 옳을 것 같다. 이 논쟁에서 김동리가 패배하고 이후 문단의 헤게모니가 민족문학담론 계열계로 넘어가고 있기는 하지만, 민족문학담론이 민족적 형식으로 고정화시키고자 한 게 사회주의리얼리즘이었다고 하는 김동리의 지적만큼은 틀리지 않는 것이었다.

사실 근대성을 대체할 새로운 본질로서 유력한 것이라면, 당시로는 사회주의가 가장 유력한 것일 수밖에 없었다. 사회주의의 고약성이 상당히 알려지고는 있었다 하더라도, 1970년대까지만 해도 근대성의 대안으로는 사회주의라는 의식이 여전히 해소되지 않고 폭넓게 교유되고 있었던 것이다. 당시 사회주의는 여전히 초근대요 탈근대, 현대성이었다. 근대성의 대안으로서의 사회주의, 혹은 초근대 탈근대로서의 사회주의, 혹은 현대성으로서의 사회주의가 해소되고 이 역시 근대성의 일환이었을 뿐이었다는 의식이 확산되는 것은 1989년 베를린 장벽이 무너지고 소련을 중심으로 하는 동구 사회주의권이 몰락할 때까지 기다려야 하는 일이었다.

그러므로, 민족문학담론이 근대성의 대안으로서 — 근대성이라는 폐허 위에 세워야 할 새로운 본질로서 — 사회주의를 고려하고 있었다는 것은 역사적 과정으로나 당대의 세계인식 수준으로나, 당연한 일이었다고 하겠다. 당대 세계인식 수준에서 별로 놀라울 게 없는 그럼직한 것이었다는 것으로, 1970년대 한국사회가 근대화를 가열차게 추진하던 시기였다는 점도 크게 작용하였을 거라고 보는 게 타당할 것이다. 근대화의 가열찬 추진이 오히려 근대성의 부정성을 더 눈에 띄게 하고 확대시킨 탓이다.

세 번째는, 통일성이다.

민족문학담론은 기본적으로 통일을 지향하는 문학이다. 민족문학담론은 일 민족 이 국가라는 문제의식에서 형성되어나온 문학, 일 민족이 단일국가를 지녀야지 이 국가를 지니고 있다는 것은 잘못이라는 문제의식에서 형성되어나온 문학이다. 일 민족 일 국가의 미래를 위하여 공헌해야 한다는 소명의식에서 형성되어나온 문학이요 문학담론이다. 따라서 민족문학담론은 필연적으로 통일을 지향하며, 민족이라는 집단의 서사일 수밖에 없는 집단주의 문학이다.

민족문학담론이 근대문학을 지극히 혐오하며 이를 미워하는 이유이다. 근대문학은 개인의 서사이며, 자기분열성과 반계몽성을 주로 하는 반면 민족문학담론은 집단의 서사이며, 통합성과 계몽성을 주로 하는 문학이다. 통일을 지상과제로 하는 민족문학담론과 개인성을 주로 하는 근대문학과는 결코 평안하게 양립할 수 없는 것이다. 통일이라는 지상목표가 매우 뚜렷하기 때문에, 다시 말해 그 목적성이 매우 뚜렷하기 때문에 민족문학담론이 요구하는 계몽성이나 집단성 통합성은 그 수위가 몹시 높을 수밖에는 없다. 이렇게 높은 수위의 집단성 계몽성 통합성을 요구하는 민족문학담론이 근대문학의 개인성 분열성 반계몽성을 용납하기란 사실상 불가능한 일이다.

민족문학담론에 있어 근대문학을 추방하는 길 이외에 다른 길이 있다고는 여겨지지 않는다. 그 목표성의 강력함을 놓고 볼 때, 자명하다. 자체 운동과정을 통하여 그 목표성을 달성해야 하는 민족문학담론으로서는 다른 선택의 여지는 없어 보인다. 이 길 외에 무슨 또 다른 선택의 여지가 있는가. 막다른 길인 것이다. 이 막다른 길의 끝에서 민족문학담론이 만나게 되는 게 과연 무엇일지 실로 궁금해지는 일이다.

실제로 민족문학담론은 근대문학을 한국문학사에서 추방시키는 수순을 밟고, 이를 추방한다. 민족통일이라는 그 목표성을 달성하기 위해서 말이다. 통일이라는 목표성을 달성하기 위해서 근대문학의 분열성 개인성 반계몽성은, 다시 말해 미적 근대성은 아무 쓸모가 없는 것이므로 ─ 쓸모는커녕 오히려 방해만 되는 것이므로 ─ 이의 추방은 명분이 충분한 일이었다. 그리고 이를 추방하기 위해 동원한 방법론도 괜찮았다고 할 수 있다. 친일문학이라는 반민족 친제국주의의 혐의를 근대문학의 분열성, 반계몽성, 분열성에 덧씌울 수 있었으니까 말이다.

한국문학에 있어 근대문학의 추방은 여러모로 정당한 일이었다. 민족문학담론 입장에서 볼 때 그렇다 하는 것이다.

일단은 민족통일이라는 지상과제의 달성이라는 측면에서 정당한 일이었다고 볼 수 있다. 민족통일이라는 큰 목적성을 위해 방해가 되는 근대문학이라면 이의 추방은 정당할 수밖에 없지 않겠는가. 그리고 둘째는, '근대문학은 친일문학'이라는 민족담론의 관점에서 근대문학의 한국문학사에서의 추방은 도덕적으로 옳은 일이었다. 도덕적으로 옳은 일은 실행되어져야 하지 않겠는가. 도덕적으로 옳은데 실행하지 않는다면, 이는 도덕적 타락이 될 것이다. 도덕적 타락 속에서 사는 것은 삶을 악몽으로 만드는 일일 것이다. 민족문학의 삶 말이다.

5. 나오며

1920년대 동인지문학에서 근대성에 대한 이해부족으로 근대문학이 좌절되고 1930년대 구인회문학에서는 근대성에 대한 일정한 수준의 전취에도 불구하고 구인회문학 멤버들이 후에 스스로 이를 부정함으로써 근대문학이 방기되는 양상을 띠고 있지만, 한국문학사에서 근대문학이 의식적으로 추방되고 결정적으로 폐기처분되는 것은 1970년대 민족문학담론에 이르러서이다.

민족문학담론은 통일성이라는 목적성을 지닌 문학이었고, 이의 달성에 근대문학의 분열성 반계몽성 개성성이 심각한 방해가 되는 것이었기 때문에 이를 추방할 수밖에 없었다. 게다가 근대문학은 친일문학의 혐의가 짙은 것이었으므로, 친일문학은 '악'이라는 의미에서 이의 추방은 정당하고도 도덕적으로 옳은 일이었다. 민족문학담론이 한국문학사에서 근대문학을 추방한 것은 민족통일이라는 목적성 면에서 필연적인 일이었고, 근대문학의 친일문학 혐의점에서 볼 때 도덕적으로도 옳은, 불가피한 일이었던 것이다.

그러나 민족문학담론의 근대문학 추방이 진정으로 바람직한 일이었느냐 하는 점은 좀 더 심사숙고가 필요한 일이다. 민족문학담론이 한국문학사에서 근대문학을 추방한 것이 그 목적성과 도덕성

면에서 불가피한 측면이 있었다고는 하더라도, 이는 한국문학에 있어 결과적으로 자체 모순을 심화시키는 결과를 초래한 일이기도 했다. 이런 점에서 보면 민족문학담론이 근대문학을 한국문학 속에서 결정적으로 추방하고 만 것은, 너무 성급했다고 밖에 할 수 없다.

1989년 베를린 장벽이 무너졌을 때 근대문학을 추방한 한국문학, 즉 민족문학담론은 자체 모순에 떨어지고 만다. 베를린 장벽이 무너지고 동구권 사회주의 블럭이 와해되고 난 후 한동안 '근대성 논쟁'이라고 하는 담론이 담론시장을 횡행했고, 그 논쟁의 결과로 나타난 것이 역사적 사회주의 역시 근대성 담론의 일환이었다는 것이었다. 역사적 사회주의를 근대성의 부정성을 극복한 초근대, 현대성으로 인식한 것은 역사적 오류였고 동구권이나 서구권이나 근대사회는 끝난 게 아니었다는 것이었다.

민족문학담론은 부정성으로서의 근대성을 극복한 탈근대성 내지는 현대성의 문학담론임을 자처하고 있었는데, 역사적 사회주의가 근대성의 일환일 뿐이라면 민족문학담론 역시도 근대성 담론의 일환이라고 할 밖에 없는 일이었다. 이는 민족문학담론을 확실히 자체 모순, 자기 함정에 빠뜨리는 일이었다. 근대문학담론인 것이 근대문학을 추방하려 했거나, 추방한 꼴이 된 까닭이다.

민족문학담론이 근대문학담론의 일환이요 이의 일부라면, 민족문학담론 역시 근대문학의 분열성 개인성 반계몽성으로부터 자유로울 수 없는 일이다. 민족문학담론이 추구하는 통일이라는 목적성에 반하는 것은 다른 어떤 문학 아닌 민족문학담론 자신이 그와 같았던 것이다. 그리고 민족문학담론이 근대문학담론의 일환이라면, 근대문학을 친일문학으로 보는 민족문학담론 자체가 친일문학으로부터 자유로울 수 없는 것이다. 민족문학담론 자체가 통일이라는 목적성에 방해가 되고 친일문학으로부터 자유로울 수 없는 거라면, 민족문학담론은 근대문학의 일환으로서 민족문학담론, 즉 자기자신을 자기가 추방해야 하는 자가당착에 봉착하게 된다. 이는 실로 자기모순이요 딜렘마가 아닐 수 없다.

민족문학담론이 자기 논리에 충실하다면, 즉 자신의 목적성과 도덕성에 충실하다면 민족문학담론은 근대문학담론의 일환으로서의 민족문학담론을 과감히 한국문학 속에서 추방하여야 한다. 논리 정합적인 결론이다.

허면, 민족문학담론은 자기의 논리에 충실한가.

민족문학담론은 그렇게 하지 않는다. 민족문학담론은 근대문학담론의 일환으로서의 민족문학담론을 한국문학 속에서 추방하지 않는다. 그렇게 하는 대신, 민족문학담론은 자신의 목적성과 도덕성을 오히려 완화시키는 쪽으로 나아간다. 지금 당장의 즉각적인 통일을 요구하는 즉각통일론에서 점진적인 통일을 요구하는 점진적 통일론으로의 목적성의 완화를 감행한다. 민족문학담론이 즉각통일론에서 점진적 통일론으로 목적성을 완화하는 것은 근대문학을 추방시킨 그 명분을 현격히 완화시킨다. 민족문학담론의 목적성의 완화는 근대문학의 분열성과의 일종의 타협이다.

민족문학담론의 목적성의 완화는 또한 도덕성의 완화로 이어진다. 근대문학의 분열성과 타협하고 있으면서 여전히 근대문학을 친일문학이라고 치부하는 것은 설득력이 떨어지는 일이다. 또한 근대문학을 친일문학이라고 간주하면서 근대문학의 분열성과 타협하는 것은 그 자체로 부도덕한 일이다.

목적성에 있어 강력하고 도덕성에 있어 우월했던 민족문학담론이 1990년대에 들어와서 목적성에 있어 유약해지고 도덕성에 있어 취약한 면모를 드러내보인 까닭이다. 민족문학담론 역시 근대문학담론의 일환이었지, 이의 극복이나 너머에 있는 게 아니었다는 거다. 일종의 거대한 사기였다고 할까? 그런 의미에서 민족문학담론은 유언비어에 가장 유사한 담론이었다고 할 수 있을지 모르겠다.

물론 민족문학담론은 이를 인정하지 않고, 여전히 스스로를 근대문학의 분열성 개인성 반계몽성을 극복한 너머의 그런 것으로 인식한다. 그러나 민족문학담론이 즉각통일론에서 점진적 통일론으로 그 목적성의 심도를 현저히 완화했을 때, 민족문학담론 자신이 이 모순성, 딜레마를 인지했다고 보는 게 타당하다. 그렇지 않고는 목적성을 완화시키는, 그럼으로써 도덕성에 상처를 입히는 그와 같은 양태를 보일 리가 없는 것이다.

민족문학담론이 근대문학을 추방한 데에는 명분이 있었다. 그러나 그것은 성급한 처사였다. 자신의 도덕적 타락성과 그럼으로써 자신의 유언비어성을 유감없이 드러내는 일밖에 결과하지 않았다. 결과론적인 얘기이지만, 민족문학담론 역시 근대문학담론의 일환일 뿐이었다는 점에서 그와 같다. 근대문학을 추방한 민족문학담론 내의 그 명분은 민족문학담론이 근대문학담론의 일환인 한, 민족문학담론 자신을 한국문학 속에서 추방해야 할 명분이기도 한 것이었다. 도덕적으로 옳은 일을 민족문학담론이 하지 않는다면, 민족문학담론은 유언비어 이상의 것이 아닐 것이다.

헌데, 민족문학담론마저 추방되고 나면 한국문학 속에는 무엇이 남을까. 한국문학 속에는 아무것도 남지 않는다. 한국문학은 텅 빈 동굴이며, 진공의 우주일 것이다. 그리고 그 진공의 우주 속에 있는 것은 고대의 어둠뿐이리니.
이것이 작금의 한국문학의 실상에 가장 적합한 언사일지 모르겠다. 안타깝게도 말이다
(문학을 통하여 접근해 본 논의이지만, 이 논의는 작금의 우리 문화판 전체에도 적용되어지는 얘기다. 오히려 시각예술, 미술이나 영화 쪽에서는 이러한 경향이 더욱 농후하고 짙다고 할 수 있다. 이 논의를 통해서 우리 문화 전반에 대한 성향을 유추하고 이에 대한 보다 깊은 이해와 경각심을 갖는다면 더 바랄 나위가 없겠다.)

[부록I]

역병과 역사쓰기

2020년대에 들어서면서 세계는 색다른 경험을 하게 된다. 역병의 창궐이라는 우리 세대에서는 경험한 적이 없는 강적과 마주치게 된다. 그 역병 때문에 전 세계가 몸살을 앓았다. 그리고 어쩌면 그것은 여전히 현재진행형일 수도 있다. 하나의 역병이 동시다발적으로 전 세계를 강타하고 휩쓸었던 적은 인류 역사상 초유의 사태이지 싶다. 그만큼 세계가 교통 통신망에 의하여 밀접하게 연결되어 있음을 거꾸로 입증해주는 일이었다고도 할 수 있었다. 세계의 연결의 밀접성이 이러한 전 세계적 역병의 창궐이라는 부정성으로 드러날 수도 있다는 것. 인류에게 새로운 생각거리와 과제를 안겨준 일이었다.

인류역사상 초유의 사태여서인지 몰라도 여럿 소문이 나돌기도 했다. 이 역병이 자연산이 아닌 실험실에서 인공적으로 만들어진 인공 바이러스라는 소문이 있었고 더 나아가 누군가가 이 바이러스를 의도적으로 세상에 유포시켰다는 소문도 있었다. 미국의 트럼프 대통령 당선 이후 경제전쟁을 필두로 하는 패권전쟁이 한창인 요즈음인데, 경제전쟁에 곤란해진 중공이 이를 무력화시킬 요량으로 생화학전에 손을 댄 게 아닌가 하는 의구심도 나돌았다. 소문의 진위를 떠나서 음모론을 좋아하는 사람들에게는 매우 흥미진진한 이야깃거리였음에 틀림없다.

여기서는 이 역병을 통하여 이 책의 주제인 동서양의 역사쓰기가 어떤 차이점을 보여주었는가 하는 점에 포커스를 맞춰 잠깐 살펴보려고 한다. 그리고 역병 창궐의 가장 큰 부작용, 정치방역(政治防疫)에 대하여 마지막으로 살펴본다.

세계가 교통통신망, 경제관계, 무역, 세계화 등등으로 인해 밀접하게 연계돼 단일 경제체제가 되어가고 있는 탓에 역사쓰기에 있어서도 별반 차이를 보이지 않게 된 것이 사실이다. 무엇보다도 미국 주도의 세계질서가 이 일체화에 주도적 지배적 역할을 하고 있다고 할 수 있다. 세계 대부분의 나라가 같은 질서 같은 인생관 안에서 호흡하며 살아가고 있다면 그 역사쓰기도 대체로 유사해지고 같아질 게 당연하다. 그 차이점이라면 지극히 작은 일부분에 지나지 않을 것이다. 사실과 거짓의 인식구조, 역사가 관에 의하여 쓰여지는가 민에 의하여 쓰여지는가 하는 논의는 이제 과거의 유물로 사라진 것이라고 보아야 한다는 의미다.

그러나 금번 2020년 벽두에 일어난 역병 사태는 그러한 현대적 상식에 많이 반하는 양상을 보여주고 있다. 전통적인 서양과 동양의 역사쓰기의 차이점을 그대로 답습하고 있는 듯한 모양새를 띠고 있다고 하는 것이다. 만일 그게 사실이라면 그것은 이 책이 다루고 있는 소재 및 주제와 관련하여 매우 흥미로운 사실이며, 예사롭게 지날 수 없는 일이 된다. 이 책은 동양과 서양이 사실과 거짓을 다루는 데에 매우 상반된 견해를 지니고 있으며 그것이 역사쓰기의 차이에서 비롯되고 있다고 보고 이를 밝히고 추적하는 책이기 때문이다. 그런 역사쓰기의 차이, 사실과 거짓을 바라보는 인식의 차이가 이미 일원화된 세계 속에서 희석되어 있다고 보는 입장에서 매우 놀랍고 흥미진진하며, 그러한 입장에 균열을 가져오게 하는 현실 사례가 될 수 있어서다.

앞에서 살펴본 것처럼 동양사회는 전통적으로 역사를 관이 장악 독점적으로 작성하여 왔으며 민의 역사쓰기는 야사라 하여 정사로서 인정하지 아니하였는데, 따라서 관이 쓴 이것은 일단 사실로 간주하고 이에 대항해 오는 민의 쓰기는 거짓으로 규정짓고 배척했다. 반면 서양사회는 민이 주도적으로 역사를 썼으며 그래서인지 일단 이를 거짓으로 간주하고 민(民) 사이에서 나온 역사쓰기가 서로 경합하여 최종화되는 것을 역사, 즉 사실로서 받아들이는 경향이 짙었다. 서양사회에 리얼리즘이란 글쓰기의 원칙이 확립되게 된 게 그래서라고 보았다. 거짓을 기록하는 것이니 일정한 원칙하에 하지 않으면 안 된다는 것이었다.

그런데, 이미 과거의 유물이 되었다고 생각되어지는 이러한 역사쓰기의 차이점이 금번 역병 사태와 관련하여 다시 고개를 들고 있는 듯한 양상이 전개되고 있는 게 아닌가 하는 강력한 의구심을 들게 했다는 것이다. 이게 이 글이 씌여진 취지다. 잘못 파악한 게 아니냐 할 수도 있지만, 역병에 접근하는 태도가 거의 실시간으로 알려지는 투명하고 명약관화해진 요즘의 세상에서 잘못 파악할 우려는 없었다고 본다. 그 역병사태를 맞이하여 동양사회와 서양사회가 전통적인 역사쓰기의 태도로 되돌아가고 있는 듯한 양상을 보인 것은 거의 틀림없는 사실이다. 마침 이 책의 주제와 관련하여 그 차이점에 예민해져 있던 필자로서는 그냥 지나칠 수 없는 일이었고, 매우 흥미로운 일이었다. 역병 그 자체만큼이나.

여기에는 몇 가지 이유들이 있었다고 여겨진다. 일단은 역병 사태가 인류역사상 초유의 사태였을 만큼 전 세계 차원의 비상적(非常的)인 사태였다는 것이다. 세계 어느 나라나 이러한 초유의 역사적 사태를 맞이하면서 무의식적으로 오랜 세월 익숙해왔던 역사쓰기 방식으로 되돌아갈 수밖에 없었지 않았나, 그렇게 보인다. 전혀 익숙지 않은 초유의 것에 가장 익숙한 것으로 접근하는 것은 인간의 본성이다. 그게 인간의 생존본능의 제일의적 양태일는지도 모른다.

두 번째는 미국 주도의 세계질서에 균열이 생겨나기 시작했기 때문이 아닌가 하는 것. 금번 역병사태가 발생한 게 미국 주도의 세계질서에 균열이 생겨났기 때문일 가능성이 있다. 그래서 이런 사태에 접근하는 방식이 미국 주도의 세계질서에 편승하는 식이 아닌 이에서 벗어나는 방식으로 이루어졌던 것은 논리정합성이 있는 일이었다고 본다. 이렇게 보면 금번 역병사태는 미국 주도의 세계질서로부터 벗어나려고 하는 움직임과 관련하여서 보아야 보다 잘 이해할 수 있게 된다는 것이다. 미국 주도의 세계질서로부터 벗어난다는 것은 곧 자신들의 전통적 세계관으로 복귀한다는 것을 의미하리라. 세계 초유의 역병 사태를 두고 전통적 방식의 접근을 시도함으로써 미국 주도의 세계질서에 균열을 일으키고 패권에의 도전을 공공연히 하는 지엽성에 도움이 될 수 있었다는 것. 놀라운 일이다.

세 번째는 중공의 부상이다. 중공의 부상은 미국 주도의 세계질서를 거부하고 중공 주도의 세계질서를 당연히 심으려고 할 것이다. 이번 역병사태를 통하여 무엇보다도 중공은 그와 같은 시도를 하고자 하였다고 보인다. 자신의 전통적 역사쓰기로 되돌아감으로써 역병 대처에 있어 미국 주도의 세계질서보다 더 효과적이고 나은 역병 퇴치 양상을 증명해보이고자 하였을 수 있다. 그 실제 결과가 어떠했을지는 몰라도 중공이 그와 같은 시도를 하고 싶어하였고 실제로 그와 같이 처신하였다고 하는 것은 분명하다. 실제 일어난 사실보다 관이 믿는 사실이 사실이 된다는 점에서 중공의 의도는 명확히 실현되었다고 본다. 중공이라는 폐쇄된 국경 내의 영역에서만큼은. 역병의 사망자가 천 명이라고 관이 쓴다면 그 숫자는 진실이 된다. 실제 현실에서는 몇 백만 명이 죽어나가는 끔찍한 것이었다 하더라도. 이런 수치는 세상에 중공의 역사쓰기 방식이야말로 효과적이고 앞으로의 미래여야 한다고 인정될 수도 있다.

이제 실제 2020년 세계를 강타한 역병의 실제 사례들을 검토하면서 이의 당부를 살펴보기로 하자.

　우선 이 역병이 어떤 종류의 것이었는지 대강이나마 살펴보는 게 좋을 것 같다.
　일단 이 역병은 발생지가 중공의 우한시다. 우한의 수산시장에서 박쥐 등의 양서류 동물을 사다 먹다가 옮겨 갖게 되었다는 설이 일반적인데, 그와는 달리 그 시장에서 약 36km 떨어진 우한 생화학 연구소의 한 실험실에서 흘러나온 바이러스가 우한시장에 침투해들어 퍼지게 되었다고 하는 학자들도 있다. 이 설이 맞다면 바이러스는 인공적인 것일 가능성이 높아진다. 이 바이러스의 형태가 20여 년 전 유행했던 사스 바이러스와 형태가 유사하며 네 군데에서 차이가 나는 돌연변이라는데 그 차이 나는 변형성이 자연적으로 일어나기는 어려워 보인다고 주장하는 학자들이 많다. 이 바이러스의 전염성이 대단히 강하고 여태껏 자연에서 본 적이 없는 형태라는 점에서 인공성이라고 보는 데에 많은 학자들이 동의하고 있는 것 같다. 물론 필자로서는 이런 생화학 분야에는 문외한이기 때문에 아무런 판단이 없다.
　그리고 이 우한 발 바이러스의 증상은 폐렴에 유사한 것으로 알려져 있다. 밭은 기침과 호흡 곤란, 여럿 폐렴 증상들. 그리고 죽음에 이르게 하는 그 결정적 근거가 폐의 초토화에 있다는 점에서 폐렴 증상에 빗대어 명명되는 데에는 타당성이 있다는 생각이다. 그래서 이 바이러스를 발생지인 우한을 따고 증상인 폐렴을 합성해 우한 폐렴이라고 부르기도 한다. 세계보건기구인 WHO에서 명명한 공식명칭은 신종 코로나 바이러스 즉 신종 코비드-19다.

감염이 크게 확산되어 문제가 되기 시작한 것은 2020년 1월 중순쯤부터이지만, 처음 감염의 시작은 2019년 10월부터 시작되고 있었던 것으로 짐작된다. 중공당국은 처음에는 별것 아니었던 것으로 인식했던 것 같다. 별 대응책을 마련하지 않고 있었고, 우한의 젊은 의사 양젠량인가 하는 의사가 그 위험성을 알렸는데도 전혀 바이러스에 대응하지 않았던 것으로 나타난다. 그러나 일월 중순부터 감염속도가 생각 이상으로 빠르게 나타나자 당황하기 시작, 대응책 모색에 열을 내기 시작한다. 중공정부의 대응은 크게 두 가지로 요약된다. 정보통제와 우한 코로나의 발생지인 우한시의 완전봉쇄였다. 중공정부의 이런 정보통제와 우한시 봉쇄는 여러 가지 오해와 소문, 억측을 불러일으켰다. 그 대표적인 경우가 우한 코로나가 인공 바이러스이며 중공이 미국과의 경제전쟁에서 열세에 몰린 상황을 반전시키기 위하여 의도적으로 유포시킨 거라는 것이었다.

소문의 진위 여부를 떠나서 소문을 낳고 키운 데에는 중공정부의 우한 코로나에 대한 대응에 기인한 소지가 크다. 정보통제와 도시봉쇄가 그 골자였는데, 이후 그것이 바이러스의 확산을 막고자 한 것인지 이에 대한 정보 유출을 막고자 한 것인지, 그 우선성이 어디에 있었는지 몹시 의심스럽다는 반응을 불러일으켰다. 아마도 두 가지 목적 다를 달성하기 위해서였겠지만, 보다 효과적이었던 것은 바이러스 감염확산의 방지보다는 정보통제에 더 효과적이고 유의미했던 것으로 드러난다. 그것이 중공 내에서의 감염확산은 막았는지는 몰라도 전 세계 차원의 감염확산은 오히려 증대시켰고 결국 판데믹을 불러왔기 때문이다. 반면 정보통제는 철저하게 이루어져 우한 코로나에 대한 중요 정보들은 단 하나도 중공국경 밖으로 흘러나가지 못했다. 이것이 밖으로 흘러나가면 무슨 큰일이라도 나는 것처럼 통제에 완벽을 기한 채 비밀유지에 혈안이었는데, 그 대표적인 경우가 우한 코로나의 위험성을 알린 의사를 감금하고 미국의 공동대응 제의에 대해서는 일언지하에 거절했던 것이었다. 그로 인한 세계적 피해는 결국 실현된 세계적 차원의 판데믹이 그 실증이었다고 할 수 있겠다.

이런 정보통제 대응은 소문과 억측을 더욱 키울 수밖에 없었다. 그리고는 세계보건기구 WHO의 사무국장 테도로스 아드하놈을 움직여 우한 폐렴은 그다지 위험성이 없으며 다른 나라들이 국경을 폐쇄하는 것과 같은 조치를 취하는 것은 바람직하지 않다는 성명을 내게 했다. 이미 세계적인 대유행 판데믹이 시작되고 있는 마당에 그런 성명을 발표하고 이를 따르도록 하였던 것은 정보통제의 전형적인 형태다. 이로 인해 한반도의 작은 나라 대한민국은 중국에 대한 국경봉쇄를 감행하지 못했다. 여러 가지 이유가 있을 수 있겠지만 정보통제로 인한 정보 부족 때문에 야기된 일이라고 보는 게 타당하다. 정부 측 인사들은 어떠했을지 몰라도 일반시민들에게 그에 대한 충분한 정보가 제공되지 않고 소문과 억측의 정보들만이 난무했던 것은 분명하다. 본인의 기억으로도 그것은 그와 같았다.

역병은 인류 전체의 건강과 생명에 직결되는 일이어서 일국이나 일국의 정부만이 그에 대한 정보를 독점할 것이 절대 아니다. 인류공동의 협력과 노력으로 함께 맞서고 극복해야 할 과제인 것이다. 바이러스의 위험성을 알리는 사람들을 매국노 취급하고 이를 가두고 공동대응을 제안하는 세계의 손길들을 물리치는 것은 기본적으로 잘못된 접근방식이다. 이 모든 게 정보통제의 양상들일 텐데, 동양사회의 전형적인 역사쓰기 방식에 매칭된다. 정보통제는 결국 관이 쓴 역사만이 역사로서 인정받는 양태로 이어지는 것이기 때문이다.

한국이 중공의 정보통제 방침을 그대로 인용하고 세계보건기구 WHO의 권고를 따른 아시아의 유일한 국가인데, 그럼으로써 아시아에서 가장 큰 우한 코로나 피해를 입게 된 것은 그다지 놀라운 일이 아니다. 충분히 예견된 일이 일어난 데 지나지 않는다고 보는 데에 무리가 없다. 대만과 베트남 몽골 싱가폴은 중공에 우한 코로나가 돈다는 정보가 유입되자마자 WHO의 권고 따위 무시하고 곧바로 중공 국경봉쇄에 돌입했다. 그렇게 함으로서 우한 코로나 확진자와 사망자 수를 최소화하는 데 성공했다. 한국의 우한 코로나 확진자 수가 2020년 4월 16일 현재 12,000명이 넘고 사망자가 220여 명에 이르는 반면, 이들 나라의 경우는 확진자 수는 2020년 4월 15일 현재 200여명 이내이고 사망자 수도 20여명 안팎이다.

일본은 조금 예외적이다. 2020년 하계올림픽이 예정돼 있어서 쉽사리 국경을 폐쇄할 수가 없었다. 국경폐쇄는 스스로 동경올림픽

개최를 불가능한 것으로 인정한다는 선언이나 같은 태도였으므로 일본의 중공 국경봉쇄는 한참 늦었다. 동경올림픽이 최종 연기되고 나서야 행해질 수 있었던 조치였다. 그러나, 늦은 국경봉쇄에도 불구하고 일본은 선방한 편이었다. 확진자와 사망자 수에서 어쨌거나 서구사회의 그것보다는 현저히 적은 수치를 보이고 있기 때문이다.

한국의 문재인 정부는 한국이 아시아의 다른 지역들에 비해 확진자 수와 사망자 수가 많은 것은 한국이 개발한 독단적 진단키트의 성능이 좋고 그만큼 더 많은 사람들을 진단하고 검사하고 있기 때문이라고 변명한다. 이 변명에는 나름의 진실도 담지하고 있었던 게 사실이다. 아시아에서의 역사쓰기 방식 즉 관의 통제에 의하여 정보를 통제하고 이를 바탕으로 해서 기록되어도 좋다고 인정되는 것들만을 기록한다는, 그 방식을 잘 인지하고 따르고 있음을 드러내고 있는 발언이었다는 점에서다.

아마도 아시아에서는 폭넓게 그런 관의 정보통제가 확진자 수와 사망자 수에서 일어나고 있는 것으로 보인다. 일본의 경우 이런 태도를 옹호하는 발언을 하고 있기도 하다. 의료체계의 붕괴를 막기 위하여 모든 의심자의 진단검사를 하기 보다는 증상이 심한 경우에 한해서 선별적으로 실시하고 증상이 미약한 사람들은 자가 격리하면서 증상의 추이를 보는 게 더 낫다고 하는 것이다. 일본의 태도는 일응 합리적인 것이었다고 할 수 있는데, 의료진과 의료체계의 보호는 역병이 도는 마당에서는 무엇보다도 보호되고 챙겨져야 하는 것이기 때문이다. 이태리가 저렇게 확진자 수와 사망자 수가 폭중하게 된 게 의료진의 조기 탈진상태 때문이었다고 평가되고 있는 것을 보면 그렇다고 할 수 있다.

그러나 역시 이것은 합리성을 인정한다 하더라도 정보통제를 통한 관의 역사쓰기 개입임에 다름 아니라는 것은 부인되지 않는다.

사월로 접어들면서 아시아에서는 우한 코로나의 감염세와 사망률이 주춤하게 된다. 이때까지도 한국은 중공의 정보통제를 정당한 것으로 인정하고 따르고 있는데, 그 여파로 초·중·고·대학의 개학을 연기하다가 4월 9일에 이르러서야 겨우 인터넷 개학을 하게 된다. 중공의 정보통제를 인정하고 옹호하게 되니 역설적으로 중공과는 달리 폐쇄조치는 못하게 되었는데, 중공이 정보통제를 통해 유도한 메시지 중 가장 큰 게 중공이 우한 코로나의 책임자가 아니며 중공국경을 봉쇄해서는 안 된다는 것이었기 때문이다. 그로인해 가장 큰 피해를 본 것은 정작 한국의 학생들이었던 것이다.

우한 코로나의 감염경로를 보면 중공의 우한에서 시작해 중공 대륙을 돌고 아시아 각국으로 넘어오며 아시아 각국에서 유럽으로 유럽에서 북미와 남미로 넘어가는 양상을 보여준다. 삼월에 들어서면 우한 코로나는 세계적으로 대유행하는 판데믹을 인정하고 선언한다. 감염병의 예방기관으로서 성립된 게 WHO일 텐데 이미 세계적 대유행이 되어버린 판데믹 이후에 이를 인정한다는 것은 아무래도 기이하다는 념을 감추기 어렵다. 세계보건기구 차원에서 폭넓은 정보통제가 이루어지고 있었다고 밖에는 달리 생각키 어려운 일이다.

WHO 차원에서도 정보통제로서의 역사쓰기가 작동하고 있었다면 이는 매우 유감스럽다.

  삼월에 들어서면서 유럽에서 우한 코로나의 확진자와 사망자가 폭증하기 시작한다. 특히 이태리와 스페인이 그러했는데, 이태리는 이미 의료체계가 붕괴된 상태가 되어버려 어떻게 손을 쓸 수조차 없는 상황이 돼버린 탓으로 알려졌다. 확진자 수가 수십만 명 대에 이르고 사망자 수도 만 단위를 훌쩍 넘어갔다. 그런 유럽의 여파는 곧 북미와 남미로도 이어져, 미국에서 확진자 수와 사망자 수가 폭증하기 시작했다. 2020년 4월 15일 현재 미국의 우한 코로나 확진자 수와 사망자 수는 중공을 넘어서 세계 일 위의 자리를 차지하게 되고, 특히 세계 제일의 도시 뉴욕이 가장 큰 타격을 입은 것으로 알려지고 있다. 트럼프와는 노선을 달리하는 민주당 출신의 앤드루 쿠오모가 주지사로 있어 정부와 정책상의 파열음을 빚으면서 예기치 않게 야기된 일종의 인재라는 소리도 나왔다.

  왜 같은 우한 코로나를 겪으면서 유럽과 북미가 다른 여타지역 특별히는 발병지인 아시아보다 비교가 안 될 만큼 많은 확진자와 사망자 수를 내고 있는지에 대한 의문이 자연스럽게 나왔다. 같은 역병을 앓으면서 어느 지역이 다른 지역보다 현저하게 피해가 심하다면 궁금증이 생기는 건 자연스런 일이겠다.

  이에 대한 설명으로 다양한 원인 해명이 있었다. 유럽과 남미 쪽에 퍼진 바이러스가 더욱 진화한 돌연변이 변형체여서 아시아에 퍼진 것보다 더 치명적이고 위험한 거라는 설명이 있었다. 결핵 왁진인 BCG에 대한 설명도 있다. 아시아 지역은 대체로 BCG 접종을 어렸을 때 받는데 유럽이나 북미인들은 이의 접종을 일괄적으로 받고 있지 않기 때문이라는 것이다. BCG가 우한 코로나에 효험이 있다는, 다소 의심스러운 바가 있는 가설에 입각해 나온 해명이었다. 또 다른 설명으로는 생활습관에 대한 차이에서 비롯되었다는 것도 있다. 서양인들의 인사문화는 키스나 악수, 포옹처럼 신체접촉이 주가 되는 반면 아시아인들의 인사방식은 떨어져서 하는 목례 같은 것이 주가 되고 있어 코로나와 같은 역병이 돌 때는 서유럽 쪽이 아무래도 불리할 수밖에 없다는 것이다. 그리고 만남 문화에 있어서도 서양은 파티가 그 만남 문화의 주류인데, 아시아 사회는 그렇지 않았다는 것이다. 파티란 대규모의 사람들이 밀폐된 공간에 밀집되어 진행되는 것이어서 역병에 취약할 수 있는 반면 아시아의 만남 문화에서는 그런 대규모적인 파티문화는 없어 사람 사이의 접촉의 빈도가 서양인만큼 빈발하고 대규모적이지 않았다는 것이다.

전부 일리가 있는 설명이요 논의라고 본다. 타당성이 있는 의론이고 각 분야에 종사하는 분들이라면 이에 대해 심도 있게 연구해보는 것도 괜찮지 않을까 한다.

그러나 여기에서는 다음과 같은 의론에 주목하고자 한다. 이 소고의 관점과 매우 유사한 관점의 설명인 까닭이다.

서구인의 문화는 정보통제를 하기 보다는 있는 그대로의 현장을 그대로 드러내 보이기를 좋아하는 그런 문화를 지니고 있기 때문이라고 하는 것이다.

아주 타당성이 있는 주장이다. 이 주장의 타당성을 보장하는 멘트를 미국의 트럼프 대통령이 하고 있기도 하다. '우리는 하루 10만 명에 달하는 진단키트를 돌리고 있다.' 이건 의료체계가 가능한 최대한의 사람들의 확진 여부를 검사한다고 하는 의미이며, 그러고도 검사 밖에 놓인 사람들이 있을 수 있다는 것을 인정하는 태도다. 때문에 세계 최고의 확진자 수를 보유하고 있다고 하는 것이지만, 이는 또한 모든 국민들을 코로나로부터 구제하겠다는 의미의 말이기도 하다. 그래서 미국에서는 진단검사는 무료로 진행된다. 본인부담으로 진행되는 아시아의 어느 지역들과는 다르다는 것을 알 수 있다.

할 수 있는 한껏 진단하고 최대한 사람들을 구하겠다는 관점은 정보통제와는 무관하다. 우한 코로나를 대하는 자세가 기본적으로 이러하다면 정보통제를 통하여 확진자 수와 사망자 수를 줄여 이를 극복하겠다는 태도와는 사뭇 다른 태도다. 이는 매우 위험할 수도 있다. 벌써부터 조롱의 목소리들이 나오고 있기도 하다. 중공의 우한 코로나에 유럽이나 특히 미국이 힘을 못 쓰고 있다는 것이다. 뜬금없는 중공의 한판승이라는 코멘트도 나온다. 특히 권력자에게 이런 정보통제 없는 날것으로서의 정보유통은 치명적일 수 있다. 어쨌거나 역병이 창궐한다는 것은 권력자에게는 좋을 게 없는 허물이어서 이에 대한 정보를 통제 없이 유통케 놓아둔다는 건 위험하기 짝이 없는 일이다.

유럽사회에서 역병의 대명사는 페스트였다. 13세기에 이미 창궐하기 시작하여 영국인의 절반 피렌체 인구의 삼분지 이를 앗아 갔다는 기록이 있을 정도이니 얼마나 심각한 것이었던가를 알 수 있다. 헌데 그것은 13세기에 한번 나타나고 끝난 게 아니라 수시로 유럽사회에 출몰하여 유럽을 공포의 도가니 속으로 몰아넣곤 했었다. 최근에는 카뮈의 『페스트』라는 소설의 이야기로 재등장할 정도로 그렇게 오랜 세월 유럽사회에 각인되어온 역병이었던 것이다.

그러나 페스트는 그토록 많은 사람들의 목숨을 앗아가고 유럽사회를 공포의 도가니로 몰아넣었지만, 항상 부정적인 것으로만 머문 것은 아니었다.

노벨(근대소설)의 시초로 알려지고 있는 『데카메론』에 영감을 불어넣은 게 다름 아닌 페스트였다. 페스트 때문에 시골 별장으로 피신한 열 명의 남녀가 두려움과 무료함을 달래기 위하여 나누는 대화 속에서 이 최초의 노벨(근대소설) 『데카메론』이 탄생하였기 때문이다.

이렇게 보면 역병 페스트는 새로운 세상, 새로운 지평을 여는 계기로도 작용하였음을 추론할 수 있다. 『데카메론』이 나온 시기는 바야흐로 유럽사회가 중세시대의 암흑기를 끝내고 인문주의 시대 즉 르네상스기로 넘어가려 하는 시점의 전환기적 시기였다. 그 전환기적 시점의 한복판에 페스트라는 역병의 창궐이 자리 잡고 있었던 것이다.

동양적 역사쓰기와 서양적 역사쓰기 가운데 어느 쪽이 더 낫다고 하는 평가하기의 이야기가 아님은 자명하다. 이 소고는 단지 동양적 역사쓰기와 서양적 역사쓰기가 21세기인 현대사회에서도 여전히 작동하고 있음을 보여주고자 하였고, 그것이 목적이었다는 것뿐이다. 2020년 전 세계를 강타 불안과 공포로 몰아넣고 떨게 했던 우한 코로나 사태를 통해서. 대사건이었던 만큼 이를 통해서라면 충분히 독자들에게 설득력 있게 본 소고의 주제를 전달할 수 있으리라는 기대에서였다. 그 의도를 이 소고가 얼마만큼 이룰 수 있었는지는 잘 모르겠지만.

신채호 선생은 중국인의 역사쓰기에 대하여 늘 불만투성이였다. 사실이 아닌 기록을 밥 먹듯이 써놓고 있다고 해서였다. 그게 중국이 말하는 '중화'의 의미라고 하였다. 신채호 선생에게 있어 '중화'란 '사실이 아닌 것을 기록하여 자신을 헛되이 높아지게 하는 것'이라는 의미였던 것이다. 신채호 선생의 얘기를 옳다고 받아들이든 그르다고 받아들이든 그건 각자의 몫이겠지만, 동양적 역사쓰기가 유언비어에 친화적인 것만큼은 틀림없다. 사실과 거짓을 처리하는 방식에 있어 근원적으로 '중화'적이어서다. 역사는 관이 독점하며 그렇게 쓰여진 역사를 사실로서 인정하고 이에 반하는 것은 일률적으로 거짓으로 하는 태도이다.

그런데, 역사를 기록하는 자들은 사관이니 패관이니 했던 데에서 알 수 있듯이 관이었다.

정치방역

앞장에서 짧게 살펴본 것처럼 오늘날 대부분의 전염병은 백신과 치료약이 개발되어 있어 역사쓰기에서 별로 큰 의미를 지니지 않는다. 관주도의 역사쓰기에 의존하든 민주도의 역사쓰기에 의존하든 역사쓰기에서 별로 구애되는 사항이 아니라는 거다.

그러나 금번 우한 코로나-19 사태에서는 그 양상이 사뭇 달랐다. 백신이나 치료약이 아직 개발되지 않은 역병의 창궐이어서 역사쓰기에 있어 상당한 차이를 노정시켰다. 특별히 관주도의 역사쓰기와 민주도의 역사쓰기에 있어서의 차이점을 극명하게 노정시키고 드러내보였다고 할 수 있다. 그리고 그것은 8월 중순 현재 여전히 진행 중인 것이어서 조금만 관심을 기울이면 여지없이 살필 수 있는 사항이다.

관의 입장에서 역병은 진단검사를 최대한 해서 최대한의 확진자를 밝혀내고 이의 치료에 매달리는 것은 바람직하지 않다. 이에 대한 책임이 관에 집중할 가능성이 있기 때문이다. 특히 이의 백신이나 치료약이 개발되어 있지 아니한 경우에는 더욱 그러하다. 그래서 관주도 역사쓰기가 지배적인 사회에서는 역병이 돌 때 진단키트 검사는 최소한에 그치게 되고 양성 확진자 수도 최소한으로 관리되게 된다. 그럴 가능성이 아주 짙다.

반면 민주도 역사쓰기가 지배적인 사회에서는 이와는 거꾸로일 것이다. 가능한 한 많은 진단키트를 돌리고 확진자 수를 확정하고 이를 공포하게 될 것이다. 아무 백신도 치료약도 없는 속수무책의 상황임에도 불구하고 그러할 것이다. 민은 권력이나 현상에 연연해야 할 아무런 이유가 없기 때문이다.

사회 안정이라는 차원에서 관주도 역사쓰기 사회가 민주도 역사쓰기 사회보다 우월할지 모른다. 적어도 백신이나 치료약이 개발되지 않은 상태에서는 그렇다고 할 수 있다. 어쨌거나 관주도 역사쓰기 사회가 민주도 역사쓰기 사회에 비하여 확진자 수도 적고 이로 인해 사망에 이르게 되는 사망자 수도 현저히 낮을 게 분명하기 때문이다. 기록상으로는 그렇다는 것이다. 그 기록에 대한 신빙성이 현저하게 떨어진다 하더라도 말이다.

그러나 백신이나 치료약의 개발 가능성에 대해서는 민주도의 역사쓰기가 지배하는 사회가 보다 유리하고 상당히 유용하다 할 것이다. 훨씬 많은 수의 확진자와 사망자 수가 노출되니 이를 개발하도록 요구하는 요구의 압박감도 훨씬 더 크고 많을 것이기 때문이다. '필요가 발명의 아버지'라고 하는 것처럼 백신이나 치료약의 필요가 더 농후한 사회가 이를 개발할 확률도 현저히 높아지게 될 것은 당연한 일이다.

역사와 허구, 사실과 거짓, 유언비어와 소설을 처리하는 그 사회의 주류적 방식이 역병의 미래와 관련하여 매우 중요한 역할을 하게 되리라는 것을 이로써 살필 수 있다.

그런데, 역병을 다루는 가장 악질적 양태요 바람직하지 않은 게 이를 활용하여 자신들의 정적을 치고자 하는 경우이다. 이는 관주도의 역사쓰기에서 주로 일어나는 현상인데, 그래서 동양사회나 봉건적, 고대적 사회에서 주로 발생한 일이었다고 할 수 있다.

관의 패권을 거머쥔 자가 정적에게 역병의 혐의를 들씌워 역사의 현장에서 배제시키려고 했던 것은 흔한 일이다. 정적이 역병에 걸렸고, 이 자가 슈퍼 감염자가 될 확률이 높으므로 당장 삶의 현장에서 격리시켜야 한다는 것이다. 삶의 현장에서 격리된 자는 살아 돌아와 패권 싸움에 다시 복귀할 가능성은 희박하다고 보는 게 합리적이다. 삶의 현장에서 격리된다는 것은 역사의 현장에서 격리된다는 것과 정확히 동의이음어인 것이다.

이를 위해 가장 멋지고 우아하게 활용되어지는 게 유언비어요 거짓이다. 정적이 실제로 역병에 감염되었느냐 어쨌느냐 하는 것은 중요치 않다. 역병에 감염되었다는 프레임 안에 가둘 수만 있으면 족하다. 그리고 그것은 의외로 손쉬운 조작임을 곧 알게 된다. 사람들은 누구나 역병에 걸리는 것을 싫어하고 백신과 치료약이 없는 상황에서 슈퍼 확진자가 누구인지 명확히 알고 경계하기를 바라기 때문이다.

이러한 정적 죽이기에의 역병 활용은 관주도의 역사쓰기가 지배하는 사회에서는 일상적인 모습이었다. 그게 얼마나 일상적인 모습이었던가를 알고자 한다면, 지금 우리 시대에 전 세계 차원에서 유행하고 있는 우한 코로나 바이러스를 보면 쉽사리 알 수 있다. 백신이나 치료약이 나오고 있지 않은 상황에서 이를 활용해 자신의 정적이나 경쟁자들을 제거하려고 하는 움직임들이 몹시 활발해지고 있는 까닭이다. 특히 한국과 미국의 경우가 그렇다고 할 수 있을 것 같다.

백신이나 치료약의 개발에 매진하는 사회나 개인들이야말로 민주도의 역사쓰기를 신념하는 사람들이라고 할 수 있을 것이다. 그들에게 중요한 것은 사실이요 진실이요 사람의 생명이지 이때다 하고 정적을 제거하는 게 아니기 때문이다. 또한 민주도의 역사쓰기에 정적이란 있을 수 없는 것이기도 하다. 실상 역병이 돌 때 백신이나 치료약 개발을 통한 통과 이외에 민주도의 역사쓰기에서 영광의 역사쓰기는 달리 없는 것이다.

2020년 여름 현재 미국에서는 민주당이 우한 코로나-19를 빙자해 우편 투표를 통한 선거부정을 노골적으로 획책하고 있다. 선거부정을 통하여 권력에 접근하려 하는 것이니 유언비어에 의한 정적 제거임에 틀림없다. 역병이 도니 사회적 거리두기를 하여야 하고 투표소에서 투표하기보다 우편 투표가 십분 활용되어야 한다는 게 민주당의 주장인데, 이런 민주당이 안티파라는 극좌단체들의 폭력 시위에 대해서는 또 옹호한다. 시위는 사람들의 거리두기의 파괴일 텐데, 이를 옹호하는 것은 민주당의 논리의 모순이다. 물론 정적 제거라는 욕망의 논리에는 부합한다. 자신들의 정적에 반대하는 시위였으니까. 욕망의 논리에 결박되어 이의 논리를 현실화하려는 자는 이미 자유민주적 정당이라고는 하기 어려울 것이다.

한국에서도 그와 같은 양상은 벌어지고 있다. 8·15시위를 기점으로 시위에 참가한 사람들을 대상으로 대량으로 진단키트를 돌리고 있고, 거기서 양성 확진자들을 실로 대량으로 양산해내고 있다. 그리고는 그들을 가차 없이 사회로부터 격리시켜 감금에 가까운 인신 구속을 자행하고 있다. 보건소에서는 양성인데 일반병원에서는 음성이었다는 웃지 못할 해프닝이 대량으로 양산되었던 것은 이러한 무리한 정적제거 역사쓰기에 매어달린 탓이었다고 볼 수 있다.

미국의 민주당이나 한국의 문정권이나 무언가 악성 바이러스에라도 감염된 것처럼 정체불명의 양상을 보이고 있다고 진단내리지 않을 수 없는 것 같다. 미국사회나 이를 배운 한국사회나 민주도 역사쓰기를 기본으로 해온 사회가 아니었던가. 미국의 민주당이나 한국의 문정권이나 우한 코로나 바이러스의 창궐을 앞에 두고 민주도의 역사를 뒤집으려는 듯한 역사쓰기에 매달리고 있다는 것은 아무래도 놀라운 일이다.

현대인들은 개명하고 문명화된 사리에 밝은 사람들처럼 인식되나 금번 코로나 사태는 그러한 인식이 어느 면 상당히 잘못되었고 허구의 이미지였음을 드러내 보여주고 있는 듯하다. 현대인들은 봉건사회나 암흑시대로부터 그다지 멀리 떨어져 있는 게 아닐지도 모른다고 하는 것이다. 현대인은 여전히 야만인이며 평소에는 그것이 깊은 장막 속에 가려져 있어 잘 드러나지 않으나 무슨 계기만 주어지면 언제든 다시 고개를 들고 현대인의 이성과 양식을 한순간에 짓밟아 버릴 수 있다는 것이다.

우리 문명의 취약성이다. 우리 문명의 취약성에 대하여 깨닫게 되면 겸손해져야 할 수많은 이유들을 갖게 된다.

관주도의 역사쓰기가 지배하는 사회에서 특히 이와 같다고 할 수 있다. 이는 역사의 퇴행을 의미한다. 시간적으로는 현대의 공간 속에 있다 하더라도 이런 사회는 여전히 그 내면에서 야만의 시간을 살고 있을 가능성이 높다. 특별히 한국의 현사회가 그러할 가능성이 높다고 여겨진다. 미국의 민주당 역시 그러하고. 그러나 역시 현대의 공간 속에서 가장 야만한 시간을 여전히 살고 있는 그 가장 큰 것은 중국의 중공이라고 하여야 할 것 같다. 그들에게 민의 사회란 아예 존재하지 않는 듯하니까 말이다. 예전이나 지금이나.

    이번 코로나 사태가 알려준 것들이다. 코로나는 매우 위험하고, 올 8월이 다 가도록 여전할 정도로 지루하고 지긋지긋한 것이지만 이 한 가지 점만은 그래도 유용했던 게 아닌가 싶다. 현대사회를 보다 더 잘 이해하게 해주었다는 점, 이다. 그리고 겸손은 지금도 인간이 이 인생을 사는 가장 큰 미덕이라고 하는 것이다.

[부록Ⅱ]

언론 마피아론?

오늘날 언론은 마피아니 야쿠자니 조폭이니 하는 따위들과 흔히 비교된다. 왜 언론이 이런 폭력조직들과 비교되는지는 차후에 들여다보기로 하겠지만, 이것은 국내에서만 한정된 인식이 아니라 전 세계적인 차원에서 살펴지는 인식이다. 따라서 일반적이고 보편적인 인식이라고 할 수 있다.

한국에서는 박근혜 전 대통령의 탄핵사태를 거치면서 언론 마피아라는 네임드가 유행하기 시작했다. 언론이 박근혜 전 대통령 관련 유언비어를 퍼뜨려 일종의 반란을 야기하고 있다는 의미에서 나오기 시작한 말이었다. 이를 두고 '언론의 난'이라고 했던 분도 있다.

요즈음은 미국에서 대선을 앞두면서 언론을 마피아나 조폭과 비견하는 소리들이 높다. 어떤 언론인의 경우는 몇몇 오래된, 신망 받는 언론사들을 향해 '범죄조직' '범죄집단'이란 말을 공공연히 입에 담고 있기도 하다. 좀 더 명확히 한다면, 그 언론인이 언급하는 '범죄집단' '범죄조직'으로서의 언론은 CNN과 뉴욕타임즈였다. 한국인으로서 두 언론사에 대하여는 평소 상당히 신망 받는 신뢰할 만한 언론사라고 알고 있었는데, 그 평가는 진짜 의외였다. 좀 쇼킹했다고 할까.

이러한 사정은 옆 나라 일본도 마찬가지인 것으로 보인다. 공영방송으로 몹시 권위가 있는 매스컴으로 알고 있는 NHK 방송을 정작 일본 사람들은 오보가 많은 정보통으로 인식하고 있다는 것이다. 한국에서 KBS에 대한 수신료 거부운동이 수시로 불거지고 있듯이 일본에서도 NHK에 대하여 그러한 양상이 일상적인 모양이다. 돈을 내고 볼만한 가치가 없고 그러기에는 몇 푼 안 되는 돈이나마 아깝다는 것이다. 이 외에도 언론사에 대한 신뢰는 현격히 떨어지고 있는 것으로 나타난다. 일본사람들이 원래 보수적 마인드가 강해 한번 마음 주면 잘 바뀌지 않는 듯한데 언론에 대해서는 오래 전에 이미 그 신뢰를 상실한 것으로 보인다.

유럽도 사정은 마찬가지인 것 같다. 이것저것 장황한 설명보다 하나의 예만 들고 싶다. 그 단적인 예가 아동성애자 앱스타인의 비서요 아동성애 포주노릇을 자임했던 길레인 맥스웰이라고 하는 여성의 경우다. 이 여자가 영국의 유명 언론사 집안의 따님이었다. 지금은 문을 닫은 언론사이긴 하지만. 언론사의 타락은 의외로 그 뿌리가 깊다는 거다.

사람들이 언론에 대하여 갖는 기대는 기본적으로 '사실(fact)'이다. 사실에 바탕한 정보나 안내, 읽을거리 볼거리를 제공하기 때문에 이를 신뢰하고 이를 사본다는 것이다. 사실에 바탕하지 않는 정보나 안내라면 실상 그것은 사람들에게 아무 의미가 없는 것이며 더 나아가 몹시 위험하기까지 한 것이다. 사람들의 일상의 현실과 언론사가 제공하는 왜곡되고 거짓된 현실이 충돌하여 사람들을 인지부조화에 빠뜨리고 말 게 틀림없기 때문이다. 인지부조화는 물리적 폭력에 의하여 생긴 상해에 못지않게 크고 아픈 현실적 상처이다. 어쩌면 그것은 피해자에게 물리적 상해보다도 더 깊은 후유증을 남길 수도 있다.

그리고 그것은 아주 대규모적이라는 특징도 아울러 갖는다. 인지부조화라는 상흔이 진정으로 무서운 것은 그것이 이렇듯 대규모적이라는 데에 있다. 마치 역병처럼 말이다. 코비드가 도는 세상에서 언론이 막장 마피아 역할을 자임하고 있는 것은 우연만은 아니지 싶다.

이쯤 되면 언론을 마피아나 조직폭력배와 비교하는 언사가 봇물처럼 쏟아져 나오게 되는 것은 자연스럽다. 마피아나 조직폭력배가 자기 조직의 이권을 위하여 폭력과 협박으로 사람들을 겁주고 상해 입히듯이 언론도 마찬가지로 그렇게 한다는 공통점을 지니는 까닭이다. 이때 언론사가 사용하는 수단은 폭력이나 협박이 아닌 거짓이나 유언비어라는 차이점이 있을 뿐이다.

오늘날 세계시민들은 대부분의 유수한 언론사가 사실존중 마인드를 잃고 사실을 배반하고 만 혐의가 짙다는 인식을 지니고 있는 것으로 나타난다. 그래서 언론사에 대한 신뢰성을 잃고, 마피아나 조직폭력배와 진배없는 집단으로 인식하고 접근한다. 인지부조화를 방지하기 위한 세계시민의 정당한 방어권의 발동이라고 할 수 있다. 그러나 아직 그 인식이 명확하지 않고 철저하지 않은 면이 있는 게 사실이다. 이게 좀 아쉬운 부분이라고 할 수 있을 것이다.

근데, 이쯤에 이르면 한 가지 궁금해지는 게 눈에 잡혀온다. 세계 유수의 언론들은 어째서 사실존중의 마인드를 잃고 사실을 배반하게 되었느냐 하는 것이다. 이에 대한 이유가 있고 이리 된 전후 스토리가 있을 텐데, 그게 궁금해지고 알고 싶어지게 된다는 것이다.

기본적으로 이 책을 제대로 읽은 독자라면 그 이유를 어렵지 않게 캐치했을 거라고 본다. 언론이 사실을 배반하고 사실존중의 마인드를 잃게 된 것 역시 우리 사회 내 유언비어의 만연과 같은 맥락이며 여기서 벗어나는 게 아니라고 본다. 이 책의 주제요 이 책이 추적한 내용이다. 유언비어와 허구, 유언비어와 소설(예술), 유언비어와 역사라는 관점에서 살피고 있고 언론의 경우는 이 책의 분석에서 빠져 있지만 빠져 있다고 해서 그렇지 않다는 의미가 아니다. 부록에서나마 굳이 언론의 경우를 다루어보고자 하는 이유일지 모르겠다. 오해의 가능성을 차단한다는 차원에서.

하여간 여기서는 이 책의 결론을 전제로 하고 두 가지 정도로 해서 언론이 유언비어가 되고 만 언론에만 특별한 원인을 간단하게 살펴보고자 한다.

하나는 '취재의 무의미성'이 광범위하게 언론세계에 만연되어버렸다는 것이다. 이것은 단순히 비용수익 측면의 분석만으로도 명백해진다. 취재에는 꽤 비용이 들게 마련인데 그렇게 해서 얻어진 정보가 그만큼의 수익을 창출하지 못한다는 것이다. 취재하면 취재할수록 손해이고 적자가 쌓이게 된다는 것이다. 적자의 그 끝은 파산일 것이다.

인터넷의 발달로 이 사정은 명확하다. 각종 포털과 SNS 그리고 인터넷 신문들을 살펴보면 쉽사리 캐치된다. 이런 초스피드 정보유통사회에서 취재한 정보는 초스피드로 복제되어 공유되고 퍼진다. 발행시간에 맞춰 나온 뉴스는 이미 뉴스가 아니다. 낡은 소식에 지나지 않는다. 이러니 당연히 수익을 창출하지 못한다. 이런 환경에서 누구나 공유하여 정보를 얻으려 하지 굳이 비용을 들여가며 귀찮게 발로 뛰며 취재할 이유가 없게 된다. 그래서 취재하지 않는다. 아무도. 기자조차.

언론사는 이제 취재하지 않는다. 이게 인공지능이 판치는 요즘의 세상이요 세태다. 근데, 취재하지 않으면 정보는 사실에 바탕하지 않는다. 사실에 바탕하지 않으니 사실이기 보다는 거짓일 가능성이 높아진다. 아주 월등히. 언론의 딜렘마다.

두 번째 이유는, 앞서 이유에서 자연스럽게 유발되는 결과적 이유다. 취재 없는 정보에만 매달리다 보니 사실이 아닌 허상에 입각한 정보만 쌓이게 되고, 그러다 보니 언론사들이 '설계주의'에 빠지게 되었다는 것이다. 허상의 정보를 사람들이 믿는다는 것이다. 허상의 정보를 믿으면 현실은 가상으로 대체된다. 가상의 현실은 실제 현실이 아닌 설계된 현실이다. 어쨌거나 신이 인도한 현실은 아니다.

이렇듯 설계주의에 빠진 언론은 사실을 취재하는 게 아니라 사실을 지어내게 된다. 작(作)하고 만들어낸다는 것이다. 언론사가 사실을 만들어내기 시작하면 세상은 실로 위험해지고 분란에 휩싸이게 된다. 사람들이 인지부조화에 빠지고 현실을 가상으로 알고 가상을 현실로 아는 끔찍한 일이 벌어지게 되며, 사람들은 인생을 사는 것이 아니라 인생을 사는 흉내를 내게 된다.

세월호 사건 때 이런 일이 있었다. 선내방송에서 아나운서가 "단원고 학생들은 꼼짝 말고 방안에 있어요. 그게 가장 안전하니 별도의 지시가 있을 때까지 방을 이탈하지 말아요"라고 했다. 이 안내방송을 꼭 믿은 단원고 학생들 중 하나가 이런 기도를 했고, 셀프카메라로 그 모습을 찍어 스마트폰에 담았다. "선상(갑판)에 나가 있는 아이들이 심히 걱정되오니 예수님 그 아이들이 부디 아무 이상이 없도록 보살펴주시옵소서."라는 기도였다. 객실에 있던 이 착한 아이는 안타깝게도 목숨을 잃었는데, 후에 스마트폰이 발견되어 영상이 복원되고 세상에 알려지게 되었다.

세월호 침몰 당시 갑판에 나와 있던 사람들은 구조되어 다 살았다. 방안에 남아있던 학생들은 모두 목숨을 잃었다. 학생이 거꾸로 알고 갑판에 나가 있던 동료들을 걱정한 것은 선내방송이라는 언론이 거꾸로 된 정보를 아이에게 주입시킨 탓이었다.

박근혜 대통령 탄핵 사태 때 한국언론은 설계주의에 빠져 설계된 거짓 정보를 한국사회에 마구 투하하고 투척했다. 이로 인해 한국사람들을 거짓된 정보로 인도하고 인지부조화 상태로 빠뜨려 함몰시켜버렸다. 아직도 이에서 헤어나오지 못하는 사람들이 부지기수다. 거기서 빠져나와야 산다고 해도 세월호 아이가 갑판의 아이들을 걱정하듯이 그런 조언을 하는 사람들을 향해 어리석고 한심하다고 지적질을 해댈 뿐이다.

인지부조화는 심각한 정신병이다. 한국사람들은 그렇게 해서 수많은 사람들이 정신병인이 되어 버렸고, 한국사회는 그 자체가 거대한 침몰하는 세월호가 되어버리고 말았다. 그럼에도 한국인들은 정신 못 차리고 침몰하는 선실 안에서 꼼짝 말고 움직이지 말라는 안내방송 비스무리한 소리만 믿고 의지하고 있다. 이제 대부분의 한국사람들은 자기 죽을 줄 모르고 갑판에 나가 있는 동료들을 걱정하며 기도하고 애원하던 그 착한 단원고 학생을 닮아가고 있다. 언론이 설계주의에 빠져 설계된 정보를 그 사회에 마구잡이로 투척하기 시작하면 얼마나 끔찍한 사태가 벌어지는가를 보여주는 단적인 사례였다고 할 만하다.

슬프게도 지금의 한국사회야말로 마피아 언론의 거짓정보에 낚여 인지부조화로 미쳐가는 그 단적인 사례가 되는 것이다.

그리고 그것은 지금 대선을 앞둔 미국사회에서도 벌어지고 있는 일이다. 미국이란 초대형 국가를 손아귀에 넣으면 사실로서의 현실을 거짓으로서의 현실로 뒤바꾸어 놓아도 자신들은 무탈하리라는 판단에 그리하는 게 아닌가 싶다. 어리석은 짓이다. 사실로서의 현실을 만드는 것은 권력이 아니다. 그것은 그저 하나님의 뜻일 뿐이다. 언론이 하나님 노릇을 하려 든다는 건 지나친 자만이요 오만이다. 하여튼 저 초대형 언론사들이 설계주의에 빠져 매일같이 만들어낸 거짓 정보만을 흘리고 있다는 게 실로 놀랍고 기이할 뿐이다.

세계시민들이 깨어나야 한다는 판단이다. 에이아이가 지배해 가는 오늘날의 언론이란 마피아나 조직폭력배보다도 더 악질이고 위험한 범죄집단임을 깨닫고 이에 대한 경계심을 갖춰야 한다는 것이다. 취재하지 않는 언론. 그럼으로써 사실 존중의 마인드를 잃고 사실을 배반하는 언론. 또 그럼으로써 스스로 사실을 만들어내는 설계주의에 빠진 언론. 이런 자만심과 오만심으로 극대화된 언론은 세계시민들에게는 독에 지나지 않는다. 실제가 마피아나 조직폭력배만도 못한, 더 끔찍하고 위험한 모리배에 지나지 않을 가능성이 높다. 언론 마피아란 소리가 괜히 나오는 게 아님을 염두에 둘 필요가 있다.

오늘날 깨어있는 세계시민들이 제일차적으로 경계해야 할 것이 있다면 그것은 바로 언론이다.

마피아도 조직폭력배도 아니다.

실로 경계하고 경계할 일이다.

참고문헌

[1]

강영수, 「헤겔미학소고:'예술종말론'에 대하여」, 『비교문학』,
　　　　　　　　　　　　　　　　　　　한국비교문학회, 1981.
권용선, 『이성은 신화다, 계몽의 변증법』, 그린비, 2003.
김동훈, 『소셜네트워크 야만의 광장』, 한스콘텐츠, 2012.
김수영, 『전집-산문』, 민음사, 1981.
김양수, 「사회참여 그 악몽의 문학」, 비평문학, 1971.6.
김욱동, 『이문열』, 민음사, 1994.
김윤식, 「리얼리즘고(i)」, 현대문학, 1973. 5.
　-　『한국문학사』, 민음사, 1998.
김윤식 외, 『김동인문학의 현실과 이론』, 늘봄, 2008.
김재용, 『북한문학의 역사적 이해』, 문학과지성, 2004.
김지하, 『남녘땅 뱃노래』, 자음과모음, 2012.
김형석, 『모두를 위한 서양철학사』, 가람기획, 2011.
나병철, 『소설과 서사문학』, 소명출판사, 2006.
문덕수, 『한국 모더니즘시 연구』, 시문학사, 1992.
문제완, 『언론법(한국의 현실과 이론)』, 늘봄, 2008.
민경우, 『민족주의 그리고 우리들의 대한민국』, 시대의창, 2007.
민족문학연구소 편, 『새민족문학사강좌』, 창작과비평, 2009.
박혜숙, 『소설의 등장인물』, 연세대출판부, 2004.

신길수,『상상의 자율성에 대한 인식론적 근거』, 미학23집, 1997.
신용하,『3·1운동과 독립운동의 사회사』, 서울대출판부, 2001.
윤병로,『한국근현대문학사』, 명문당, 2003.
이상섭,『영미비평사2』, 민음사, 1996.
이선영,『문예사조사』, 민음사, 1989.
이선영 외,『민족문학과 근대성』, 문학과지성, 1995.
이영훈,『신해혁명과 교육해체』, 집문당, 2002.
이재인,『북한문학의 이해』, 열린길, 1995.
이종민,『근대중국의 문학적 사유읽기』, 소명출판사, 2004.
이호림,『맑스이야기, 그리고 한국문학』, 아이엘앤피, 2011.
　―「다시순수문학담론을 읽다」,『친일문학은 없다』, 한강, 2006.
　―「월북문인과 월북의 이념」,『통일문학론은 성립하는가』, 한강, 2007.
정지용,「시의 옹호」,『전집』, 민음사, 1988.
진휘연,『아방가르드란 무엇인가』, 민음사, 2002.
표재명,『키에르케고르의 단독자 개념』, 서광사, 1992.
한준상,『집단따돌림과 교육해체』, 집문당, 2002.
허정아,『몸 멈출 수 없는 상상의 유혹』, 21세기북스, 2011.

[2]

아서 단토, 『예술의 종말 그 이후』, 이성훈·김광우 역, 미술문화, 2004.
앙리 레비, 『인간의 얼굴을 한 야만』, 박정자 역, 프로네시스, 2008.
아르트 로베르, 『기원의 소설, 소설의 기원』, 김치수·이윤옥 역,
문학과지성, 2001.
A. 하우저, 『문학과 예술의 사회사4』, 백낙청·염무웅 역,
창작과비평, 2002.
아리스토텔레스, 『정치학』, 천병희 역, 숲, 2009.
베네딕트 앤더슨, 『상상의 공동체』, 윤형숙 역, 나남, 2004.
볼프강 이저, 『독서행위』, 신원문화사, 1993.
캐스 선스타인, 『루머』, 이기동 역, 2009.
F.W. 니이체, 『전집12,14』, 김정현 역, 2002.
G.H.R. 퍼거슨 편, 『루카치 미학사상』, 김대웅 역, 문예출판사, 1994.
이사야 벌린, 『낭만주의의 뿌리』, 강유원 외 역, 이제이북스, 2006.
위르겐 하버마스, 『현대성의 철학적 담론』, 이진우 역, 문예출판사, 2002.
칼 포퍼, 『열린사회와 그 적들』, 민음사, 1997.
마빈 토카이어, 『탈무드』, 이동민 역, 한스콘텐츠, 2012.
먼로 C. 비어슬리, 『미학사』, 이성훈·안원현 역, 이론과실천, 1995.
페터 지마, 『텍스트사회학이란 무엇인가』, 허창운 역, 아르케, 2001.
필립스 쉬블리, 『정치학개론(권력과 선택)』, 김욱 외 역, 명인, 2008.
플라톤, 『국가—정체』, 박종현 역, 서광사, 2006.
로버트 베르나스코니, 『How To Read 싸르트르』, 변광배 역, 웅진, 2008.
롤랑 브르뇌프·레알 월레, 『현대소설론』, 김화영 편역, 현대문학북스, 2000.
루샤오펑, 『역사에서 허구로(중국의 서사학)』, 조미원 외 역, 길, 2001.
움베르토 에코, 『소설 속의 독자』, 김운찬 역, 열린책들, 1996.
V. 쉬클로프스키, 『러시아 형식주의 이론』, 한기찬 역, 월인제, 1980.
W.F. 헤겔, 『미학강의』, 서정혁 역, 지만지고전천줄, 2008.

[3]
강문성,「인터넷글쓰기에서의 카니발적 현상연구」, 단국대, 2008.

[4]
김광일,「박완서 씨 "책 장례식은 문학모독"」,『조선일보』, 2001.11.18.
김복영,「나의 예술원천은 생명력」,『경향신문』, 1984.7.2.
김진희,「연신내서 2명 무차별살인' 괴담 확산」,『중앙일보』, 2012.4.23.
디지털뉴스팀,「채선당폭행사건' 알고 보니」,『동아일보』, 2012.2.27.
신연숙,「파이=10·회귀' 무죄」,『한겨레』, 1989.9.20.
안경환,「법과 문학 사이90 아리스토파네스 희극의 거장」,
                                    『동아일보』, 1994.10.6.
최보식,「박경리의 딸, 김지하의 아내」,『조선일보』, 2011.2.28.